完訳版

大きく考える魔法

人生を成功に導く実践ガイド

ワルツ 著　井上 大剛 訳

The Magic of Thinking BIG

by David J. Schwartz

THE MAGIC OF THINKING BIG
by David Schwartz

This edition published by arrangement with TarcherPerigee, an imprint of Penguin Publishing Group, a division of Penguin Random House LLC through Tuttle-Mori Agency, Inc., Tokyo

デイヴィッド3世に捧ぐ

6歳になる息子のデイヴィッドは幼稚園を卒業するとき、とても自信に満ちあふれた様子だった。そこで「大きくなったら何になるの?」と尋ねてみると、私の顔をじっと見ながらこう答えた。

「パパ。ぼくは先生になりたい」

「先生? なんの先生だい?」

「えーとね、ぼくは幸せの先生になりたいと思ってるんだ」

「幸せの先生! なんてすばらしい夢なんだろうね」

大きな志を持った自慢の息子デイヴィッドと、その母親にこの本を捧げる。

目次
CONTENTS

はじめに

PREFACE

なぜこの本はこんなに分厚いのか？　なぜ「大きく考える魔法」について、これほど長々と話さなくてはいけないのか？　今年だけでも山のような数の本が出版されているというのに、なぜそこにもう1冊追加する必要があるのか？

その理由についてすこし説明させてほしい。

数年前、とある会社の営業会議に同席した私は、そこで大きな感銘を受けた。このとき前に出て話をしていたマーケティング部門の責任者である副社長はひどく興奮していて、どうしてもはっきりと言っておきたいことがあるようだった。隣には、この会社のトップセールスパーソンがいる。見た目はごく普通だったが、ほかのスタッフの売り上げが年平均で6万ドル程度のところ、彼はその年、30万ドルちかい額を売り上げたという。

副社長はこう言ってみなをたきつけた。

君たちはハリーを見習うべきだ！　いいか。彼にあって君たちにないものは何だと思う？　ハリーは君たちの5倍も稼いだ。では、5倍頭がいいのか？　いや、それは違う。人事課が実施した知能検査の結果を見たが、成績はだいたい真ん中くらいだった。

では、ハリーは5倍働いたのか？　それも違う。報告書によれば、社員のなかでもかなり休暇を多く取っているほうだ。

担当地域に恵まれていたのか？　これも違うと言わざるをえない。得意先の数はどこでもほとんど同じだ。学歴が高かった？　体力がずば抜けていた？　どれもノーだ。ハリーはごくごく普通の人間だと言えるだろう。ある一点を除いては、だ。

ハリーと君たちの違いは（と、副社長はここですこし間をとった）彼は、ものごとを5倍、大きく考えている。

成功できるかどうかは頭の良さではなく、思考の大きさにかかっているんだ。

これは印象に残る、とても面白い考え方だった。そしてそのあと、私はさまざまな出来事を観察し、多くの人と話をしつつ成功の秘訣を探るなかで、確信を深めていった。事例を積み重ねるほどに、銀行の残高も、幸せの量も、人生の満足度も、すべては思考の大きさによって決まるということがわかってきたのである。つまり、大きく考えることには、まるで魔法のような力があるのだ。

だが「大きく考えるだけでそれほどの成果があがるというなら、誰だってそうするはずではないか」という疑問の声があることも承知している。それに対する私の答えはこうだ。われわれはみな、自分が思っている以上に周囲の考えに影響されていて、しかもその多くはスケールが小さいものだ。要は、周囲の環境が足をひっぱって、二流の世界に引きずりおろそうとするのである。たとえば、「酋長ばかりが多くて、インディアンが足りない」という言葉をよく聞く。リーダーはもう十分にいて、人を率いて何かをするようなチャンスなんて残っていないのだから、大物になろうなどと思わず、いまのままで満足しなさい、と。

しかしじつのところ、この「酋長ばかりが多くて」というのは、現実とは違う。どのような分野でも一流の人たちは口をそろえて「問題なのはインディアンばかりが多いことであって、酋長が多すぎるなんてとんでもない」と言う。

また、このような小さくまとまりがちな環境からは、ほかの考え方も出てくる。ものごとは「なるようにしかならない」し、自分の運命などコントロールできない。それは〝さだめ〟であり、逃れようがない。だから夢なんて捨ててしまおう。いい家に住むことも、子どもをすばらしい大学に入れることも、良い人生を送ることもあきらめよう。じっと横になって、死を待つしかない、という。

「成功なんてその対価に見合うようなものではない」ともよく言われる。まるで、目的を達成するには、魂を売り、家族を犠牲にし、良心を捨て、自分の価値観をねじ曲げなければならないとでも言わんばかりだ。だが実際には、成功は対価を要求しない。むしろ、一歩前に進むごとに配当をもたらしてくれる。

良い人生を送るにはとてつもなく激しい競争を勝ち抜く必要がある、という〝常識〟もある。だがそれは本当なのだろうか？　とある会社の人事課の幹部によれば、年収5万ドルの求人には年収25万ドルの求人に比べて、50倍から250倍もの応募があるという。二流のポストのほうが、一流のポストよりもすくなくとも50倍は競争倍率が高いということだ。要は、この国では一流の道のほうが空《す》いていて、数多くのポストが、あなたのようなものごとを大きく考えようという意気込みのある人材を待っているわけだ。

それに「大きく考える魔法」というコンセプトとそれを支える基本原理は、人類史上最高の知性の持ち主たちの考えにもとづいている。たとえば預言者ダビデは「人は、心に思い描いた通りの者となる」と記しているし、エマーソンは「偉大な人物とは、思考が世界を律することを知っている人のことだ」と言った。ミルトンは著書『失楽園』のなかで「心は特別な場所であり、そこでは天国を地獄に変えることも、地獄を天国に変えることもできる」と書いているし、シェイクスピアは「ものごとに良いも悪いもない。ただ、それをどうとらえるかだけである」という鋭い洞察を残した。

とはいえ、「それが本当に証明になるのか。こうした優れた思想家たちが絶対に正しいとなぜ言えるのか」という疑問はもっともだ。だが、私たちの身の回りにも、成功を勝ち取り、結果を出し、幸せをつかみとった人々がいる。彼らこそ、大きく考える魔法の生き証人だと言えるだろう。

本書で紹介する数々の方法論はシンプルではあるが、机上の空論ではないし、誰かのひとりよがりな思いつきや独断でもない。実生活での効果が検証済みであり、かつさまざまな状況に適用可能な、魔法のような効果を持つ方法である。

いまこのページを読んでいるあなたは、大きな成功に関心があるはずだ。夢をかなえたい。いい生活を楽しみたい。自分にふさわしいすてきなことであふれた有意義な人生を送りたい、と。成功に興味を持つのはすばらしいことだ。

さらにあなたにはもうひとつ立派なところがある。本書を手にしているということは、目的地を目指すうえで正しいツールを探しだす知性がある証拠だ。自動車だろうと、橋だろうと、ミサイルだろうと、何をつくるにも道具が必要だが、多くの人は良い人生を送ろうと必死になりすぎて、目の前に有用なツールがあることに気づかない。だが、あなたは違った。つまり、本書の真価を引き出すための2つの基本的な資質――大きな成功への野心と、それをかなえるためのツールを見つける知性――を兼ね備えているわけだ。

大きく考えよう。そうすれば大きく生きられる。幸せに包まれ、達成感にあふれた人生を。収入は増え、友人にも恵まれ、尊敬を集めることができる。

さあ、気勢を上げるのはこのへんにして、この魔法のような効果を持つ考え方を探す旅に出よう。偉大なる哲学者ベンジャミン・ディズレーリの「つまらない生き方をするには、人生は短すぎる」という言葉を胸に。

1

成功できると信じれば、それは現実になる

BELIEVE YOU CAN SUCCEED AND YOU WILL

「成功」とは何か？　それは、数々のすばらしい、ポジティブな出来事が集まったものだ。立派な家、休暇、旅行、新しいもの、経済的な安定、子どもに最高の条件を与えてあげられることなどをはじめとした個人の繁栄であり、称賛を勝ち取り、リーダーシップを発揮し、ビジネスや社会生活の面で人々から尊敬されることでもある。また、自由の享受や、不安、恐怖、挫折、失敗からの解放をも意味する。自尊心を持ち、人生につねに本物の幸せと満足を見いだし、自分を頼りにする人たちのために多くのことができる力を持つということでもある。

つまり、成功とは〝勝つ〟ことであり、何かを成し遂げるということだ。

成功は、人生の目標である。

人は誰でも成功を望む。人生をできるかぎり実りあるものにしたいと思っている。地を這うような平凡な人生を楽しいと感じる人はいないし、二流の、意に沿わない道をあえて進もうとは誰も思わない。

聖書にある「信じることは山をも動かす」という一節は、成功を手に入れるためのもっとも実践的な知恵の1つだ。

信じる。ひたすらに信じる。そうすれば山すらも動かせる。だが、自分が山を動かせると信じられる人は多くはない。だから、ほとんどの人は山を動かすことができない。

それにあなたはきっと、こんなセリフを聞いたことがあるだろう。「ただ『山よ、動け』と言っただけで本当にそうなるなんてありえない。ナンセンスだ」と。

こうした考え方をする人は、〝信念〟と〝ただの願望〟をごっちゃにしている。たしかに、願うだけでは山は動かない。願うだけで幹部への昇進はかなわないし、5つの寝室と3つの風呂がある豪邸を手に入れたり、多くの給料をもらったり、リーダーとしての立場を手に入れることもできない。

だが信念があれば、山は動く。成功できると心から信じられれば、本当に成功を勝ち取れる。

〝信じる力〟は神秘でも、なんでもない。

前向きに「自分はできる」と信じることで、ものごとを成し遂げるのに必要な強さと技術とエネルギーが湧いてくるのだ。信念には実際の効果がある。自分はできると思っていれば、方法論はあとからついてくる。

この国では毎日、多くの若者が新しい職場で仕事をはじめている。いつの日かトップの地位に登り詰めて、成功を味わいたいという〝願い〟を胸に秘めながら。だが、多くの場合、それはたんなる願いであり、信念ではない。それゆえ彼らのほとんどは頂点を極めることができない。高みに登るのは不可能だと思い込んでいるがゆえに、そこに続く道を見つけることもなく、その振る舞いはあくまで凡人のままだ。

だが、一握りではあるが、本気で自分が成功すると信じている若者たちがいる。「自分はトップに立つのだ」という気概で仕事に臨み、確固たる信念のもと、高みに登る者たちが。自らの成功を不可能ではないと思っている彼らは、経営幹部たちの行動を研究する。高い地位にある人がいかに問題に取り組み、どのような決断を下すのかを観察する。そうして成功者の振る舞いを学ぶのだ。

自分はできると信じている人のもとには必ず、それを成し遂げる方法が授けられる。

いまから2年前、知り合いの若い女性が、トレーラーハウスを販売する代理店を立ち上げようと決意した。周りの反応は「やめたほうがいい」「無理だ」というものだった。

当時、彼女の貯金は1万5000ドルにも満たず、開業には最低でもその数倍の資金が必要だったからだ。それに「この業界は競争が厳しいし、君はトレーラーハウスを売った経験はおろか、ビジネスすらまともにやったことがないんじゃないか?」と言われたりもした。

だが、彼女は成功できると信じていた。このビジネスは競争が熾烈で、自分には資金も経験もないことは認めつつも、こう言うのだ――「でも、データを集めれば集めるほど、これからこの業界が伸びていくのがわかった。競合他社の研究もしたし、トレーラーの商品化については、この街の誰よりもうまくやる自信がある。もちろんいくつか失敗はするでしょうけど、それでもそう遠くない未来にトップに立てるはずだ」

そしてそれは現実となった。資金はほとんど苦もなく集まった。このビジネスで成功するという揺るぎない自信が２人の投資家をひきつけたのだ。さらに、彼女の信念は不可能を可能にした——トレーラーのメーカーが貴重な在庫の車を、保証金なしで前渡ししてくれたのだ。

彼女は昨年、５００万ドル以上のトレーラーを売り上げ、「来年は１０００万ドル以上売るつもりよ」と言っている。

強い信念があれば、人は自然とそれを達成するための手段や方法を考えるようになる。さらに、ほかの人の信頼を引き寄せることにもつながる。

とはいえ、世の中で強い信念を持つ者はそう多くはない。それでも、このアメリカンドリームの国のなかには例外もいる。いまから数週間前、とある中西部の州で高速道路局の職員をしている友人が〝山が動く〟のを目の当たりにした体験について話してくれた。

> 先月、うちの部署から複数の設計事務所に向けて、高速道路建設計画の一環として８つの橋の設計を外注するという通知を出した。予算は２５００万ドル。選ばれた会社は設計料として予算の４％、つまり１００万ドルのコミッションを受け取る。
>
> 私は全部で21社の設計事務所と話をした。大手４社はすぐにプロポーザルを出すことを決めたが、あとは設計士がせいぜい３人から７人くらいの小さな会社で、17社中16社がこのプロジェクトの規模を前に尻込みをした。彼らは計画について一通り調べると、首を横に振って、「このプロジェクトは大きすぎて、とても手に負えません」と言った。

だがそのなかで、たった3人しか設計士がいないのにもかかわらず、計画を見て「できます。プロポーザルを出します」と言った会社があった。そして彼らは実際に計画を提案して、仕事を勝ち取ったんだ。

山を動かせると信じる者は、本当に山を動かす。信じられない者には動かせない。信念が実行力を生むのである。

じつのところいまの世の中では、信念は〝山を動かす〟以上のことを実現している。現代の宇宙探査計画で、（文字通り）必要不可欠なのは、宇宙の果てにもいずれはたどり着けるという信念だろう。人類は宇宙を旅することができるという揺るぎない思いがなければ、科学者たちは好奇心も熱意も前に進む勇気も持てないに違いない。いつかガンの治療法が確立されるとしたら、それはガンは必ず治せるという信念ゆえである。現在、英仏海峡の下に、グレートブリテン島と大陸をつなぐトンネルを掘ろうという計画が持ち上がっているが、その成否は、当事者が本当にそれが可能だと思っているかどうかにかかっている〔1994年に開通済み〕。

偉大な書物も、劇も、科学的な発見も、すべてはそれをなしうると信じる心が原動力になって生み出された。あらゆる事業や宗教、政治活動は、成功への信念に支えられている。信念は、人が成功するうえでの基礎であり、絶対に欠かせない要素だ。

「自分はできる」と心から信じれば、それは現実になる。

私は長年にわたって、事業やキャリアという面で失敗をした多くの人と話をしてきた。そしてその失敗の理由や言い訳に耳を傾けているうちに、そこに一定の傾向があることに気づいた。彼らは会話のなかで何気なく、「正直なところ、うまくいくと思っていなかった」とか「はじめる前から不安だった」とか「じつは、失敗したときにもたいして驚かなかった」などとこぼすのである。

この「とりあえずやってはみたが、うまくいかないかもしれない」という姿勢が失敗を生む。

疑念は負の力だ。不信感や疑いを抱くと、心は自然とその疑念を補強する証拠を探しはじめる。何かに失敗するとき、人はたいていい、自分の行動に疑いや不信感を抱いていたり、無意識のうちにあえて失敗しようとしていたり、心から成功を願っていなかったりする。

疑えば失敗する。

勝てると思えば成功する。

最近、駆け出しの女性作家が私に、今後の作品の抱負を語ってくれたのだが、会話のなかでそのジャンルでトップを走る作家の名前が出たとき、彼女はこう言った。

「ああ……Xさんはすばらしい作家ですね。とてもかないっこありませんよ」と。

これを聞いて私はがっかりした。じつはその作家とは知り合いなのだが、別に飛び抜けて頭が良いわけでも、感性が鋭いわけでもないのを知っていたからだ。ただ一点、並外れた自信家であることを除いては決して特別な人ではなかった。彼が最高のパフォーマンスを出せるのは、ただ、自分こそが最高だと信じているからにすぎない。

先人を尊敬するのは良いことだ。彼らのことを知り、観察し、学ぶべきことは学べばいい。だが、崇拝してはいけない。自分はその人を超えられる。その人よりも先に行けると信じなければならない。謙遜ばかりしていれば、結局は二流の仕事しかできない。

言い方を変えれば、信念とは人生の温度調節器《サーモスタット》のようなものだ。どの温度に設定するかよって、何を達成できるかが決まる。平凡な人生に甘んじている人を見ればわかる。自分には価値がないと考えているので、手に入るものもすくない。大きなことはできないと思い込んでいるから、実際にもやらない。たいした人間ではないとあきらめているせいでやることなすこと中途半端。そして時が経つにつれて、その自信のなさは言葉や歩き方、行動にも表れてくる。調節器の温度を上げないかぎり、萎縮してどんどん自己評価は下がっていくし、それが他人にも伝わるので周りからの評価も下がる。

一方で、前を向いて進んでいる人はどうか？　彼らは自分に価値があると思っているがゆえに、多くのものを手に入れる。大きな、困難な仕事もできると信じていて、実際にやりとげる。人との接し方や、本人の性格、考え方や物の見方などすべてが「ここにプロフェッショナルが、重要な人物がいるぞ」というメッセージを発している。

考え方ひとつで人は変わる。だから大きく考えよう。調節器の温度を上げ、「自分は成功できる」とまっすぐに信じて、積極的に打って出よう。大きな信念を持って、大きな人間になろう。

数年前、デトロイトでビジネスパーソン向けの講演会をしたあとのこと。1人の紳士が近づいてきて、自己紹介をしたあと「とても興味深いお話でした。このあとすこしだけお時間をいただけませんか？　私の個人的な体験についてぜひお話をしたいのですが」と言ってきた。

数分後、喫茶店の席に腰を落ち着けて軽食をオーダーしたあと、彼はこんな話をはじめた。

あなたはさきほどの講演会で、心を敵にまわすのではなく、味方につけようというお話をされましたが、私はまさにその通りの経験をしたことがあるんです。自分がどうやって凡庸な人生から抜け出したか、これまで誰にも話したことがありませんが、あなたにはぜひ聞いていただきたいと思いまして。

たった5年前まで、私はよくいる金型取り扱い業者に過ぎませんでした。生活水準は世間的な感覚で言えばそこそこでしたが、理想の暮らしとはほど遠かった。家は狭いし、欲しいものはたくさんあるのにお金がない。妻はあまり文句は言いませんでしたが、満足しているというよりはそれが運命だとあきらめている感じです。私も内心、不満がたまっていきました。自分のせいで優しい妻と子ども2人を辛い目にあわせているという現実に、ひどく心が痛みました。

でもいまではすべてが変わったんです。私たちは、2エーカーの敷地にすばらしい新築の家を建て、さらにここから数百キロ離れた場所には一年中使える別荘も持っています。子どもを良い大学に行かせられないのではないかという心配も、新しい服を買うたびに妻が罪悪感を覚える必要もなくなりました。来年の夏には家族全員でヨーロッパに行って1カ月のバカンスを楽しむ予定です。これこそが本当の人生だと実感してます。

「どうしてそんなふうに変われたんですか?」と私が尋ねると、彼はさらにこう続けた。

すべてが自然とそうなったんです。あなたがさきほどおっしゃっていた「信じる力」を使うことでね。私がデトロイトに金型製造の仕事があると知ったのは5年前で、当時、私たち家族はクリーブランドに住んでいましたが、すこしでも収入を上げたいと思って、話を聞いてみることにしたんです。デトロイトには日曜の昼過ぎに到着したので、月曜日の面接まで時間がありました。

でも、ディナーを終えて、ホテルの部屋に腰を落ち着けると、なぜだか急に嫌気がさしてきました。なぜ私は中途半端な負け組なんだろう。どうしてこんな、いままでと大差ない仕事を得るために苦労しているのだろうか、と。

その日、何が自分の背中を押したのかはわかりません。でも私は気づくと、ホテルにあった便せんに、収入や地位という点で自分のはるか上をいっている数年来の知人の名前を、全部で5人書き出していました。2人は、もともとは近所に住んでいたけど、良い場所に土地を買って引っ越していった人たち。2人は元同僚。そしてもう1人は義理の兄です。

次に——これもどうしてそんなことをしたのかはわかりませんが——就いている仕事の違い以外に、この5人にあって、自分にないものはなんだろうかと考えてみました。頭の良さについては、正直に言って差はないはずです。それに学歴や誠実さ、あるいは普段の行動についても、客観的に見て自分が彼らに劣っているとは思えません。

最後に思い当たったのが、成功者の資質だとよく言われる〝主体性〟でした。この点については悔しいですが、彼らにはるかに後れをとっていることを認めざるをえませんでした。

時刻は夜中の3時をまわっていましたが、頭は驚くほど冴えていて、自分の弱点が初めてはっきりと見えてきたのです。私はいままで自分を抑えてきたことに気づきました。そして、その理由を求めて内面を深く深く探っていくと、主体性がないのは、心の奥底で自分はそれに値する人間ではないと思っているからだと気づいたんです。

その後、一晩中そこに座ったまま、自信のなさがこれまでどれほど自分を縛ってきたか、自分の心をどれほど敵に回す形で使ってきたかを思い返しました。いままで「どうしたら出世できるのか」と考えるよりも、「こうだから出世できない」という理由をくり返し自分に刷り込み、納得させようとしてきたのです。要は、自分を安売りしていて、何をするにもその自虐的な態度が表れていた。それに自分で自分を信じないかぎり、誰からも信頼されないことにも気づきました。

そのとき、私は決心したんです。「いままで自分を二流の人間だと思ってきた。でも、もう安売りはやめよう」と。

翌朝になっても、その自信は続いていました。そこで面接で初めてそれを試してみたんです。デトロイトに来る前は、いまの仕事よりも3500ドル、よくて5000ドルくらい多くもらえるように交渉できれば十分だと思っていました。でも、もう自分が価値ある人間だと自覚していたので、1万8000ドルアップを提示。すると本当にその条件で採用されました。こんなことができたのは、一晩かけて自己分析をして、売り込める要素がたくさんあるのがわかったからです。

転職してから2年のうちに、周りからは〝仕事をとってこれる人〟という評価を得ました。その後、不況になっても業界屈指の営業成績を上げつづけ、私の価値はさらにあがりました。会社の組織は再編成され、賃金が上がっただけでなく、ストックオプションでかなりの量の株を手にすることができたんです。

要は、自分を信じれば、自然といいことが起こりはじめるというわけだ。

＊　＊　＊

人の脳はいわば「思考の工場」であり、一日中せわしなく稼働して膨大な量の思考を生み出している。

この工場には2人の現場監督がいる。1人を〝ミスター勝利〟もう1人を〝ミスター敗北〟と呼ぶことにしよう。ミスター勝利はポジティブ思考の生産を担当しており、あなたにものごとを成し遂げる能力と資質と意志があることを納得させるエキスパートだ。

一方、ミスター敗北は、ネガティブで卑屈な考えを生産する。あなたに、自分が弱くて無力で成功に値しない人物であると思い込ませるプロであり、負の思考の連鎖を通じて「失敗の理由」をつくり出すのを得意としている。

2人ともとても仕事熱心で、いつでも作業を開始する準備ができている。そのため、あなたが心のなかで合図を出せば、すぐにどちらかが動き出す。その合図がポジティブなものであればミスター勝利が、ネガティブなものであればミスター敗北が仕事をはじめる。

では、具体的にこの2人がどのように働くかを観察してみよう。試しに、「今日は最低の日だ」と自分に言いきかせてみてほしい。すると、それを合図にミスター敗北が動き出して、その判断を裏づける証拠づくりをはじめる。暑すぎる、寒すぎる、仕事がうまくいかない気がする、売り上げが落ちそうだ、周りの雰囲気がピリピリしている、風邪を引くかもしれない、妻の機嫌が悪い、などなど。ミスター敗北は極めて有能で、またたく間にあなたを説得する。そして気づいたときには、本当に最低の1日になってしまうのだ。

では逆に「今日は最高の日だ」と言ってみよう。それを合図にミスター勝利が動き出す。彼は「今日はとても良い日ですね。天気はさわやかだし、生きているってすばらしい。きっと、仕事もはかどりますよ」と言うだろう。すると、本当に良い1日になる。

これと同じように、あなたが誰かに自分を売り込もうとするときにも、ミスター敗北はそれが無理である証拠を集め、ミスター勝利はできる理由を探す。ミスター敗北が失敗するに決まっていると説得してくるのに対して、ミスター勝利は成功を約束する。他人を評価するときも、ミスター敗北はその人を嫌うもっともらしい根拠をつくり出すが、ミスター勝利はその人の良い面に目を向けさせてくれる。

そして、この2人の現場監督は、与えられた仕事の量に応じてその権力を増していく。ミスター敗北に多く仕事をさせれば、彼は部下を増やし、心のなかでなわばりを広げていく。それが続けば、やがては思考製造工場全体を手中に収め、あなたの思考はネガティブ一色に染まってしまうだろう。

ここで一番いいのは、ミスター敗北を〝くび〟にしてしまうことだ。そもそも彼は不要な存在だ。「あなたには無理です。手に負えません。失敗します」などと耳元でまくしたてられるのは気分の良いものではないだろう。どうせやりたいことをやるうえで役に立たないのだから、さっさと彼を追い出してしまえばいい。

つねにミスター勝利に仕事をさせよう。何かが頭に思い浮かんだら、ミスター勝利を呼んで作業をはじめてもらうのだ。そうすれば成功への道も見えてくる。

現在アメリカでは、1日あたり1万1500人のペースで消費者が増えている。人口は記録的なペースで増えつづけ、これから10年間ですくなくとも3500万人増加すると推計されている。これはニューヨーク、シカゴ、ロサンゼルス、デトロイト、フィラデルフィアという現在の5大都市の人口を合わせた数に匹敵する。

くわえて、新たな産業の誕生、科学上の新発見、市場の拡大などによって、これからチャンスは拡大しつづける。まさに、人類史上もっともすばらしい時代の到来と言っていい。

同時に、どの分野においてもトップレベルの人材――ほかの人に影響を与え、指示を出し、リーダーシップを発揮する優れた能力を持つ人材の需要が、かつてないほど高まっているのは疑いようがない。そして、リーダーの役割を担うのは、いま社会人として働いている現役の人か、あるいはこれから就職しようとしている若者であり、あなたもその1人だ。

ただ、もちろん時代が盛り上がりを見せているからといって、個人の成功が約束されているわけではない。長い目で見ればアメリカはつねに右肩上がりの成長を続けてきた。だが、世の中をすこし見回してみれば、多くの人たちが、大変な苦労をしながらも成功をつかめずにいることはすぐにわかる。過去20年間、この国が記録的な好景気にわいているにもかかわらず、国民のほとんどが平凡な暮らしに甘んじている。これから訪れる活況のなかでも、彼らは不安や恐れをひきずり、自分からも他人からも評価が低いまま、やりたいこともできずに人生を過ごしていき、結果としてパフォーマンスはあがらず、稼ぎはすくないまま、たいした幸せも手に入らない可能性が高い。

一方で、自らを成功に導く方法を学ぶ意志のある賢い人は、間違いなくチャンスをものにするだろう（念のため言っておくが、あなたがその1人であることを私は確信している。あなたは人生を運任せにするのではなく、自ら本書を手に取ったのだから）。

足を前に踏み出そう。目の前にはかつてないほど大きな成功への扉が開かれている。いまこそ、望み通りの人生を送る一握りの人間の仲間入りをするときがきた。

信じる力の養い方

では、成功を成し遂げるための第一歩を紹介しよう。これは基礎であり土台でもあるので、決して飛ばしてはならない。最初のステップは、「**自信を持って、自分は成功できると信じる**」ことだ。

以下に、信じる力を身につけ、強化するための3つの指針を示す。

1．成功だけに思いを馳せ、失敗については考えないこと

仕事でも家庭でも、マイナス思考をポジティブ思考に変えよう。困難に直面したときには、「ダメかもしれない」ではなく、「大丈夫」。誰かと競争しているときには、「勝てそうもない」ではなく「自分こそが最高だ」。チャンスを見つけたら、「自分には無理」ではなく「必ずできる」。何事も成功することを前提に考える。そうしてつねに成功を見据えることで、そこに至るプランを練るための心の準備が整う。ちなみに失敗について考えると、すべてが逆になる。失敗に目を向けると、心は自然とそれにつながる選択肢を探しはじめるからだ。

2．「思ったよりも自分はできる」ということをつねに意識すること

成功者はスーパーマンではない。成功には、超人的な頭の良さも、神秘的な力も、幸運も必要ない。普通の人間が自らを信じて成すべきことを自覚した結果、成功者になったのだ。決して、自分を安売りしないこと。

3．志を大きく持つこと

成し遂げられることの大きさは、志の大きさによって決まる。目標が小さければ、期待できる成果も小さくなる。目標が大きければ、見返りも大きい。それにじつのところ、大きなアイディアをもとに大きな計画をたてるほうが、小さなアイディアをもとに小さな計画をたてるよりも簡単な（すくなくとも決して難しくはない）場合が多いということを覚えておいてほしい。

ゼネラル・エレクトリック社の取締役会長であるラルフ・J・コーディナー氏は、各界のリーダーが集まるフォーラムで次のように述べている。「誰であれリーダーを目指すなら、自分のためにも会社のためにも、自己研鑽に向けて、自ら計画をたてて実行する心構えが必要だ。ほかの人は誰もそうしろとは言ってくれない……。自分の専門分野において、後れをとるか一歩抜きん出るかは、自ら勤勉に行動できるかどうかにかかっている。それには時間も労力もかかるし、何かを犠牲にする必要もあるだろう。だが、誰かにかわりにやってもらうわけにはいかないのだ」

このアドバイスはじつにまっとうかつ実践的だ。あなたもぜひ実行してほしい。経営、営業、技術職、宗教活動、文筆業、演劇など、どの分野でも、一流になる人は、自己研鑽の計画に沿って、長期的にこつこつと努力を積み上げることで、その地位を築く。

また、その計画がどんなものであっても、そこには3つの要素が必要となる（これこそがまさに本書のテーマでもある）。1つ目は「中身」、つまり〝何を〟すべきか。2つ目は「方法」、つまり〝どのように〟すべきか。3つ目は「成果」、つまり結果が出たかどうかを〝確認する〟ことだ。

成功のための自己研鑽計画の「中身」は、要は、成功者たちの考え方やコツを見習うことだ。彼らはどのように自分自身を律しているのか。どのように障害を乗り越えるのか。どのように尊敬を集めるのか。普通の人とはどのように違うのか。どのように考えているのか。

次に「方法」だが、これは具体的な行動の指針を指す。本書では各章にそれを示したので、実際に試してみてその効果をぜひ確かめてほしい。

では、もっとも重要な部分である「成果」についてはどうか？　結論から言えば、本書で提示するプログラムをまじめにこなせば、現時点では不可能だと思えることを実現できる。具体的には、家族からの尊敬。友人や同僚からの称賛。自分が人の役に立つ、地位のある、一角《ひとかど》の人物であるという感覚。収入の増加。生活水準の向上など、さまざまな報酬が手に入る。

ただ、このプログラムは1人でおこなうものであり、何をどのようにすべきか、あなたの肩越しに指示を出してくれる人はいない。本書がガイドブックにはなるものの、自分のことを理解できるのは自分だけだ。トレーニングは自らの意思で進めていくしかないし、その進歩を評価できるのも、間違った方向に進みそうになったときに修正できるのも、自分だけ。より大きな成功をつかむために、あなたはこれから自分で自分を鍛えていくことになる。

そしてじつは、トレーニングをして、その成果を測るための完璧な設備の整った研究室《ラボ》はすでに用意されている。あなたをとりまく環境や人々がそうだ。このラボは人間がとりうるありとあらゆる行動のサンプルを提供してくれるし、科学者の視点を持つことができれば、そこから得られる学びは事実上無限だ。実験器具を買う必要はないし、家賃や手数料なども一切かからない。このラボは無料で好きなだけ使うことができる。

さて、あなたはこのラボの所長として、あらゆる科学者がなすべきこと——つまり、観察と実験をおこなっていくことになる。

ただ、すでにあなたは、誰もが大勢の人間に囲まれて生活を送っているにも関わらず、世の中の人の大半が、人間の行動原理についてほとんど理解していないことに驚いているかもしれない。みな観察者としての訓練が足りないのだ。本書の重要な目的の1つは、観察の訓練をして、人間の行動に対する深い洞察力を身につけることにある。「なぜジョンは成功しているのに、トムはなんとなく日々を過ごしているだけなのか?」「なぜあの人は友だちが多いのに、この人はほとんど友だちがいないのだろう?」「なぜあの人が言えば誰もが素直に受け入れるのに、同じことを言っても無視されてしまう人がいるのだろう?」。あなたもきっと、こうした疑問について考えてみたことがあるだろう。

訓練さえすれば、観察というシンプルな作業から、値千金の答えを得ることができるようになる。ここで優れた観察者になるための提案をしよう。まずは、知り合いのなかでもっとも成功した人と、もっとも失敗した人を思い浮かべる。そして本書を読み進めながら、その一番成功した人がいかに成功の法則に沿っているかを確認するのだ(その逆もしかり)。こうした両極端な人物を並べて検討することで、本書で解説されている法則に従うことの大切さがわかる。

また、実際に人と接したときは、成功法則がいかに機能するかを知るチャンスだ。成功につながる行動を習慣にするよう心がけよう。練習を重ねれば重ねるほど、望ましい行動を自然にとれるようになるはずだ。

あなたもきっと、ガーデニングを趣味にしている友人から、「植物が育つのを見るのは楽しいよ。肥料や水をあげてみて、前の週よりもどれくらい大きくなっているかを見てごらん」と言われた経験があるのではないか？

たしかに、手間をかけて植物を丁寧に世話したときにどんな変化が起きるかを観察するのは面白い。だが、思考を刷新するためのプログラムを丁寧に実行したとき、自分がどう変化していくかを観察するのはその10倍は面白い。1日1日、毎月毎月、自信がつき、効率があがり、成功が積み重なっていく。人生のなかで、自分が成功への道を進んでいるのを知ることほど、大きな満足はない――絶対にない、と断言できる。自分の可能性を最大限追求することほど大きなチャレンジはないのだから。

2

言い訳癖という悪い病気を治す

CURE YOURSELF OF EXCUSITIS, THE FAILURE DISEASE

成功に至る道を考えるというのはすなわち、〝人を知る〟ことだ。人を注意深く観察して、成功をもたらす法則を発見し、それを自らの人生に適用する。これをすぐにはじめよう。

そうして研究を進めていくと、成功できない人はうんざりするような悪しき思考パターンにはまっていることに気づく——すなわち、言い訳癖だ。ほぼすべての失敗はこの〝悪い病気〟が進行したことによるものであり、普通の人でも大半は、すくなくとも軽い症状を患っている。

言い訳癖が、どんどん出世していく人とかろうじて地位を保っている人の違いを分けているのは一目瞭然だ。成功している人は言い訳を口にしない。

だが、どこにもたどり着けず、目指すべき場所もない人は、つねに本が1冊書けそうなほどの言い訳を手元に用意している。そして「自分が何かをしていない・しない・できない」理由をすぐに語ろうとする。

一方、成功者たちの人生には、平凡な人がいかにもしそうな言い訳がどこにも見当たらない。

しかし、大成功を収めた経営者や軍人、セールスパーソン、専門家、その他あらゆる分野のリーダーを含めて、欠点がない人などいない。ルーズベルトなら「脚が不自由」、トルーマンなら「大学を出ていない」、ケネディなら「大統領としては若すぎる」、ジョンソンとアイゼンハワーは「心臓に持病がある」。そう、彼らだって言い訳しようと思えばいくらでもできたのだ。

ほかの病気と同じで、言い訳癖もちゃんと治療しなければ悪化する。この病にかかった患者は次のように考える。「人生が思うようにいかない。じゃあメンツを保つためにどんな口実が使えるだろう。体が弱いのか、学歴がないのか、歳をとりすぎているのか、逆に若すぎるのか、運や巡り合わせが悪いのか、妻が悪いのか、育ちが悪いのか……」

彼らはこうして、いったん〝うまい言い訳〟を見つけると、それに固執する。なぜ人生がうまくいかないのかを他人や自分自身に説明するときにそれに頼るようになる。

そしてそのたびに、その言い訳は本人の潜在意識に深く刷り込まれていく。なぜなら、思考はそれがポジティブなものかネガティブなものかに関わらず、くり返しによって強まっていくからだ。言い訳病の患者も、最初は自分の持ち出す理由がごまかしであることを自覚している。だが、くり返し口にするうちに、それが自分が望むような成功を手に入れられない真の理由であると思い込むようになる。

よって、**あなたは自らを成功を導くための第一歩として、まずは言い訳癖という悪い病気を予防しなければならない。**

もっともよく見られる4種類の言い訳癖

言い訳癖はさまざまな形で表れるが、なかでもとくに良くないのが、「健康」「頭の良しあし」「年齢」「運」を盾にとるものだ。ではこの4つの悪しき言い訳から身を守る方法を見ていこう。

1.「でも、体調が悪くて」

このタイプは「なんとなく気分がすぐれない」というものから、「どこどこが悪い」というように具体的なものまで多岐にわたる。

さまざまなバリエーションのある、この健康を理由にする言い訳は、やりたいことを実行に移さなかったり、大きな責任を引き受けることを避けたり、思ったよりお金が稼げなかったり、目標を達成できなかったときなどによく使われる。

この種の理由を持ち出す癖がついてしまっている人はすごく多いが、ほとんどの場合これは、まっとうな言い分とは言いがたい。なぜなら、あなたの知っている成功者のなかにも、体調がそれほどすぐれなくても、それを言い訳にしない人はたくさんいるはずだからだ。

私の友人の医師は、そもそもこの世の中に、完全に健康体の大人など存在しないと言っている。誰しも、どこかしら悪いところを抱えているものだ。そこで多くの人は健康を理由にやりたいことを――「すべて」か「部分的に」かはさておき――あきらめてしまうが、成功を目指す人はそうはしない。

ある日の午後、私は健康に対する正しい態度と間違った態度のモデルケースとでも言うべき2人の人物と出会った。1人目は、オハイオ州クリーブランドでの講演会のあとに話しかけてきた30前後と思われる男性だ。ちょっと話をしたいというので応じることにしたのだが、彼は私のことをすこし褒めたあと、「でも、残念ながらあなたの言うことは私にはあまりに役に立たない気がします。私は心臓が悪いんです。だからおとなしくしておかなければなりません」と言ったのだ。4人の医者に診てもらっても原因がわからず、どうしたらいいかわからないという。そこで私はこう答えた。

「そうですね。私は心臓については何も知りませんが、素人なりに言わせてもらえば、3つの手順を踏むべきだと思います。まずは最高の心臓専門医を訪ねて、その診断をファイナルアンサーとして受け入れます。すでに4人の医師に診てもらって何も見つからなかったのですから、5人目で終わりにする。おそらくそこでも心臓には何も問題ないと言われる可能性が高いでしょう。それでも心配がやまないのなら、そのせいで最後には本当にひどい心臓病になってしまうかもしれませんよ。病気でもないのに勘ぐってばかりいるせいで、本当に病気になってしまうというのはよくあることですから。

次に、シンドラー博士の名著『365日をどう生きるか』を読むことをおすすめします。その本のなかで博士は、あらゆる病院のベッドの4分の3が心因性の病気の患者によって占領されていることをあきらかにしています。逆に言えば、いま入院している人の75%は、心をうまく扱えるようになればすぐに元気になるということです。博士の本を読んで、自分にあった〝感情マネジメント〟の方法を学びましょう。

そして最後に、〝死ぬまで生きる〟という覚悟を決めることです」

これは私自身が、結核を患っている弁護士の友人から数年前に聞いた、すばらしいアドバイスだった。その友人は、つねに節制した生活を送らなければならないことを承知しつつ、それでも弁護士としての仕事を続けて立派な家庭を築き、人生を楽しんでいる。いまでは78歳になった彼は、自身の人生哲学をこのように語っていた。「私は死ぬまで生きるつもりだし、生と死をごっちゃにはしない。この世にいるあいだはしっかりと生きるつもりだ。だって、どうして半分死んだような人生を送らなきゃいけないんだい？　死について思い悩んでいる時間は、死んでいるのと同じようなものさ」

デトロイトに帰るフライトの時間が迫っていたので、ここで会話を切り上げることになった。そして、その飛行機のなかで私は2人目の人物に出会ったのだ。離陸時の轟音が収まると、カチカチという音がするのに気づいた。ハッとして隣の席に座っている男性のほうを見た。どうやらこの音はそこから出ているようだった。

すると彼は大きな笑みを浮かべてこう言った。「ああ、これは爆弾じゃありませんよ。ぼくの心臓です」

驚く私に、彼は事情を話してくれた。

ちょうど3週間前に、プラスチックの弁を心臓に移植する手術をしたのだという。このカチカチという音は、新しい細胞組織が成長して人工弁がなじむまで数カ月は続くらしい。これからは何をするつもりなのかと尋ねると、こんな返事が返ってきた。
「ああ、ぼくには大きな計画があるんです。まずはミネソタに戻って法律を勉強して、いつか政府機関で仕事ができたらと思ってます。医者には数カ月は安静にしなさいと言われてますが、それが過ぎれば体は元通りですよ」

さて、ここまでの話で、健康上の問題に対して2つの向き合い方があるのをおわかりいただけただろう。1人目の人は、本当に体が悪いとも限らないのに、心配し、落ち込み、敗北への道を自ら選び、もう何もできないのだという意見を認めてもらいたがっていた。2人目の人は、難しい手術を受けたばかりだというのに、前向きで、何かをしようという意欲にあふれていた。健康に対する向き合い方が両者の違いを分けたのだ。

ちなみに、私自身もこの問題とは決して無関係ではない。糖尿病を患っているからだ。この病気が見つかった当初（それ以来、私は5000本ものインスリン注射を打ってきた）、医師からは「糖尿病はたしかに体の病気ではありますが、そのせいで心が後ろ向きになってしまうのが一番の問題です。心配しすぎは禁物ですよ」と言われた。

その後、自然な流れとして、ほかの多くの糖尿病患者たちと知り合うことになった。そこで出会った2人の極端な例を挙げてみたい。1人は非常に症状が軽いにもかかわらず、生ける屍《しかばね》のようになっている人だ。体が冷えるのを異常に気にして、普段からバカみたいに厚着をしている。感染症を恐れて、すこしでも鼻をすすっている人を避ける。過労が怖いのでほとんど何もしない。どこか悪くなるのではないかと心配することに、精神的なエネルギーの大半を費やしている。いかに自分の状態がひどいかを長々と語り、周りの人たちをうんざりさせる。彼の抱える真の病気は糖尿病ではなく、体を盾にとった言い訳癖という病だ。自分は哀れな病人だと、頭から思い込んでしまっているのである。

その対極にいるのが、ある大手出版社の部長を務める人物だ。その症状は深刻で、先に例として挙げた人の30倍ものインスリンを打たなければならない。だが、病気にくよくよと悩むのではなく、仕事を楽しみ、人生をエンジョイするために生きている。ある日、彼は私にこう言った。「たしかに面倒だけど、それはひげ剃りだって同じさ。ベッドに寝ていようなんて思わない。注射を打つたびに、インスリンを発見した人たちに感謝してるよ」

また、私の親友で、著名な大学教員であるジョンは、1945年に片腕を失った状態でヨーロッパから帰国したが、そのハンディをものともせずいつも笑顔で人助けをしている、私が知るかぎりもっとも楽観的な人間だ。ある日、ジョンとそのハンディキャップについてじっくりと話をしたとき、彼はこう言った。

「たかが腕さ。たしかに2本あったほうが便利だろう。でも落とされたのは腕だけであって、心はまったく傷ついていない。そのことに本当に感謝してるんだ」

私にはさらにもう1人、腕を失った友人がいるが、彼はすばらしいゴルファーだ。なぜ片腕だけで、普通の人は両腕でもできないような完璧に近いゴルフができるのか聞いてみると、見事な答えが返ってきた。「まあ、練習だろうね。腕が1本でも正しい練習を積めば、両腕で間違った練習をしている人たちには負けっこない」。この名言をぜひかみしめてほしい。これはゴルフに限らず、人生のあらゆる面にあてはまることだ。

健康を理由にした言い訳癖を直す4つの方法

以下の4つの心がけが、体を盾にとった言い訳癖への最高のワクチンとなる。

1. 自分の健康について語らないこと。病気について語れば語るほど、たとえそれがたんなる風邪であっても悪化することが多い。雑草に肥料をやるようなものだし、自己中心的で老人の泣き言のような感じがして、聞いている人もうんざりする。つい自分の持病について話したくなるのが人の常だが、成功志向の人はその衝動を抑えることができる。もし泣き言を言えば、みなすこしは同情してくれるかもしれない。だが、いつもグチグチ言っている人は尊敬もされなければ、慕われることもない。

2. 自分の健康について余計な心配をしないこと。世界的に有名な病院であるメイヨー・クリニックの名誉顧問を務めるウォルター・アルバレス博士は、次のように述べている。「私はつねに、心配性の人たちに自制を求めつづけている。たとえば、この人（8回のレントゲン検査で何も問題が見つからなかったにもかかわらず、まだ自分が胆嚢の病気だと思い込んでいた人）には、もう胆嚢のレントゲン検査を受けるのはやめてくださいとお願いしている。心電図についても、これまでにもう何百人もの人に同じことを言いつづけてきた」

3．いまの体調を保てていることに心から感謝すること。私の好きな古いことわざに「ボロ靴を履いている自分を哀れんでいたのは、足のない男に出会うまでだった」というものがある。「なんだか体調がすぐれない」と文句を言うよりも、いまの状態に感謝するほうがよっぽどいい。そうするだけで新たな痛みや本物の病気に対して、おおいに抵抗力がつく。

4．「何もしないまま錆びつくより、やりすぎですり切れたほうがよほどいい」と自分に言いきかせること。人生は楽しむためにある。時間を無駄にしてはならない。病院のベッドのことだけを考えて、人生を棒に振らないように。

2．「でも頭が良くなきゃ成功はできないでしょ」

「私はバカだから」といった、頭の良しあしを盾にとる言い訳もよく使われる。じつのところ、おそらくは世の中の9割5分ちかい人が程度の差はあれ、この問題を抱えているのではないか。ほかとは違って、このタイプの言い訳癖は表には表れない。自分の頭が悪いと公に認める人はすくない。だが多くの人が、心の奥底でそう思い悩んでいるのだ。

しかしここには、知能に関する2つの根本的な誤解がある。

1．自分の頭の良さを過小評価している。

2．他人の頭の良さを過大評価している。

この誤解のせいで、みな、自分を安売りする。〝頭を使う難しい環境〟に飛び込むのを怖がり、

〝頭の良さなど気にしない仲間〟から紹介された仕事に就くのだ。

だが、本当に大事なのは、「頭が良いかどうか」ではなく「頭をどう使うか」である。知力の使い道を決める考え方のほうが、頭の良しあしそのものよりもはるかに重要だ。大切なことなのでもう一度くり返そう——**肝心なのは、頭が良いか悪いかではなく、その使い道を決める考え方だ。**

アメリカで最高の物理学者の1人であるエドワード・テラー博士は「お子さんも科学者にするおつもりですか？」と問われたときにこう答えている。「子どもが将来、科学者になるかどうかを決めるのは、頭の回転の速さでも驚異的な記憶力でも学校での成績でもありません。ただ一点、科学に強い興味を持っているかどうかです」

つまり、科学という分野ですら、決定的なファクターは、興味と熱意なのだ。前向きで積極的で協調性の高いＩＱ１００の人と、後ろ向きで悲観的で協調性のないＩＱ１２０を比べれば、前者のほうが、収入も、集める尊敬の量も、達成する成果もすべてにおいて上回るだろう。

細かい作業、課題、プロジェクトなど、対象がなんであれ、それをやり抜く気持ちさえあれば、賢くとも怠惰な人よりも、はるかに良い結果を出すことができる。これは相手が天才に属するような人間であったとしても変わらない。

粘り強くやり抜く力は、人間の能力の95％を占めると言っていい。

昨年、母校の同窓会で、私は10年ぶりにチャックという友人と再会した。彼は学生時代、非常に優秀で、すばらしい成績で大学を卒業した。最後に会ったときはネブラスカ州の西部で起業するのが目標だと言っていた。

そこで、どういう事業を興したのかと尋ねたところ、次のような答えが返ってきた。

いや……結局はやらなかったんだ。こんなこと、5年前までは――いや、1年前でも誰にも言えなかったけど、いまなら正直に話せるよ。

振り返ってみると、ぼくは大学時代にビジネスが〝うまくいかない理由〟を見つけるプロになってしまったんだと思う。新規事業につきものの落とし穴や、ベンチャーが失敗する理由を知り尽くしてしまった。「資本金は十分なのか」「景気は良好か」「その事業にしっかりとした需要はあるのか」「地域のほかの事業は安定しているのか」――埋めなきゃいけないチェック項目をそれこそ山のようにね。

いま一番ショックなのは、高校時代の友だちで、たいして賢くも見えなかったし、大学にも行かなかったようなやつらが、立派に自分の会社を興していることだよ。それに比べてぼくは、ただひたすら貨物の検査をしているだけだ。ベンチャービジネスが〝うまくいく理由〟についてもうすこし勉強しておけば、こんなことにはならなかったかもしれないね。

知力を導く考え方のほうが、頭の良さそのものよりもずっと重要なことがおわかりいただけるだろう。

すばらしい頭脳を持ちながら失敗してしまう人がいるのはこのせいだ。私の古くからの知り合いに、極めて高い抽象的な思考力を持ち、全米優等学生友愛会《ファイ・ベータ・カッパ》の会員である、天才と言っていい人物がいる。だが、その天性の頭の良さにもかかわらず、彼は、私の知り合いのなかでもっとも人生がうまくいっていない部類に入る。責任を避けるために平凡な職に就き、お金を失うことを恐れていかなるたぐいの投資もせず、多くの夫婦が破局しているという理由で一度も結婚せず、退屈だと言って人付き合いをしないので友だちもほとんどいない。彼は心をふるい立たせて成功に至る道を見つけようとするのではなく、そのすばらしい頭脳を使って、ものごとがうまくいかない理由を探してしまうのだ。

蓄えた知識の量は膨大だが、それをネガティブな思考が先導するため、世の中にほとんど貢献できず、何も生み出せない。考え方さえ違えば、きっと大きなことを成し遂げられたはずだ。だが、彼には偉業をなすに値する頭脳はあったが、考える力がなかった。

もう1人、よく知る人物の例を挙げよう。その人はニューヨークの一流大学で博士号を取得した直後にアメリカ陸軍に入隊し、そこで3年間働いた。だが、将校としてでもなければ技術士官としてでもない。ただトラックの運転をすることに3年間を費やしたのだ。なぜか？　その理由は、ありとあらゆるものに対して否定的な態度に満ち満ちていたからだ――同僚の兵士たちには「自分のほうが優れている」、軍の行動基準や運営法には「ばからしい」、規則には「それはほかのやつらのためのものであって、自分には関係ない」、さらには自分自身にも「こんなくだらない境遇から抜け出せないなんて、なんと愚かな」と。

結果、誰からも尊敬されず、せっかく蓄えた多くの知識もまるで活かせなかった。ネガティブな態度のせいで、下働きに甘んじたのである。

くり返しになるが、知力そのものよりもその使い道を決める考え方のほうがはるかに重要なのを忘れないでほしい。たとえ博士号を持っていても、この成功の基本原理を覆すことはできないのだ。

数年前、私は大手広告代理店の幹部であるフィルと親しくなった。フィルはマーケティングリサーチ部門の責任者としてバリバリ仕事をこなしていた。

では〝頭脳派〟だったのかと言えば、決してそんなことはない。リサーチの手法についてほとんど何も知らなかったし、統計学の知識もほぼゼロで、大学も出ていなかった（部下たちは全員大卒である）。専門知識について知ったかぶりしてうまくごまかしていたのかといえば、それも違う。

では、なぜフィルは、部下たちの年収が5万ドルに満たないなか、15万ドルも稼ぐことができたのだろうか？

その答えは、彼が〝人のエンジニア〟だからだ。つねに100％ポジティブで、周りが落ち込んでいるときに士気を盛り上げる。情熱的で、人間というものを理解し、人の心を動かす方法を知っており、みなのことを愛していた。ゆえに周りを巻き込んで熱を生み出すことができた。

つまり、フィルは頭の良さではなく、その頭の使い方によって、自分よりもＩＱの高い部下たちの3倍もの価値があると会社から評価されていたのだ。

ちなみにアメリカでは大学に100人の学生が入学したとして、卒業できるのはその半分に満たない。その理由について、とある大きな大学の入学事務の責任者に尋ねてみたところ、次のような答えが返ってきた。

退学するのは、頭が悪いからではありません。能力のない学生はそもそも入学できませんから。お金のせいでもありません。いまの大学ならどうとでもやりようがあるからです。真の問題は彼らの大学への向き合い方にあります。教授が嫌い、必修科目がいや、学生仲間が気に食わないという理由でやめていく若者のなんと多いことか。あなたも実際に見たら、驚くと思いますよ。

若い幹部候補生たちの多くが、結局は一番上のポジションまでたどり着けないのも、このネガティブ思考で説明がつく。知力が足りないのではなく、ひねくれた、消極的で悲観的で後ろ向きな態度が、彼らの足をひっぱっているのだ。ある企業の重役は、「頭が良くないという理由で若手の昇進を見送ることはめったにありません。仕事への向き合い方が問題になるケースがほとんどです」と言っていた。

以前私は、ある保険会社の依頼で、上位4分の1の代理店が全体の75%以上の契約を獲得している一方で、下から4分の1はたったの5%しか契約をとれない理由を調査したことがある。

人事部にある数千もの職員の個人ファイルを丁寧にチェックしたところ、知力や学歴という点で代理店ごとに大きな差はないのがわかった。業績にこれほどの差が出たのは、結局のところ、仕事に向き合う態度――ようは、考え方の違いによるものだった。上位のグループは、くだらないことにこだわらず、熱意があり、周りの人に心からの誠意を向けていたのだ。

人は、生まれ持った能力を大きく変えることはできないかもしれない。だが、その使い方を変えることは間違いなく可能だ。

もうひとつ、頭の良さを理由にした言い訳癖と深く関係しているのが、知識に関する誤解だ。「知識は力だ」という言葉はよく耳にするが、これは半分しかあたっていない。知識は〝潜在的な〟力でしかない。知識が本当の意味で力となるのは、それが実際に使われたとき――しかも、建設的な方向に使われたとき――だけだ。

偉大なる科学者アインシュタインは、1マイルは何フィートかと聞かれて、「そんなことは知らない。どの教科書を開いても2分で見つかるようなことを、なんで頭に入れておかなければならないのか」と答えたと言われている。

この逸話からは大きな教訓が引き出せる。アインシュタインは頭を知識の倉庫としてではなく、考えるための作業スペースとして使うべきだと考えていたということだ。

また、ヘンリー・フォードは『シカゴ・トリビューン』紙を名誉棄損で訴えたことがある。紙面で「無知」と書きたてられたため、その根拠を示せと迫ったのだ。

するとトリビューン側は彼に「ベネディクト・アーノルドとは誰か?」「独立戦争はいつはじまっていつ終わったか」などの簡単な質問をいくつも投げかけた。だが正規の教育をまともに受けていないフォードはそのほとんどに答えることができなかった。

しかし、そのやり口に憤慨した彼は最後にこう言い返した。「たしかに私はそうしたことは知らない。だが5分もあれば、答えを知っている人間と連絡がとれる」

ヘンリー・フォードは雑学には決して興味を示さなかった。一流の経営者なら誰でもそうであるように、彼もまた、頭に雑多な情報を詰め込むよりも、目指すべき情報を見つける方法を知っているほうがよほど重要だということを理解していたのだ。


では、逆に〝物知り〟の価値とはどの程度のものなのだろう。私は最近、急成長中の新興製造企業の社長と一緒に楽しい夜を過ごした。そのときたまたまテレビで人気のクイズ番組が流れていたのだが、そこには数週間も連続でこの番組に出演中の、ありとあらゆる分野の（ただ、その大半はどうでもいいと思えるような）問題に答えられる回答者が映っていた。

彼がなかでもとくにくだらない問題――アルゼンチンの山がどうとかこうとか――に正解したとき、社長が私のほうを見て、こう言った。「この男を雇うとして、ぼくはいくら払うと思う？」

「いくらだい？」と聞いてみると、社長はこう答えた。

「1500ドル以上は出せないね。週給でも月給でもなく、一生分で。冷静に見てそうだろう。この〝クイズのプロ〟は自分の頭で考えることができない、知識を頭に詰め込むだけのたんなる人間百科事典だ。1500ドルもあればかなり良い百科事典のセットが買える。それでも払いすぎかもしれないね。彼の知っていることの9割は、10ドルで買える年鑑に載ってるんだから」

さらにこうも続けた。「ぼくが欲しいのは、問題を解決できる人やアイディアを出せる人、そして、夢を描いてそれを実地に落とし込める人さ。アイディアマンとは一緒に稼ぐことができるけど、ただの物知りにはそれは無理だ」

頭の良しあしを理由にする言い訳癖を治す3つの方法

では、以下に簡単な方法を3つ紹介しよう。

1. 自分の頭の良さを過小評価しない、そして、ほかの人の頭の良さを過大評価しない。自分を決して安売りしてはならない。いま持っているものに力を集中して、どこに才能があるかを見つけよう。くり返しになるが、大切なのは頭の良しあしではなく、それをどのように用いるかだ。IQの高低を気にするかわりに、頭をうまく使うことに集中しよう。

2. 「頭の良しあしよりも人生にどう向き合うかのほうが重要」だということを1日に何度も自分に言いきかせる。そして職場にも家庭にも積極的な態度で向き合い、できない理由ではなくできる理由を探し、つねに成功への道を追求する姿勢を身につける。自分の知性をクリエイティブでポジティブな方向――つまり、負けを正当化する言い訳をつくり出すためではなく、勝つための方法を見つけるのに使う。

3. 何かを考える能力のほうが、情報を頭に詰め込む能力よりもはるかに価値があるのを忘れないこと。アイディアを思いついてふくらませ、何かをするにあたって新たなよりよい方法を発見するために頭を使おう。「この頭は、自ら歴史をつくるためにあるのか？　それともたんにほかの人がつくった歴史を記憶するためにあるのか?」と自分に問いかけよう。

3.「もう遅すぎる(あるいはまだ早すぎる)から、どうしようもない」

いまは何かをするのにふさわしい年齢ではないという言い訳は大きく2つに分類できる。すなわち「もう遅すぎる」と「まだ早すぎる」だ。

あなたもきっと、年齢を問わず多くの人が、人生がうまくいっていない言い訳として「新しいことをはじめるには〝もう遅すぎる〟(あるいは〝まだ早すぎる〟)。年齢のせいで、やりたいけどどうしようもない」と言うのを耳にしたことがあるだろう。

実際、「いまが何かをするのにふさわしい年齢だ」と思っている人は驚くほどすくない。これはとても不幸なことだ。そのせいで数多くの人が本物のチャンスを目の前にしながら、それを無駄にしてしまい、年齢を言い訳にして、挑戦しようともしないのだから。

「もう遅すぎる」というのは、年齢を盾にとる言い訳のなかでも一番よく見られるものだ。この病は、知らず知らずのうちに世の中に広がっていく。たとえば、次のような筋書きのテレビドラマは多い。「ある大企業の幹部が合併によって職を失い、年齢のせいで次の仕事がなかなか見つからない。数カ月ものあいだ再就職先を探しつづけるも結局は職にあぶれ、自殺を考えるほど落ち込む。そして最後には、自分が社会で必要とされていないことを受け入れる」といったような。

芝居の脚本や雑誌の記事でも「なぜ40歳になるともうダメなのか」といったテーマはよく見るが、

理由はそれが事実だからではない。たんに、自分の不安を裏づける言い訳を探している心配性の人たちがそうしたものを見たがるからだ。

年齢を理由にした言い訳癖への対処法

この種の言い訳癖は治すことができる。数年前、セールスパーソンの研修をやっていたときに、私は、この病を癒すだけでなく、そもそもかからないようにするのにうってつけの方法を発見した。

その研修の参加者のなかに、セシルという40歳の男性がいた。彼はあるメーカーの代理店をはじめたいと思いつつも、年齢を理由にあきらめようとしていた。「結局、一から出直しになるわけですが、それは難しいと思います。だってもう40ですから」

私は彼とこの〝年齢問題〟について何度も話し合い、「ただ歳をとったと思い込んでいるだけじゃないですか」と助言してみたが、なんの効果もなかった（じつのところ、こう言うと「だってそう思うんだからしかたないでしょう!」と言い返されることも多い）。

だが私はついに良い方法を思いついた。そしてある日の研修終わりに、彼にこう話しかけた。

「セシルさん、人間が生産的に働けるのは何歳からだと思いますか?」

すこし考えて、彼はこう答えた。「ええと、たぶん20歳ぐらいからですかね」

「では、いつまでだと思います?」

「そうですね……。体に気をつけて、しかもその仕事が好きであれば、70歳くらいまでは大丈夫だと思います」

「なるほど。実際には70を超えてもおおいに活躍されている方はたくさんいます。ただ、仮におっしゃる通り、生産的に働けるのが20歳から70歳までの50年間だったとしましょう。セシルさん、あなたはいま40歳です。これまで何年使ったことになりますか？」

「20年です」

「では、残りは？」

「30年ですね」

「つまり、あなたは折り返し地点にも着いていない――まだ4割しか生産的な時間を使っていないということですよね」

そう言って彼の顔を見ると、合点がいったようだった。その後、彼は年齢による言い訳を一切しなくなった。自分にはチャンスにあふれた日々がまだまだ残っているのに気づき、「もう歳だ」から「まだまだ若い」と認識を改めたのだ。いまでは、そもそも年齢は重要ではないと考えるようになっている。歳を重ねることをプラスにとらえるかマイナスにとらえるかはその人しだいだ。

年齢を理由にした言い訳をやめることで、閉ざされていると思い込んでいたチャンスの扉が開くことはよくある。私の親戚にやりたいことがなかなか見つからない人がいた。営業マンをしたり、事業を興したり、銀行で働いたりと、さまざまな職を転々としたうえでようやく、自分が本当は牧師になりたいのだと悟った。だが、そのときにはすでに歳がいきすぎているようだった。45歳で3人の幼い子どもを抱え、蓄えもほとんどなかったのだ。

それでも勇気を振り絞って、「45歳だろうがなんだろうが、絶対に牧師になるんだ」と自分をふるい立たせた。

そしてその決心を胸に、ウィスコンシン州でおこなわれる5年間の牧師養成課程に参加。修了後に、牧師に任命され、イリノイ州の教区で勤めはじめた。

遅すぎる？　いや、決してそんなことはない。まだ20年は十分に働ける。すこし前に話したとき、彼はこう言っていた。「もし45のときに思いきってこの決断をしていなかったら、残りの人生は老け込んでいくだけの苦しいものになっていたと思う。いまはまるで25年前と同じくらい若くいられる感じがするよ」

その言葉通り、彼はとても若く見えた。年齢による言い訳をやめると、自然と楽観的になって、気持ちも若くなる。もう歳だから無理という考えを捨てられれば、成功が近づくだけでなく、若さまで手に入るのだ。

ほかにも年齢を言い訳にせず、見事な転身を見せた例として、私の大学の元同僚であるビルがいる。彼は1920年代にハーバード大学を卒業したあと、24年間証券会社で働いて、それなりの財産を築いたところで、大学教授になろうと決めた。友人たちからは、その歳から厳しい勉強をするのはきついのではないかと忠告されたが、ビルは固い決心のもと51歳でイリノイ大学に入学。55歳で学位を取得した。そして現在では一流のリベラルアーツカレッジで経済学部の学部長を務めている。とても幸せそうで、彼は笑いながらこう言う。「楽しい時間がまだ人生の3分の1ちかく残ってるんだ」

すぐに「自分はもう歳だ」と考えてしまうのは、悪い癖だ。そんな考えはさっさと捨ててしまおう。

では逆に、「何かをするには若すぎる」ということはありうるのだろうか？　これもまた、大きく損をする考え方だ。いまから1年ほど前、私のもとにジェリーという23歳の男性が相談にやってきた。彼はもともとは軍のパラシュート部隊にいて、その後大学に進学。学生をしながら、大手運送会社で営業をして妻と子どもを養っている、学業も仕事もきちんとこなす立派な若者だった。

だが最近、心配事があるという。「シュワルツ先生。相談したいことがあるんです。会社から営業部門のマネージャーにならないかと言われているんです。もし受ければ、8人のセールスパーソンの上司ということになります」

「おめでとう。すばらしいことじゃないか！　でも、ちょっと不安そうだね」

「はい。部下になる人たちは一番若い人でも7歳、最年長の人は21歳も年上なんです。この話を受けるべきでしょうか？　ぼくにできますかね？」

「あのね、ジェリー。君の会社の幹部は、君が若すぎるなんて思っていないよ。でなければ、そんな打診はしないはずだ。いまから言う3つのポイントを覚えておきなさい。そうすればうまくいくから。まず、年齢のことは気にするな。昔、農場では、一人前の仕事ができるようになったときに、少年は大人になったんだ。誕生日が何回来たのかとは関係なくね。それは君にとっても同じだよ。君が営業部門のマネージャーとしての務めを果たせれば、それが大人の証明になる。

次に、上の立場に立ったからといって、それを鼻にかけてはいけない。部下であるセールスパーソンたちに敬意を示しなさい。彼らにアドバイスを求めて、チームの独裁者ではなく、キャプテンとして振る舞うんだ。そうすれば、ちゃんと味方になってくれる。

最後に、部下の歳を気にするのをやめなさい。どんな分野でもリーダーになる人間はすぐに、周りが年上ばかりだということに気づくものだ。だから、年上の部下を持つのに慣れておくこと。そうすれば、将来もっと大きなチャンスが巡ってきたときに、おおいに役立つはずだ。

君が自分からそう思い込まないかぎり、年齢がハンディになることはない。それをぜひ覚えておいてほしい」

そして、いまではジェリーはうまくやっている。運送の仕事を愛していて、数年以内に自分で会社を立ち上げる計画をたてている。

若さがハードルになるのは、本人がそれを気にしているときだけだ。たしかに、証券や保険の営業などの仕事では、〝相応の風格〟が求められるという話はよく聞く。だが、頭が白髪だったり禿《は》げ上がっていたりしなければ、投資家の信頼が得られないというのだろうか。まったくのナンセンスだ。大切なのは、自分の仕事についてどれだけの知識があるかだろう。やるべきことを理解していて、人の気持ちがわかるなら、十分にその役割を果たせる。歳を重ねなければ必要なものが得られないと思い込まないかぎり、年齢と能力のあいだにはなんの関係もない。

それでも多くの若者が、年齢が足かせになっていると感じている。たしかに、組織のなかで自分の立場を守るのに精いっぱいの輩から、「君はまだ若いから」と足をひっぱられることはありうる。だが、会社のなかでも本当に重要な役割を担っている人たちは、そんなことはしない。彼らは、あなたの力量に見合った仕事を任せてくれるはずだ。そこで能力と積極性を示せれば、若さはむしろプラスとして働くだろう。

では、年齢による言い訳癖を治す方法をまとめよう。

1. いまの年齢を前向きにとらえよう。「もう歳だ」ではなく「まだ若い」と考える。未来に期待を持って前に進めば、熱意も自然と湧いてきて気持ちも若返るはずだ。

2. 自分に生産的な時間がどれだけ残されているか考えてみよう。30歳の人なら8割、50歳だとしてもまだ4割――しかももっとも活躍できる時間――がこれからやってくるのを忘れないでほしい。人生は思っているよりも長いのだ。

3. 本当にやりたいことのためにこれからの時間を使おう。ネガティブな気持ちになって、「もう遅い」と思うから、〝もう遅い〟のだ。「何年か前にはじめておけばよかった」という後ろ向きな発想はやめて、かわりに「いまからはじめるんだ。最高の時間はこれからやってくる」と考える。それが成功者のやり方だ。

4.「でも、私の場合は違う。いつも運が悪いから」

最近、交通工学の専門家による高速道路の安全性に関する講演を聞く機会があった。彼は、いわゆる〝交通事故〟で、毎年4万人以上の人が亡くなっているというデータを示しながらも、じつはそのなかに本当の意味での〝事故〟はないと指摘した。われわれが事故と呼ぶものは、たんに人為的なミスや機械の整備不良のどちらか（あるいは両方）の結果にすぎないという。

この専門家の主張は、古今東西の賢者たちの言葉を裏づけている。つまり、何事にも理由があり、原因なくして結果はなく、今日の天気は偶然ではなくそれを決めたなにかしらの要因がある、ということだ。人間だけがこの法則の例外であるということはどう考えてもありえない。

だが、自分の失敗を不運のせいにし、他人の成功を運が良かっただけだという人はそこらじゅうにあふれている。

では、人間がいかに運による言い訳に屈するか、実例を挙げよう。最近、ある会社の3人の若い幹部候補生と昼食をともにしたときのことだ。ちょうど前日に彼らの同僚の1人であるジョージが幹部に抜てきされたことが話題になった。

なぜ彼は昇進できたのか？　運が良かった、コネがあった、ゴマをすった、妻が上司に取り入るのがうまかったなど、3人はさまざまな理由を挙げたが、真実は違う。たんにジョージが有能だったのだ。勤勉で、結果を出してきたし、性格も良かった。

さらに言えば、会社の上層部が、この4人のうち誰を昇進させるかを長い時間かけて吟味してきたことを私は知っている。自分が選ばれなくてがっかりしているのはわかるが、それでもこの3人は、トップがそんな大切なことをくじ引きで決めるはずがないのを自覚すべきだったと言えるだろう。

これも最近の話だが、私は、とある工作機械メーカーの営業部門の幹部に、この〝運の言い訳〟

の弊害について話をした。すると彼は興奮して、自身の経験を次のように語りはじめた。

なるほど、〝運の言い訳〟ですか。その言葉は初めて聞きました。でもそれは、営業の管理職であれば、誰もが取り組むべき難問のひとつだと思います。まさに昨日のことですが、うちの会社で、まさにそのような出来事があったんです。

ジョンという営業部員が4時頃に、60万ドルの注文をとってオフィスに戻ってきました。そのときそこに、いつも営業成績が悪い社員がいたんです。あげたばかりの手柄について話すジョンに、彼はうらやましそうに「やあ、ジョン。君は今回もラッキーだったね」と言ったんです。

つまり、このダメな社員は、ジョンが大口の注文をとってくるのは運とはなんの関係もないことを認めようとしないんです。ジョンは何カ月ものあいだ、クライアントのために頑張っていた――多くの社員とくり返し話をして、あちらにとって何がベストなのかを夜遅くまで考え抜いたうえで、エンジニアに装置の設計をさせたんです。慎重に計画して辛抱強く進めた仕事を運と呼ぶでしょうか？　ジョンは決してラッキーなどではありません。

誰に何をさせ、どのポジションに就かせるかをすべて運任せにしたら、この国のビジネスは崩壊するだろう。たとえば、ゼネラルモーターズの組織を完全に〝運〟を基準に再編するとしたらどうするか？　全社員の名前を書いた紙を樽に入れてくじ引きをして、最初に引かれた人が社長、次が副社長というように決めていくことになる。

そんなバカげた話はないだろう。でも、すべてが運というのはこういうことだ。経営者でも、セールスパーソンでも、法曹でも、技術者でも、俳優でもどんな職業であれ、トップに立つ人は、態度にせよセンスにせよすばらしいものを持っていて、勤勉に努力したからこそ、その地位まで登り詰めることができたのだ。

運による言い訳癖を克服する2つの方法

1．原因と結果の法則を受け入れる。誰かを見て「ラッキーだな」と思っても、すこし立ち止まってよく観察してみよう。その〝ラッキー〟の裏には、事前の準備や計画、ものごとを成功に導く考え方があるのに気づくはずだ。逆に、誰かを見て「ついてないな」と思ったときも同じだ。よく見ればその〝不運〟の裏にちゃんとした原因が見つかるだろう。成功する人は負けを素直に認め、そこから学びを得てプラスに変える。だが、平凡な人は負けから何も学ぼうとしない。

2．甘い考えを捨てる。努力せずに成功する方法を探すのに無駄な労力を使わないこと。何もせず、運だけで成功が転がりこんでくることはありえない。成功は、それを生む法則を学び、実際に行動することでつかめるものだ。昇進などを勝ち取って人生を良くしたいと思ったら、運頼みはやめよう。運ではそうしたものは手に入らない。自分のなかに勝つための資質を育てることに全力を尽くすべきだ。

3

自信を積み上げて不安を取り除く

BUILD CONFIDENCE AND DESTROY FEAR

友だちはあなたによかれと思って「気のせいだよ。心配しなくて大丈夫。何も怖いことなんてないから」と声をかけてくれる。

だが、そうしたアドバイスにたいした効果がないのはあきらかだ。数分、あるいは数時間くらいは気を楽にしてくれるかもしれない。だが、「気のせいだ」というなぐさめでは、本物の自信は身につかないし、不安を取り除くこともできない。

そう、不安は決して気のせいではない。克服するには、まずはそれをしっかりと認識する必要がある。

現代における不安は、その大半が心理的なものだ。心配、緊張、困惑、パニックなどすべては、ネガティブな想像が止まらないことに端を発している。だが、原因をつきとめるだけでは不安はとまらない。医師が、あなたの体のどこかが感染症にかかっているのを見つけたとして、そこで終わりにするだろうか？　そんなわけがない。もちろん、その部分の治療を開始するはずだ。

しかし、昔から使われてきた「気のせいだから気にするな」という考え方は、不安をそもそも存在しないものとして扱っている。これは事実に反する。不安はたしかにそこに存在して、成功を邪魔し、チャンスをつかもうとする人の足をひっぱる。不安にとらわれた人は、活力を奪われ、病気にかかり、内臓が弱り、寿命が縮まり、言いたいことも言えなくなる。

不確実さや自信のなさから生まれる不安は、不況が長引いたり、多くの人が成果をあげられず、人生を謳歌できなかったりする原因でもある。

不安は、これほど強力な力を持ち、人生における目標達成を実際にさまざまな形で妨げている。また、その強さや性質はさまざまだが、不安は人から人へと伝染する、ある種の〝心の病気〟である。だが逆に言えばこれは、体の病気と同じように、効果が実証済みのなんらかの治療法で治せるということも意味する。

治療前の準備として、まずは肝に銘じてほしい。自信というものは、後天的に築き上げるものであり、生まれつき自信のある人など誰もいないことを。あなたの知る、自信に満ちあふれ、不安に動じず、いつでもどこでもリラックスしている人たちはみな、自らの手でその自信を積み上げたのだということを。

もちろんあなたにもできる。その方法を説明しよう。

＊　＊　＊

第二次世界大戦のさなか、アメリカ海軍では、新兵全員を泳げるようにする必要があった。言うまでもなく、海で溺れて命を落とさないようにするためだ。

そこで泳げない者には水泳訓練が課された。私は何度もその現場に立ち合ったが、若くて健康な男たちがさほど深くもない水を怖がる姿はすこし滑稽だった。ある訓練では数人の泳ぎのプロが見守るなか、彼らは高さ2メートルの飛び込み台から、深さ3メートルほどの水のなかに飛び込むことになった（といっても頭からではなく足からである）。

さきほど滑稽と言ったが、これはある意味では悲惨な光景でもあった。彼らは心の底からおびえていたからだ。だがそのおびえは、いったん水に飛び込んでみると、たちまち消え去ったのである。踏ん切りのつかない新兵たちが、〝偶然〟誰かに押されて飛び込み台から落ちるというシーンを何度もはさみつつ、結局は全員が水への恐怖に打ち勝った。

この訓練は、海軍出身者なら誰でも知っている、ある事実を物語っている。つまり「恐怖や不安を打ち消すには行動あるのみ」。逆に言えば、「先送りするかぎり、不安はふくらんでいく」。

この言葉をいますぐあなた自身の成功のルールブックに書き込んでほしい――「**恐怖や不安を打ち消すには行動あるのみ**」だ。

これを裏づける例を紹介しよう。数カ月ほど前、大手小売企業でバイヤーとして責任あるポジションについている40代前半の会社役員が私のもとを訪れた。どうやら、大きな問題を抱えているようだった。

彼は不安そうにこう切り出した。「いまの仕事をくびになるのが怖いんです。もう自分の時代は終わりつつある気がして……」

「なぜ、そう思うんですか？」と私は尋ねた。

「そうですね……まず、逆風が吹いています。私の部署の売り上げは前年から7％減りました。店舗全体では6％アップしていることを考えるとこれはかなりまずい数字です。それに最近、いくつか間違った決断をしてしまって、仕入部長から会社の進歩についていけてないのではないかという指摘を何度も受けました」

彼は言葉を続けた。「こんなことはこれまでになかったと思います。正常な判断ができなくなって、問題が表面化してきました。私の調子がおかしいことに、部下のバイヤーも店舗担当者も、そしてほかの幹部たちも気づいています。各バイヤーチームの責任者が集まる会議で、そのなかの1人に、〝彼のチームを自分の下につかせてはどうか〟と言われてしまったこともあります。〝そのほうが店舗として売り上げがあがるから〟と。溺れているところに野次馬が集まってきて、手も差し伸べてくれず、沈んでいくのをただ見られているような感じなんです」

彼がさらに、いまおちいっている苦境について微に入り細に入り語りつづけたため、ついに途中で割って入って「それで、どうするんですか？　この状況を打開するのに何をするつもりですか？」と尋ねると、「まあ、できることはあまりないでしょうが、最善を尽くすしかないですね」という答えが返ってきた。

そこで私は「では、その気はあるということですね？」と言い、さらに彼がそれに答える前に「ならば、そのための行動を起こしてはいかがですか？」とたたみかけた。

すると「たとえば、どういうことでしょうか？」と彼は聞いてきた。

「そうですね。この場合、やるべきことは2つあると思います。まずは今日から売り上げを上向きにすること。ちゃんと現実に向き合いましょう。数字が下がっているのには理由があるはずです。それを見つけてください。セールをやって売れ行きの悪い商品を処分して新たな商品を仕入れられるようにするとか、陳列の仕方を変えるとか。あるいは店員にもっと熱意が必要なのかもしれません。どうすれば売り上げがあがるのかは私にはわかりませんが、きっと何かあるはずです。仕入部長と一対一で話をしてみるのもいいでしょう。もしかしたら部長はあなたを追い出そうと考えているかもしれませんが、腹を割って話して真摯にアドバイスを求めれば、きっと猶予を与えてくれるはずです。あなたが問題を解決するかもしれないと思っているあいだは、向こうもあえて交代させようとは思いませんよ。そのほうが会社としても高くつくからです」

私はさらにこう言った。「それから部下のバイヤーたちにももっと頑張ってもらいましょう。溺れているなんて思わせないことです。周りの人たちに自分はまだまだ健在であることをアピールするんです」

彼の目にはふたたび勇気の光がともりつつあった。そして「やるべきことは2つあるとおっしゃいましたよね。もう1つはなんですか？」と聞いてきた。

「2つ目は、ある意味で〝保険〟と言えるかもしれませんが、親しい仕事仲間数人に、ほかの会社で働くことも視野に入れていると伝えておくことです。もちろんいまのところよりもかなり待遇が良くなるという条件つきですよ。売り上げを上げるために積極的に行動すれば、いまのポジションが脅かされるとは思いませんが、それでも念のため、1つや2つほかからオファーをもらっておくのは悪いことではありません。転職活動は、無職になってからよりも、職があるうちにやるほうがはるかに簡単だということを忘れないでください」

そして、この相談から2日後、彼から電話がかかってきた。

「あのあと、気合いを入れなおしていろいろとやってみました。なかでも一番大きかったのは店舗スタッフとの関係が良くなったことです。前には週に1回だったミーティングを毎朝やるようにしたところ、みんなすごくやる気になってくれたんです。きっと私が元気になったのを見て、自分たちも頑張ろうと思ったんでしょう。彼らはただ、私が再始動するのを待っていてくれただけだったんです。あきらかにいい流れができつつあります。先週の私が仕入れた商品の売り上げは去年よりも良く、全店舗のなかでも平均を大きく上回りました」

さらに彼はこう続けた。「ああ、そういえばほかにもお伝えしたいことがあるんです。この前、相談したあと、ほかの会社から2つもオファーをもらったんです。もちろんうれしかったんですが、いまの職場がまたうまくいきはじめたので、両方とも断りました」

彼の例を見ればわかるように、難しい問題に直面して泥沼にはまったときは、何か行動を起こすしかない。やる気があるというのは出発点にすぎず、本当に勝利を勝ち取るには行動に移す必要がある。

アクションを起こそう。次に不安を感じたときには――それが大きかろうと小さかろうと、まずは落ち着いて、「この不安を乗り越えるにはどのように行動すればいいか」と自分に問いかける。

つまり、いったん不安と距離を置いて、それからしかるべき行動をとるのだ。
表3－1に、よくある不安とその対処法の例を挙げた。

では、不安を克服し、自信を身につける2つの手順をまとめよう。

1. まずは一呼吸入れて不安な気持ちから距離を置き、自分が何を恐れているのかをはっきりさせる。

2. そして、行動を起こす。いかなる種類の不安も、適切に行動すれば解消できる。

ぐずぐずしていれば、不安は広がる一方だ。すぐに覚悟を決めて、行動を起こそう。

＊　＊　＊

あなたが自信を持てないのだとしたら、多くの場合その原因は、記憶の操作が間違っているからだ。

脳は一種の銀行のようなもので、人は日々、考えたことをこの〝メモリー・バンク〟に預けていき、それが蓄積して記憶となる。そして何かをじっくりと考えたり、問題に直面したりしたときに、この銀行に「この件について何か知っていることはないか？」と尋ねると、過去に記憶した、似たような状況に関する情報がメモリー・バンクから自動的に引き出され、それが新しくものを考えるときの材料となる。

表3－1

不安の種類	対処法
1 見た目のせいで恥をかくのではないか	改善すればいい。床屋や美容院に行って髪を切る。靴を磨き、洗濯してアイロンをしっかりあてた服を着る。普段から身だしなみに気をつけるようにしよう。ただ、つねに流行の服を着る必要はない。
2 大切な顧客を失うのではないか	良いサービスを提供できるよう、これまで以上に努力する。信頼失墜につながるような行動はすべて直す。
3 試験に落ちるのではないか	心配している暇があったら勉強しよう。
4 自分ではどうしようもないことに悩んでしまう	この場合、ほかの人を助けることに力を使おう。そして、祈るのだ。
5 竜巻や飛行機のトラブルなど、不慮の事故によって怪我をしたり死んでしまうのではないか	違うことに注意を向ける。庭に出て草むしりをしたり、子どもと遊んだりしよう。映画を見に行くのもいい。
6 他人にどう思われるか、何を言われるかが気になる	自分がやろうとしているのが正しいことなのを確認する。そして、粛々と実行する。価値あることをなすにあたっては、他人からの批判はつきものだ。
7 お金を投資したり、家を買ったりするのが怖い	あらゆる要素を分析する。覚悟を決め、決断を下し、それを貫く。自分の判断を信じること。
8 人間が怖い	うがった見方をしないこと。相手だってあなたと同じ人間なのを忘れないように。

メモリー・バンクの番人はとても信頼できる人物で、あなたの依頼を決して断らない。仮に「やあ。ぼくが過去に預けた、自分がみんなよりも劣っていることを証明する記憶を引き出してくれないかな」と頼めば、彼は「かしこまりました」と答え、すぐにしゃべりはじめる。「あなたは以前、同じ失敗を二度もしました。それに、小学校6年生のときには先生から〝君にはものごとをやり通す力がない〟と言われましたよね。ああ、あと、あのときふと耳にはさんだ、同僚たちの陰口は覚えていますか？　それから……」

こうして記憶の番人は、脳のなかを探って、あなたの無能さを裏づける証拠を提示しつづける。では逆に、記憶の番人にこうリクエストしたらどうなるか。「いまぼくは難しい決断を迫られてるんだ。何か、安心できるようなものはないかな？」

すると番人が「かしこまりました」と答えるのは同じだが、今回は成功を裏づけるような記憶を持ってきてくれる。「あなたは以前、同じような状況ですばらしい成果を達成しました。それに、スミスさんからも全幅の信頼を寄せられていた。あと、親しい友だちからはこんなふうに褒められていましたよね……」

記憶の番人は要望に完璧に応え、思う通りの記憶を引き出してくれる。つまるところ、このメモリー・バンクのオーナーはあなた自身なのだ。

さて、以下にメモリー・バンクをうまく使って自信を身につけるためのコツを2つ紹介しよう。

1．メモリー・バンクにポジティブな考えだけを預ける

人間誰しも嫌だったり、恥ずかしかったり、がっかりしたりするような経験はいくらでもあるだろう。だが、失敗する人と成功する人とでは、そうした状況への対処の仕方が１８０度違う。前者は、それをまともに受け止め、ぐずぐずとその場にとどまりつづけるせいで、嫌な記憶が刻み込まれ、頭から離れなくなってしまう。そして寝る直前まで、その記憶を反芻《はんすう》する。

一方、後者に属する人たちは、断固として〝余計なこと〟は考えない。彼らはメモリー・バンクにはポジティブな思考しか入れないことにしているからだ。

もし毎朝出勤する前に、車のボンネットのなかに両手で泥をすくってつっこんでいたら、どうなるだろう。もともとすばらしい性能を持っているエンジンも、すぐに壊れて動かなくなってしまうはずだ。ネガティブな考えをメモリー・バンクに入れつづけるというのはこれと同じだ。心のエンジンを無意味に傷つけて消耗させ、不安やフラストレーションや劣等感をつくり出す。これでは、ほかの人たちが前に進むなか、あなたの車は路肩で止まってしまう。

だから、たとえば運転中やひとりで食事をしていて自然と何かを考えてしまうときには、顔がほころぶようなポジティブな経験を思い出すようにしてほしい。メモリー・バンクから良い記憶を引き出すのだ。そうすれば自信が湧いてくるし、気分も上向き、体の調子も良くなってくる。

ひとついい方法を教えよう。寝る前に、これまでに起きた幸運な出来事を思い出し、妻や夫、子ども、友だち、あるいは自分の健康に感謝する。さらに、その日見たほかの人の良いおこないや、小さいことでもいいので自分が達成したことを回想する。生きていて良かったと思えることに何度

も思いを馳せるのだ。

2．メモリー・バンクからポジティブな考えだけを引き出す

数年前、私は、シカゴにあるカウンセリングサービスを提供している企業の仕事に深く関わっていたことがある。そこではクライアントの心理的な問題を扱っており、ケースはさまざまだが、結婚生活の悩みや適応障害に関するものがとくに多かった。

ある日の午後、友人で心理学者でもあるその会社の社長と、ひどい適応障害の人を助けるために会社が提供するサービスやテクニックについて話し合っていたときのこと。彼はふと、こんなことを言った。「じつはね。お客さんがあることをすれば、うちのサービスなんて本当は必要ないんだよ」

「え！　それってどんなこと？」と私がくいつくと、こんな答えが返ってきた。

「簡単だよ。ネガティブな思考を退治してしまえばいいんだ。心のなかでモンスターに育つ前にね。

うちのサービスを必要とする人の多くは、心のなかに〝恐怖の博物館〟をつくっている。たとえば結婚生活に問題を抱えている人なら、その博物館には〝ハネムーン・モンスター〟がいる。新婚旅行が思ったほど楽しいものではなかったとしても、水に流せばいいところを、彼らはその後、その話を何度も何度も持ち出して、結婚生活そのものを破綻させかねない大問題に

してしまう。そして5年も10年も経ってから私のところに相談にくるんだ。

もちろん、彼らは自分たちの問題の根っこがどこにあるのか気づいていないことがほとんどだ。だから、それを見つけだして、じつはつまらないことなのをわかってもらう。それが私の仕事さ。

ちなみに、不愉快な出来事であれば、ほとんどどんなものでも心のモンスターになる可能性がある。仕事上のミス、失恋、投資の失敗、10代の子どもの非行――こうした出来事からモンスターを育ててしまった人たちを私は日々、サポートしているんだ。

この話からもあきらかなように、ネガティブな思考をくり返し思い出して強化すると、それは本物の怪物――自信を奪い、深刻な精神状態を招くモンスター――になってしまう。

作家のアリス・マルカヒーは『コスモポリタン』誌に寄稿した「自己破壊への動因」という記事のなかで、毎年3万人以上のアメリカ人が自殺し、10万人が希死念慮を抱えていると指摘したうえで、こう言っている。「くわえて数百万人が、見た目にはわからないような緩やかな形で、死に向かう行動をとっているという衝撃的なデータもある。つねに自分をおとしめ、罰し、卑下することで、肉体的にはではなく精神的に自殺を図っている人たちもいる」

先ほどのカウンセリング企業の社長は、ある患者の〝心と魂の自殺〟をやめさせたケースについても次のように話してくれた。

その人は30代後半で、2人の子どもがいたが、いわゆるうつ状態だった。それまでの人生すべてが不幸だったと思い込み、学生時代、結婚生活、子育て、そして暮らしてきた場所も含め、あらゆるものをネガティブにとらえていた。いままで心の底から幸せだと思ったことは一度もない、とまで言い切った。人間、過去のとらえ方が現在の状態を決めるものだ。だから彼女には絶望と暗闇しか見えなかった。

絵を見せて、これを見てどう思いますかと聞いてみたときも、「ひどい嵐になりそうですね」という答えが返ってきた。いままでのクライアントのなかでもそんなに暗い解釈をする人はいなかった（これは大きな油絵で、空の低い位置に太陽が、その下には岩だらけの海岸線があり、あえて日の出にも日没にも見えるように描かれたものだ。いわく、この絵をどう見るかがその人の性格を知る手がかりになるという。ほとんどの人は日の出と解釈するが、うつや精神疾患に苦しんでいる人はほぼ例外なく日没だと答えるそうだ）。

すでに人の記憶にあるものを変えることはできない。でも本人にその気があれば、心理学者として過去の出来事に違った形で光を当てる手助けはできる。この女性のときもやったことは同じだった。これまでの人生が失敗ばかりじゃなく、うれしいことや楽しいこともあったのを思い出す手伝いをした。治療をはじめて半年が経つと、改善の兆しが見えたきた。そこで特別な課題を与えた。毎日、自分が幸せだと思える具体的な理由を3つ考えて、紙に書いてもらった。そして診療日である毎週木曜日に一緒にそのリストをチェックする。これを3カ月にわたって続けた。すると、うつは劇的に改善した。いまでは日々の生活にうまく適応して、普通の人と同じように前向きで幸せに暮らしている。

この女性のうつは、メモリー・バンクからネガティブな思考を引き出すのをやめたときに治りはじめた。

心の問題はその大きさに関係なく、後ろ向きな思考を前向きに切り替えることで快方に向かう。

決して心のモンスターを育ててはならない。つまらないことを思い出すのはやめよう。どんな出来事でも、回想するときにはその良い面だけに意識を向けて、悪い面は心の奥底に埋めてしまおう。それでもネガティブなほうに考えが向かいそうになったら、一度完全に思考を停止すればいい。

そしてここで、もうひとつとても大切なことを言っておこう。ありがたいことに、じつはあなたの心も、不愉快な記憶を忘れたがっているのだ。よって、すこし力を貸してあげるだけで、嫌な記憶はじょじょにしぼんでいき、最後にはメモリー・バンクから消え去ってしまう。

広告心理学の研究者として有名な、メルビン・S・ハットウィック博士は、広告と人間の記憶について次のように述べている。「もしある広告の喚起する感情が心地よいものであれば、記憶に残る可能性が高いでしょう。逆に不快な感情を呼び起こす広告については、見た人はそれを忘れようとします。人は不快感を欲しておらず、覚えておきたくないからです」

つまり、思い出さないように心がけていれば、不快な記憶を消し去るのは容易だということだ。メモリー・バンクからはポジティブなことだけを引き出すようにして、ほかのことは忘れてしまおう。そうすれば、自信という、天にも昇るような感覚が心のなかに一気に広がっていく。自分を卑下するような後ろ向きな感情を思い出すのを拒否することで、不安を克服するための大きな一歩を踏み出せるのだ。

さて。次の話題に移ろう。人はなぜ他人を恐れるのだろう？　周りに人がいると自意識過剰になってしまうのはなぜか？　人見知りの裏にはどのような感情が隠れているのか？　そして、こうした不安にはどのように対処したらいいのだろうか？

この種の不安は非常に大きなものだが、克服する道はある。まずは、他人のことを正しく理解することだ。

私は、木工工場を経営して大成功しているある人物から、その方法を教わったことがある。彼の体験はとても興味深いものだった。

第二次世界大戦で軍隊に入る前、私は誰に対してもびくびくしていました。きっといまの私からは想像できないと思いますよ。周りはみんな優秀で、自分は肉体的にも精神的にも劣っている、生まれつきの負け組だと思っていたんです。

でもどんな運命の巡り合わせだったのか、軍隊生活がその対人恐怖症を治してくれたのです。1942年から1943年にかけて、アメリカ軍がすごい勢いで新兵を増やしていた頃、私は衛生兵としてある大きな徴兵センターに配属されました。そこで毎日毎日、大勢の入隊検査の手伝いをしていたら、だんだん人が怖くなくなってきました。

まるで鳥の大群みたいに列に並んでいる丸裸の男たちを見ているうちに、別にみんな似たようなものじゃないかと思えてきたんです。いや、たしかに太っていたりやせていたり、背が高かったり低かったりという違いはありましたが、見知らぬ人に囲まれて不安そうにしているのはみな同じでした。彼らはほんの数日前までは、新進気鋭の若手経営者だったり、農家だったり、セールスパーソンだったり、放浪者だったり、肉体労働者だったりと、それぞれ違った立場にいたのでしょう。でもそこではみな似たようなものでした。

ここで私は当たり前のことを知ったんです。それまで人はみんな大きく違うと思っていましたが、それ以上に共通点のほうが多いのだということを。他人もみな私と同じ人間でした。おいしいものを食べたがり、家族や友だちを恋しがり、出世を望み、問題を抱え、それでものんびりしたいと思っている。周りがみな自分と同じなら、何を怖がる必要があるだろう。私はそう思ったんです。

もうわかっただろう。彼の言う通り、周りもみなあなたと同じ人間なのだ。怖がる必要などない。では、人とうまくやっていくためのコツを以下にまとめよう。

1. 他人に対して偏った見方をしない

人と接するときは次の2つに気をつける。まず、相手を尊重すること。どんな人もこの世に1人だけの大切な存在なのだから。そしてもうひとつ、自分を尊重すること。だから、誰かと会うときは、「どちらも大切な存在である2人の人間が、お互いの興味を満たし、双方の利益となる話をするためにここにいる」と考えるようにしよう。

数カ月前、友人であるとある会社の経営者から、すこし前に私が紹介した若者を採用したという電話があった。

「何が決め手だったと思う?」と言う彼に答えを聞いてみると、こう返ってきた。

「立ち振る舞いだよ。面接にくる人のほとんどは、半分おびえたような感じでやってきて、いかにも耳あたりのいいようなことばかり答える。言い方は悪いが、ある意味、物乞いみたいなもので、何でも受け入れるし、なんのこだわりもない。

でも、彼は違った。私のことを尊重してくれたが、自分自身のこともちゃんと尊重していた。これはとても大切なことだ。しかも、こちらの質問に答えるだけじゃなくて、向こうからも同じくらい質問してきた。臆病者じゃない、本物の男だ。きっとうまくやってくれるだろう」

こうしたお互いを尊重する態度は、相手だけを過剰に重要視するのを防ぎ、その場のバランスを保つのに役立つ。

最初は、相手が恐ろしく大きくて、驚異的な存在に見えるかもしれない。だが、あなたと同じような関心や欲望を持ち、問題を抱えている、1人の人間であることを忘れないでほしい。

2. 理解しようとする態度を身につける

世の中にはあなたに噛みついたり、威嚇したり、からかったり、なにかしらの方法でおとしめようとする人間がいるものだ。備えをしていないと、自信に大きな穴をあけられ、完全に打ちのめされてしまうことになりかねない。たいした人物でもないのに周りに当たり散らす、〝大人のいじめ〟をする輩《やから》への対応策はあらかじめ学んでおく必要がある。

私は数カ月前に、テネシー州メンフィスのあるホテルのフロントで、その見事な実例を目撃した。午後5時過ぎ、受付に多くの宿泊客が並んでいたときのこと。私の前にいた男がえらそうな態度で自分の名を告げると、従業員は「はい、R様ですね。シングルの部屋をご用意しております」と答えた。

するとその男は、「シングルだと！」と叫んだ。「俺はダブルを予約したはずだ」

従業員はとても丁寧に「少々お待ちください」と応じて、ファイルからその客の予約伝票を取り出し、「お客さま、残念ですがご予約はシングルで伺っております。お部屋に空きがあればダブルにして差し上げたいのですが、あいにく満室でございまして」

男は怒り出し、「そんな紙切れがどうしたって言うんだ。ダブルにしろ！」と言うと、さらに「俺が誰だか知ってるのか。お前をくびにだってできるんだぞ。くびになりたいのか？」とまくしたてた。

罵詈雑言の嵐のなか、この若い男性従業員は、「お客さま。お言葉ですが、われわれはあなたのおっしゃった通りにご予約をお取りしただけなのです」

すると激怒したその客はついに、「こんなにしょうもない対応をするホテルなんて、スイートだって泊まってやるか！」と吐き捨てると、外に飛び出していった。

公衆の面前でここまで口汚く罵る人は久しぶりに見た。さぞかしこの従業員は動揺しているだろうと思いながら、私はカウンターに近づいた。だが、彼はとても明るい口調で「いらっしゃいませ、お客さま」と挨拶をしてくれたのだ。受付の手続きを進めているあいだに、「さっきのあなたの対応には感心しました。気持ちを抑えるのがお上手なんですね」と言うと、「いえいえ」という言葉に続けて次のような返事が返ってきた。

「ああいう方にはとくに腹は立たないんです。それに、あの方も別に私に腹を立てていたわけではないと思います。たんにやつあたりをしただけです。お気の毒にも、家庭に問題があったり、仕事がうまくいっていなかったり、劣等感を抱えていたりして、鬱憤を吐き出すのにちょうどいいタイミングだと思ったのでしょう。私はたまたまそこに居あわせただけです」

そしてこうもつけ加えた。「きっと本当はいい人なんだと思います。悪い人なんてまずいませんから」

受付を終えて、エレベーターに向かう途中、気がつくと私はその言葉をくり返していた。「きっと本当はいい人。悪い人なんてまずいない」

今度、誰かが突っかかってきたら、ぜひこの言葉を思い出してほしい。あせって反撃しないように。この種の状況を切り抜けるには、相手が爆発するのを待って水に流してしまうのが一番なのだ。

＊　＊　＊

数年前、大学の試験の答案を採点していて、妙にひっかかることがあった。授業中の議論や以前のテストでとても優秀だったはずの学生の出来がひどく悪かったのだ。じつのところ、このクラスの首席であってもおかしくないはずなのに、これでは逆に最下位に転落してしまう。こういう場合、私は直接話を聞いてみることにしている。そこで秘書に頼んで、そのポールという学生を教授室に呼びだしてもらった。

彼はすぐにやってきたが、どうもひどいことがあったような様子だった。まずは座ってリラックスしてもらったあと、「やあポール。いったい何があったんだい。君らしくない答案じゃないか」すると、うなだれたポールは、しぼりだすような調子でこう返事をした。「先生は、きっとぼくが不正をしたのをご存じでしょう。バレたのがわかったので取り乱して、そのあとは何も手につきませんでした。誓って言いますが、大学に入ってからカンニングをしたのは初めてです。どうしてもAがとりたかった。だからズルをしてしまいました」

彼はひどく動揺しながらも、言葉を続けた。「退学になりますよね？　規則では、どんな形であれ不正をした者は、永久追放と決まっているはずですから……」

さらに、自分のしでかしたことのせいで家族は恥をかき、人生は台無しになると言いはじめたので、私は彼の言葉を遮った。「ちょっと待ちなさい。落ち着いて。まず言っておくが、私は君がカンニングするところなど見ていない。いま君から話を聞くまで、疑ってもいなかった。君がそんなことをするなんて、とても残念だ。

ポール、教えてほしい。君は大学に来て、何を学びたいと思っているんだい？」

これを聞いてすこし落ち着いた様子のポールは、しばらく間をおいてからこう言った。「そうですね。生き方を学ぶというのが、大きな目的だったはずなんですが……、どうもぜんぜんうまくいっていないみたいです」

「学びというのはいろいろな形がある。きっと君はこの出来事から成功のための本物の教訓を学べるんじゃないか」と私は返した。

「君はズルをして、ひどく良心がとがめた。罪悪感から自信を失った。そのせいで取り乱してしまったんだろう。こうした何が正しいか正しくないかという問題は、モラルや道徳という観点から語られることが多い。でも、私は君に善悪について説教をするためにここにいるわけじゃない。だから、すこし現実的な面から考えてみよう。良心の呵責を感じるようなことをして罪の意識を感じると、それに気をとられる。〝もしかしたらバレて捕まるんじゃないか〟と思って、まともにものが考えられなくなるんだ。

いいかい、ポール。君はどうしてもAが欲しくて、間違っていると知りながらズルをしてしまった。これからの人生でもAを取りたいがあまり、良心に反するようなことをしたくなる瞬間が何度もあるだろう。たとえば、売り上げをあげるために、客をだまして物を買わせたりね。それでその場はうまくいくかもしれない。でもそのあと何が起こるだろうか？　罪悪感のせいで次にその客と顔を合わせたときに、落ち着かない気持ちになる。〝この前、嘘を言ったことがバレてやしないか〟と不安になって、セールストークに集中できなくなる。そのせいで二度目、三度目、四度目のチャンスを逃がしてしまう。つまり、自分の良心がとがめるような方法で物を売りつけると、長い目で見たとき、結局は大きく損をするんだ」

私はさらにポールに、不倫をした夫は妻に気づかれるのではないかと勘ぐるあまりに落ち着きを失い、結局は仕事も家庭もうまくいかなくなることや、多くの犯罪者たちが、証拠があがるからではなく、罪悪感や自意識過剰な行動によって怪しまれて逮捕されることなどを話した。

つまりわれわれには、正しくありたい――正しく考え、正しく行動したいと思う心があり、それに反するような行動をとると良心にガン細胞が生まれる。そしてそのガンは自信をむしばみながらふくらんでいく。だから、「捕まるのではないか？　バレるんじゃないか？　なんとか逃げ切れるだろうか？」などと自問自答するはめになるような行動は慎むべきだし、自信という大切なものを犠牲にしてまで、Aをとろうとしてはいけない。

ここまで話したところで、正しい行動をとることの真の大切さをポールは理解してくれたようだった。そこで私は、追試を受けるようすすめた。「え、でも退学じゃないんですか？」と聞く彼に、私はこう返した。「たしかにカンニングに関する決まりはある。でも、それを厳密に適用してすこしでもズルをした学生を全員退学にしていたら、教授の半分は職にあぶれてしまうし、しまいには大学を閉めなければいけなくなる。だから、これから私の言うことを聞くなら、この件は水に流そうと思う」

「はい、もちろんそうします」と彼は答えた。

私は本棚に差してあった私物の『黄金のルールとともに歩んだ50年』という本を取り出し、「ポール。この本を貸すからしっかり読みなさい。著者のJ・C・ペニーが語る、〝正しいことをなしていたら、気づけばアメリカでも指折りの富豪になっていた〟という様《さま》をよく観察するんだ」

それではこの話をまとめよう。正しいことをすれば良心が満たされ、それが自信となる。逆に、間違っているとわかっていることをすると、まずいことが2つ起こる。まず、罪悪感によって自信を奪われる。そして、遅かれ早かれ周りに良からぬことをしているのがバレて、信頼を失う。

正義を貫いて自信を築く。それが成功につながる考え方だ。

〝自信を持って考えるには、自信を持って行動すること〟――これは非常に大切な心理法則だ。心に染みるまでくり返し読んでほしい。

偉大なる心理学者ジョージ・W・クレイン博士は、名著『応用心理学』のなかで次のように述べている。「行動は感情に先立つということを忘れてはならない。感情は直接コントロールすることはできず、選択した動作や行動によってのみ左右される……こうしたあまりにもありふれた悲劇の数々（結婚生活につきものの困難や誤解）を避けるには、この心理的な事実をしっかりと意識することだ。日々、適切な行動を取りつづければ、すぐにそれに応じた感情が湧いてくる。普段から誠実な態度をとり、キスを交わして、感謝の言葉を口にし、細かい気づかいをしていれば、愛情について心配する必要はない。行動には必ず、相応の感情が伴ってくるからだ」

要は、実際の行動を変えることで心のありようも変わってくるというのは心理学者も認める事実なわけだ。笑顔をつくれば幸せな気持ちになる。猫背をやめて背筋を伸ばせば堂々とした気分になる。逆に、ためしに顔をしかめてみればいい。本当に嫌な気分になるのがわかるだろう。

ちなみに、特定の動作によって感情が変化することは簡単に証明できる。自己紹介が苦手だという人は次の3つを意識してみてほしい。まずは手を差し出してしっかりと握手をする。そして相手をまっすぐに見つめたあとに、「会えてうれしいです」と言う。

このシンプルな動作で、人見知りする気持ちは、自然に、かつたちどころに消える。自信あふれる振る舞いが自信を生むからだ。

何かを自信を持って考えたいなら、自信を持って行動することだ。要は、自らが望む感情を生むような振る舞いをすればいい。では以下に、自信をつけるための5つの行動を紹介しよう。よく読んで、意識的に実践してみてほしい。

1. 最前列に座る

教会での礼拝や学校の授業などをはじめとする多くの集会で、席が後ろのほうから埋まっていくのに気づいたことはないだろうか。多くの人は目立つのを恐れて後ろの席に殺到する。自信がないからだ。

逆に、前の席に座れば自信がつく。今日からぜひ、できるかぎり前に座ることをルールにしよう。もちろん、前に座れば少々目立つことになるだろう。だが、成功するには多かれ少なかれ目立つ必要があるのを忘れないように。

2. アイコンタクトをする

目の使い方でその人がどういう人間かよくわかる。こちらの目を見ない相手に対しては、本能的に「この人は何を隠そうとしているんだろう。何が怖いのか。何かをたくらんでいるのか。何か後ろ暗いことでもあるのだろうか」と疑ってしまう。

相手の目を見ないということは、大雑把に言って次の2つのうちのどちらかを意味する。「私はあなたに気後れしています。あなたより劣っている気がします。あなたのことが怖いです」。あるいは、「私は罪悪感を感じています。あなたに知られたくないことをしたり、考えたりしています。目を合わせたら、見透かされるんじゃないかと心配なんです」

アイコンタクトなしでは、自分について良いことは何も言えない。それはすでに「おびえています。自信がないです」というメッセージだからだ。これを乗り越えるには、相手の目をしっかりと見るしかない。そうすれば、「私は正直で、隠し事はありません。自分の言葉に責任をとります。おびえてなどいませんし、自信があります」というメッセージになる。

目に仕事をさせよう。視線を相手の目にまっすぐに向けるのだ。そうすれば自信が湧いてくるだけでなく、相手の信頼を得ることもできる。

3．これまでよりも25％速く歩く

子どもだった頃、住んでいる地域の郡庁所在地《カウンティ・シート》に行くのがとても楽しみだった。そこですべての用事を済ませて車に戻ると、母はよく「デイヴィッド、しばらくここから、みんなの歩き方を見てみよう」と私を誘った。

母はこの〝ゲーム〟の達人で、「ほら、あの人を見てごらん。何を悩んでいるんだろうね？」「あたいの女の人は何をしようとしているのかしら」「あっちの人はどう？　なんだかぼんやりしているみたい」などと言う。

すぐに私も、行き交う人々を見ているのが楽しくなった。映画よりもずっと安上がりだし（これが、母がこのゲームを思いついた理由のひとつだということはあとになって知った）、ずっと勉強になった。

そして私はいまでも、人の歩く姿を観察している。ふとしたときに、廊下やロビーや歩道を歩いている人を見て、人間の行動について思いを巡らせているのだ。

心理学では、だらしのない姿勢やのろのろとした歩き方は、自分自身や周囲の人間や仕事への不満と関連しているとされるが、逆に、姿勢や歩く速度を変えることで気持ちを変えられるとも言われる。たしかによく観察して見れば、人の体の動かし方は、心の状態の結果であることがわかるはずだ。打ちひしがれ落ちぶれた人は、まったく自信がないため、足を引きずりよろめきながら歩いている。

普通の人は、普通の歩き方をしている。歩くペースも普通。顔の表情も「あまり自分に自信がありません」という感じだ。

では、自信に満ちあふれた人たちはどうか？　歩くスピードは普通よりも速く、疾走感がある。それだけで彼らは周りに向けて「私はいま、やるべきことをやるために、重要な場所に向かっている。15分後にはきっと、それを成功させるんだ」というメッセージを発している。

だから、自信を身につけるために、歩く速度を25％あげてみよう。背筋を伸ばして頭を上げ、これまでよりもすこし速く歩く。すると自信が湧いてくるのがわかるはずだ。
ぜひやってみて、効果を確かめてほしい。

4．自分の意見を言うようにする

私はこれまでさまざまな人数での話し合いに参加してきたが、そのなかで、鋭い洞察力と天性の頭の良さを持ちながら、話の輪に加われないまま固まっている人を数多く見てきた。彼らは議論に参加したくないわけではない。ただ、自信がないのである。

話し合いの場で黙ってしまう人たちは、「自分の意見などなんの価値もないだろう。言ってもバカに見えるだけだから、黙っているのが一番だ。ほかの人たちは自分より物知りだろうし、無知をさらしたくない」と考える。

そのせいでふがいなさや劣等感がつのっていく。心の中で「次こそは発言しよう」と守れもしない誓いを立てたりもする。

要は、黙っていればいるほど、どんどん自信がなくなっていくわけだ。

逆に言えば、発言すればするほど、自信がつき、次回も発言しやすくなる。自分の意見を言う。それが自信を育むための栄養なのだ。

このやり方を取り入れよう。会議に出席したら必ず発言するのをルールにする。ビジネスのミーティングでも、委員会でも、フォーラムでも、なにかしら自分から発信する。例外はなしだ。コメントでも提案でも質問でもいい。発言する順番も、最後ではなく、なるべく最初に口火を切ろう。

バカにされるのではないかと思ってはいけない。そんなことはない。たしかにあなたの意見に反対の人もいるかもしれないが、賛成してくれる人だって当然いる。「あえてこんなことを言う必要があるだろうか」などと余計なことを考えないように。

そんなことより、ディスカッションの司会の注目を引いて発言の機会を得ることに集中しよう。

また、人前で話す訓練として、スピーチの練習会などに参加してみるのもいいだろう。多くの人が、そうしたところで練習を積み、自信を持って話せるようになっている。

5. にっこり笑う

あなたも、笑顔が大きな力になるという話を一度は聞いたことがあるのではないか――笑顔こそ、失った自信を取り戻すための最高の薬だと。だが、多くの人はこれを信じていない。なぜなら、不安を感じたときに笑ったことがないからだ。

ではここで、すこし試してみよう。笑顔をつくりながら、嫌なことを思い出してみてほしい。きっとできないはずだ。笑顔は自信を生み、恐怖を打ち負かし、不安をはねのけ、うつを吹き飛ばす。そして、嫌な気分を癒してくれるだけではない。本物の笑顔は、ほかの人の敵意をもまたたく間に消し去ってしまう。人は心から笑っている相手に対して、怒りを向けることはできないものだ。

つい先日も、このようなことがあった。車に乗って交差点で信号待ちをしていたら、ふいに衝撃を感じた。後続車のドライバーがブレーキを踏みそこねて、私の車のバンパーに追突したのだ。ミラー越しに相手が車から降りるのが見えたので、私も外に出た。頭には血が上っており、口げんかをはじめる気まんまんで、正直に言っておもいっきりやり込めてやるつもりだった。

だがそこで、私が口火を切る前に、向こうが笑顔で近づいてきて、とても誠実な声で「やあ。こんなことをするつもりはなかったんだ」と言ったのだ。その笑顔と真摯な言葉に私の怒りはたちまち解けていき、「ああ、大丈夫。よくあることだよ」と応じた。あっという間に怒りが親愛の情に変わったのだ。

にっこり笑うと、「ああ、今日も幸せだ」という気持ちになる。だが、これは満面の笑みでなければならない。中途半端な笑顔では効果は保証できない。歯が見えるまで笑おう。そうすれば間違いない。

「そんなこと言われても、不安や怒りを感じているときに、笑う気になんてなれないよ」という声があるのは知っている。

〝笑う気になんてなれない〟――それはそうだ。誰だってそうだろう。それでも、「笑うぞ」と自分に言いきかせて、無理やりでもいいから笑ってみよう。

そうすれば、笑顔の力を使うことができる。

本章のまとめ――5つの行動のガイドライン

1．行動が不安を取り除く。不安な気持ちはいったん脇に置いて、前向きな行動を起こそう。逆にその状況に対してなんのアクションもとらないと、不安はますます強くなり、自信は失われる。

2. メモリー・バンクにはポジティブな思考だけを入れるようにしよう。ネガティブで自虐的な思考に餌を与えて、心のモンスターに成長させてはならない。嫌な出来事やそのときの状況はなるべく思い出さないようにすること。

3. 人について正しい見方をする。人間は相違点よりも共通点のほうが多いのを忘れないように。ほかの人たちを偏った目で見ないこと。みな、同じ人間なのだ。広い心で臨もう。吠える人は多いが噛みつく人はめったにいないのだから。

4. 自分の良心に従って行動する。そうすれば罪悪感という毒に冒されるのを防ぐことができる。正しいことをなせば、自然と成功への道を歩いていける。

5. すべての行動を自信を裏づける方向に向ける。具体的には、日々の生活のなかで以下のことを心がけよう。

- 最前列に座る
- アイコンタクトをする
- いままでより25%速く歩く
- 自分の意見を言う
- にっこりと笑う

4

大きく考える方法

HOW TO THINK BIG

最近、国内でも最大規模のとあるメーカーの採用担当者と話をしたときのこと。彼女は毎年4カ月ほどかけて各大学のキャンパスをまわり、卒業をひかえた4年生のなかから、幹部候補向けの研修プログラムへの参加者を募る。だが、その話しぶりから、面談をした学生たちの態度にがっかりしているのが伝わってきた。

期間中はだいたい毎日、10人前後の学生と話をします。みな上位3分の1に入るくらい成績優秀で、うちの会社にすくなくともすこしは興味を持ってくれている子ばかりです。そこでおもに見ているのは、モチベーションの高さ。数年以内に、大きなプロジェクトを指揮したり、支部や工場の管理をしたりと会社に大きな貢献をしてくれるような人材なのかを見極めたいからです。

でも、面談をした学生たちの語った目標はほとんど感心できるものではありませんでした。

きっとあなたも驚くと思いますよ。22歳なのに、うちに来たらどんなチャンスがあるかよりも、いくら退職金がもらえるかを気にする学生のなんと多いことか。次にありがちな質問は「転勤は多いですか？」です。彼らは〝成功〟というのは〝安定〟のことだと思っているんです。そんな人間には会社を任せられませんよ。

なぜ近ごろの若者は、こんなにも保守的で、将来に対する視野が狭いんでしょう？　チャンスは日々、拡大しているはずです。この国では科学も産業も、これまでにないペースで発展しているし、人口も急速に増えています。アメリカという国で明るい未来を思い描けるとすれば、まさにいまなはずなのに。

だが、このように多くの人の思考のスケールが小さくなっているということは、逆に言えば、すばらしいキャリアを築くうえでライバルがすくないということでもある。

成功に関しては、人は、体の大きさや学歴や家柄ではなく、思考の大きさによって測られる。どれほどスケールの大きい考えを持てるかによって、達成できる成果の大きさが決まるのだ。では、〝大きく考える〟には、具体的にどうすればいいのだろう。

これまであなたは、「自分の最大の弱点」について考えたことがあるだろうか。おそらくその答えは、自らを卑下して、安売りしてしまうことだ。それはさまざまな形で表れる。たとえば、まさに望んでいたような仕事の募集広告を新聞で目にしても、「自分にはふさわしくない。わざわざ応募してもしょうがない」と考えて何もしない。あるいはデートしたいと思う相手がいても「自分には釣り合わない」と思って誘わない。自社の製品の良い顧客になりそうな人がいるのに、自分には荷が重い相手だとあきらめて声をかけない。エントリーシートの初任給はいくらを希望するかという問いに、自分に大金はふさわしくないと考えて、本当に欲しい額よりも控えめな数字を書き込んでしまう、などなど。

哲学者は太古の昔から、「汝自身を知れ」という忠告をしつづけてきた。だが、多くの人はこの格言を、「自分の悪いところを自覚せよ」と解釈しているようだ。そのため、自己評価と言えば、自分の欠点や短所、足りないところをつらつらと並べ立てることだと思われている。

たしかに、そうして改善すべき場所を自覚しておくのは悪いことではない。だが、そればかりやっていると、自分の価値を不当に低く見積もってしまいかねない。

ではここで、自分の真の価値を測るのに役立つプラクティスを紹介しよう。これは私が、経営者やセールスパーソン向けの研修で実際に使っている、効果が実証済みの方法だ。

1. 自分の持っているおもな強みを5つ挙げてみる。このとき、配偶者や上司、大学の指導教官など、客観的で率直な意見を言ってくれる知性ある人に手伝ってもらうこと。よく挙げられる強みの例としては、学歴、経験、技術、見た目、良好な家庭環境、態度、性格、積極性などがある。

2. 次に、いま挙げたそれぞれの強みの下に、あなたほどその強みを持っていないのに、大きな成功を収めている人物の名前を3人書いてみる。

このプラクティスをやってみると、自分が多くの成功者と比べても、すくなくともひとつは勝っている要素があることがわかる。

となれば、素直に考えて結論はひとつしかない。あなたは自分が考えているよりも大きな存在なのだ。だから、考え方もその大きさに合わせよう。自分の真のサイズに合わせた思考をすること。決して、自分を安売りしてはならない！

＊　＊　＊

「動じない」と言えばいいところを「泰然自若」と言ったり、「浮気者」のことを「多情な人」と表現する人は、ボキャブラリーが豊富なのかもしれない。だが、そうした人物がスケールの大きな思考に必要な言葉を持っているのかと言えば、おそらく違う。相手に伝わらないような、難解で高尚な響きの言葉や言い回しを使いたがるのは、尊大でもったいぶった〝はったり屋〟が多い。そうした人間は考えることも小さいものだ。

ある人が優れた言葉の使い手であるかどうかを決めるのは、語彙の豊富さや長々としゃべれるかどうかではない。重要なのは、その人の発する言葉やフレーズが、本人や周りの人間の思考にどのような効果を与えるかである。

まず前提として、**人間の思考は言葉ではなく、映像やイメージの形でおこなわれる**。言葉はいわば、思考の〝原材料〟にあたるものだ。脳という驚くべき装置は、言葉を聞いたり読んだりしたときに、それを自動的に映像やイメージに変換する。個々の言葉やフレーズがつくり出すイメージは、それぞれ微妙に違っている。たとえば「ジムが新しい家を買った」と「ジムが新しい小屋を建てた」というのでは、思い浮かべる映像が違うはずだ。われわれが心のなかに思い描く絵は、ものごとをどのような言葉で描写するかによって変化する。

つまり、こう考えればいい。何かについて話したり書いたりするとき、あなたはほかの人の心のスクリーンに映像を映し出す映写機なのだ。そしてその絵しだいで、どのような反応が返ってくるかも変わる。

たとえばあなたが、「残念ですが、これは失敗と言わざるをえないでしょう」と言ったら、それを聞いた人たちはどう思うだろう? きっと〝失敗〟という言葉の響きから、敗北や失望、悲しみをイメージするだろう。だがかわりに「ほかにもこんな方法がありますよ。きっとうまくいくと思います」と言ったらどうなるか? 勇気が湧いてきて、もう一度やってみようという気になるだろう。

「問題が発生しました」と言えば、やっかいな、なんとか片付けなければならないものがイメージされる。「これはチャレンジです」と言い換えれば、楽しい、スポーツのような、やりがいのあることだと思わせることができる。

「大きな出費がありました」だと、使ったお金は戻ってこない気がして嫌な気分だが、「大きな投資をしました」なら、あとからそれが利益となって戻ってくる映像を思い浮かべられる。

要するに、大きな考えの持ち主というのは、ポジティブで前向きで楽観的な絵を、自分だけでなく他人の心のなかにも描くプロだということだ。**大きく考えるためには、心のなかに大きくてポジティブな映像をつくり出す言葉やフレーズを使う必要がある。**

表4－1には状況別に、「小さくてネガティブで憂鬱な考えを生む言い方」と「大きくてポジティブで前向きな考えを生む言い方」の例を挙げた。こうした言葉を聞いたとき、どのようなイメージが心に思い浮かぶかを考えながら読んでみてほしい。

大きく考えるための言葉を身につける4つの方法

ここでは、思考のスケールをあげる言葉の使い方を身につけるための方法を4つ紹介しよう。

1．自分の気持ちを表現するときに、大きくて前向きで明るい言葉やフレーズを使う

「今日の気分はどう？」と聞かれて、「疲れた（あるいは頭が痛い、今日が土曜日だったらいいのになど）」と答えると、本当に気分が悪くなってくる。だから今度からは、「最高だよ」「ばっちりだよ」「すばらしい気分だね。君はどう？」と応じよう。すると、そう答えるたびに気分が良くなり、心も大きくなっていく。また、いつもごきげんな人として知られることで友だちも増える。これは単純だが、ものすごく効果があるので、ぜひやってみてほしい。

表４－１

	ネガティブで小さなイメージを生み出すフレーズ	ポジティブで大きなイメージを生み出すフレーズ
1	もうダメだ。疲れてしまった。	まだまだ元気だ。続けよう。こんなやり方はどうかな。
2	前にその仕事に手を出してしくじったんだ。二度とやらないよ。	前にうまくいかなかったのはこちらに原因がある。もう１回やってみるつもりさ。
3	営業はしてみたけどこんな商品売れないよ。ニーズがない。	たしかにここまでは売れていない。でも、良いものなのは間違いないから、なんとかして広める方法を見つけるよ。
4	もうマーケットは飽和状態だ。考えてごらん。全体の75%がすでに埋まってしまっているんだ。すぐに手を引いたほうがいい。	考えてごらん。市場全体の25%がまだ空いているんだ。これは大きいよ。一緒に頑張ろう。
5	あそこからの注文はすくない。もう切り捨てよう。	あそこからの注文はすくない。ニーズを満たしてもっと買ってもらうための計画をたてよう。
6	会社の幹部になるまで５年もかかるんじゃ長すぎる。出世を望むのはやめておこう。	５年なんてたいしたことない。そのあと、30年以上は幹部でいられる計算なんだから。
7	どこから見ても競合他社が有利だ。シェアなんてとれるわけない。	たしかに競争は激しい。でも、すべての面において完璧な会社なんて存在しない。知恵を合わせて、このゲームに勝つ方法を考えよう。
8	そんな商品、誰も欲しがらない。	いまのままでは売れないかもしれないけど、どう改良すればいいか考えてみよう。
9	株を買うのは、不況がくるのを待ってからだ。	いますぐ投資しよう。衰退ではなく、繁栄に賭けるんだ。
10	私はこの仕事をするには若すぎる（歳をとりすぎている）。	若い（歳を重ねている）というのは、有利だ。
11	これはうまくいかない。証明して見せよう。	これはうまくいく。証明して見せよう。

2. ほかの人を評するときにも、明るくて陽気で好感の持てる言葉やフレーズを使う

友だちや仲間をつねにポジティブな言葉で表現するのを決まりにしよう。その場にいない人について の話をするときは、「彼は本当にいい人だよ」とか「すごく有能な人らしい」などと褒めるようにする。けなすような言葉は厳に慎もう。そうした発言は遅かれ早かれ本人の耳に入って、あなたは信頼を失うことになる。

3. ポジティブな言葉を使って、人を励ます

ことあるごとに人を褒めよう。みな褒められたがっているのだ。妻や夫に日々、特別な言葉を贈ろう。職場の同僚をよく観察して、いいところを褒めよう。心からの称賛は成功のツールだ。何度でも使おう。彼らの容姿を、仕事を、成果を、そして家族を褒めたたえよう。

4. 計画を人に説明するときには前向きな言葉を使う

「いい知らせがあるんだ。これは本物のチャンスだよ」と話しはじめれば、聞いている人はわくわくする。逆に「つべこべ言わずにやるしかない」と言えば、退屈な気分になり、実際にその通りの反応が返ってくる。チームの勝利を約束して、みなの目を輝かせ、士気を高めよう。築くべきは城であって、墓ではない。

「いまがどうか」ではなく「これから何ができるか」を見よう

思考のスケールが大きい人は、「いまがどうか」ではなく「これから何ができるか」を考える癖がついている。では具体例を4つ挙げよう。

1．不動産の価値をあげるには？

たとえば、私の友人に地方の土地を専門に扱って成功を収めている不動産業者がいるが、これは現状ではほとんど何もないようなところに将来の可能性を見いだすことで価値を生んでいる好例だ。

彼は次のように語った。

「このあたりの土地は荒れ果てていて、とても魅力的とは言えない。ぼくが成功できたのは、ここを農地のままで売ろうとはしなかったからさ。

土地の販売計画は〝これからどのように使えるか〟を中心に立てる。『ここは街からは○○キロで、○○エーカーの平地と、○○エーカーの森があります』と言ったところで、見込み客の心は動かないし、買おうとも思わない。でもその土地を使った具体的なプランを示すとすぐに飛びついてくるんだ。ほら、こんなふうに」

そう言うと、彼はブリーフケースからファイルを取り出した。

「これはいま扱っている土地だけど、こういう物件はざらにある。都市の中心部から70キロも離れていて、家は荒れ放題、畑は5年間も手を入れていない。じゃあ、ぼくはどうしたか。まずは先週、丸2日間ここで過ごして、ひたすらこの土地のことを調べた。あたりを歩き回って近くの農地を観察し、ハイウェイとの位置関係を――いまあるものだけではなく、これからつくられるものも含めて――調べた。それから、この土地が何に向いているのかをじっくり考えたんだ。そして3つのアイディアを思いついた。それがこれさ」

彼はそう言って、ファイルの中身を見せてくれた。きれいにタイプされたその計画書は、必要な要素をすべて網羅したものだった。1つ目のプランは、この土地を乗馬場にするというもので、そこにはこの計画を後押しする理由――都市部の発展につれてアウトドアの愛好者が増え、レクリエーションに使うお金が増えているうえに、アクセスもいい――だけでなく、この土地であれば、十分な数の馬を飼育できるので、乗馬場の収益は安定するであろうことも示されていた。この綿密な計画には、馬に乗って木々のあいだをはしりぬけるカップルたちの姿が目に浮かぶくらいの説得力があった。

2つ目の〝林業プラン〟や、3つ目の〝林業と養鶏の組み合わせプラン〟も、同じように見事なものだった。

「ここまでやっておけば、見込み客と話すとき、この土地のいまの状態は関係なくなる。ここがこれからお金のなる木に変わる様子を想像してもらえばいいんだから。この方法を使えば、土地をたくさん、早く売ることができる。でもメリットはそれだけじゃない。競合他社よりも高く売ることができるんだ。土地だけじゃなくて、そこにアイディアをつけることで、人は自然とより多くのお金を出してくれる。だから、多くのお客さんがぼくを通じて土地を買いたいと言ってくれるうえに、1件あたりの手数料も高くできるのさ」

この話の教訓をまとめよう。現状だけを見るのではなく、これから何ができるかを考える。何事も目に見えるように提示することで価値を上げることができる。**大きな考え方をする人はつねに、将来どのようなことができるかに思いを巡らせていて、現状がどうであるかにはこだわらない。**

2. お客にはどれほどの価値があるのか？

あるデパートの幹部が、販売部門のマネージャーたちが集う年次大会で次のような発言をした。


考えが古いと言われるかもしれませんが、それでも私は、お客さまにもう一度ご来店いただくには、親切で丁寧な接客をするのが一番だと信じています。でもある日、店のなかを歩いていたら、店員がお客さまと口論しているを見かけました。その方は腹を立てて帰ってしまいました。

そのあと、その店員は同僚に「たかだか10ドルの客に時間をとられて、店のなかをひっかきまわさなきゃいけないなんて、やってられない。そんな客には価値がない」と言っていたんです。

その場を去ったあとも、その言葉が頭から離れませんでした。店員がお客さまに10ドルの価値しかないと思っているのは、かなりまずい。その考え方は正さなければと思いました。そこでオフィスに戻ってからリサーチ部門の部長に電話をして、去年1年間でお客さまが1人あたりどれくらいの金額を使ったかを調べてもらったんです。すると驚くような答えが返ってきました。計算の結果、平均で1800ドル強という数字が出たのです。

私はすぐに管理職全員を集めてこの件を説明し、お客さま1人あたりの本当の価値を示しました。そして、みなが1回の買い物ではなく年間ベースで考えるようになった結果、接客態度があきらかによくなったんです。

このデパートの幹部の指摘したポイントは、どんな商売にもあてはまる。利益は取引のくり返しによって生まれるものであり、最初の数回は利益が出ないことだってざらだ。よって、お客がその日に何を買うかではなく、長い目で見たときに払うであろう金額に注目しなければならない。丁寧に接客することで、一見さんを常連客に育てることができる。ぞんざいな扱いをすれば、ほかの店に行ってしまう。

そういえば、教えている学生の1人が、とある食堂に二度と行かないと決めた理由について、こんなエピソードを話してくれたことがあった。

ある日ランチのときに、数週間前に新しくオープンしたセルフサービスタイプの食堂に行ってみることにしました。ぼくはお金があまりないので、いつも値段はしっかりチェックします。肉料理のコーナーを見ていたら、1ドル99セントと書かれた棚においしそうなターキーの詰め物がありました。

でも、レジに行ってトレイを差し出すと、女の店員がぶっきらぼうに「5・09（ドル）」とだけ言うので、ぼくは丁寧な口調で合計で4ドル99セントのはずなんですが、と伝えました。彼女はにらむようにこっちを見たあと、もう一度数えなおしました。すると、ターキーの値段が2ドル9セントとして計算されていたことがわかりました。だから、ぼくは棚にある1ドル99セントという表示を指さしました。

すると彼女は急に怒り出して「そんなの関係ない。これは2ドル9セント。ほら、これ。私が今日渡された価格表。あれは何かの間違い。だから2ドル9セント払って！」と言ったんです。

ぼくは、1ドル99セントだからこのターキーを選んだんであって、2ドル9セントなら違う料理にしていたことを説明しようとしました。

彼女の答えは「とにかく2ドル9セント払って」。それ以上、騒ぎを起こしたくなかったので結局払いましたが、二度とここには来ないと心に決めました。ぼくは年間1000ドルはランチに使います。でもこの店にはもう1セントだって落としません。

これこそ視野狭窄の例だろう。この店員の目には、目の前の10セント硬貨しか映っていなかった。将来の1000ドルが見えていなかったのだ。

3. 先が読めなかった牛乳屋の例

人は未来の可能性に驚くほど鈍感なことがある。数年前、若い牛乳屋が家にセールスに来たことがあった。私は、すでにほかの会社に牛乳を配達してもらっていて十分に満足している旨を伝えたうえで、隣の家の奥さんにすすめてみてはどうかと言った。

すると彼は「もうお隣とは話しました。でも1日おきにたった1クォート〔0・946リットル〕しかいらないと言われたので、わざわざ配達するまでもないですね」と答えたのだ。

「なるほど、いまはそうかもしれないね」と私は応じた。「でも、お隣さんと話をしたとき、もう一月もすればもっとミルクが必要になることに気づかなかったかい？　家族が増えれば、たくさんミルクを飲むだろう」

これを聞いた若者はハッとした顔になって、「ああ、なんて鈍かったんだろう」とつぶやいた。いまではお隣さんは、先見の明のあったほかの牛乳屋から1日おきに7クォートもの牛乳を買っている。最初の子どもは男の子で、いまはその下に、弟が2人、妹が1人いるからだ。近々さらにもう1人生まれるらしい。

そう、人はときにひどく鈍感になってしまう。目の前にあるものだけではなく、将来の可能性に目を向けなければならない。

行儀が悪く、飲み込みの遅い、無愛想な生徒の〝いま〟だけを見ている教師は、その成長を助けることはできない。だが、将来の姿を思い描ける教師なら、結果は違ってくる。

スラム街を車で通りすぎる人のほとんどは、酒におぼれて落ちぶれきったホームレスの姿しか見ていない。だが、一部の慈悲深い人は、そこに違った光景を――つまり、立ち直った彼らの姿を見る。それが見えるからこそ、そうした人たちは献身的に更生プログラムの手助けができるのだ。

4．自分の価値は何が決める？

何週間か前、研修のセッションを終えたあと、1人の若者がやってきてすこし話をさせてほしいという。26歳になる彼は、恵まれない境遇で育ち、大人になってからも大変な苦労をしながらも、将来のためにちゃんと努力している人だった。

コーヒーを飲みながら、研修に関する質問に答えたあと、話題は財産のすくない人がどうやって将来に備えるべきかということに移った。そのときの彼の答えがまっすぐで明快だった。

「ぼくの貯金は1000ドルもありません。銀行で計算係として勤めていますが、給料は安く、責任ある仕事でもありません。車はもう4年も買い換えていないですし、妻と2人、狭いアパートで暮らしています」

「でも先生。ぼくはいま〝持っていない〟からといって、あきらめたりはしません」と彼は続けた。

その言葉が気になった私はどういうことかと尋ねた。

「それはですね……。最近周りの人間を観察して気づいたんですが、財産を持っていない人は自分たちのいまの姿しか見ていないんです。つまり、未来を見ていない。みじめないまの生活にしか目がいかない。私の隣人がいい例です。いつも他人の幸運をやっかみ、給料の安い仕事や、すぐに詰まる配管、積み重なっていく病院の請求書などに不満ばかりこぼしています。みじめだということをつねに自分に言いきかせているようなものですよ。そのせいでずっとみじめなままだと思い込んでいるんです。あのボロいアパートで一生を過ごすのが運命だと言わんばかりに」

その話しぶりから、これが本当に心の底からの言葉なのが伝わってきた。しばらく間をおいてから、彼はこう続けた。

「ぼくだって、低収入に古い車、ボロアパートにハンバーガーばかりの食事という現状をまともに受け止めたら、落胆せざるをえません。自分は何者でもないし、一生何者にもなれないと思ってしまうでしょう。でも、いまの自分ではなく、数年先に自分がどうなっているかに目を向けようと決めたんです。きっとぼくは、計算係ではなく管理職になっています。汚いアパートではなく、郊外の新築戸建てに住んでいます。そういう姿を思い描くことで、気持ちが大きくなり、考え方も大きくなります。これは妄想じゃありません。実際にその効果を何度も実感してきました」

この若者はなんと見事なやり方で自分の価値を高めていることか！　彼はすばらしい人生を送るための特急券を持っていると言えるだろう。「大切なのはいま何を持っているかではなく、これからどれだけのものを望むか」であるという、成功の大原則をすでに身につけているのだから。

要は、世界があなたをどう評価するかは、あなたが自分につける値札によって決まってくるわけだ。

ではここで、私が「付加価値の練習」と呼ぶ、モノやヒトの現状ではなく、将来の可能性を思い描く力を養う方法を紹介しよう。

1. モノに付加価値を加えてみる。さきほどの不動産の例を思い出してほしい。「どうすればこの部屋、この家、この事業に価値を追加できるか」と自分に問いかけて、アイディアを探ってみよう。モノというのは空室であれ、空き家であれ、事業であれ、それをどう使うかによって価値が大きく変わってくる。

2. ヒトに付加価値を加えてみる。成功の階段を上れば上るほど、あなたの仕事は〝人づくり〟が多くなっていく。「部下に付加価値を与え、もっと効率的に働いてもらうためにはどうすればいいのか」をつねに考えよう。ある人の力を最大限引き出すには、その人の最高の状態をイメージする必要があることを忘れないように。

3. 自分に付加価値を加えてみる。毎日、自分自身と〝ミーティング〟をおこなって、「今日、自分に付加価値をつけるためにどうすればいいか」を相談する。いまの自分ではなく、なりたい自分をイメージすることで、潜在的な価値を引き出す具体的な方法が自然と見えてくる。ぜひ試してみてほしい。

以前、友人である、社員数60名の印刷会社の元経営者兼オーナーが、後継者を選んだときの話をしてくれた。

5年前、経理と事務を担当する会計士が必要になった。雇ったのはハリーという、印刷業界のことは何も知らないが会計士としてすばらしい経歴を持っていた、当時26歳の若者だ。そしていまから1年半前、私が引退するとき、彼を社長兼統括部長に任命した。

いまから思うと、ハリーには誰よりも抜きん出ているところがひとつあった。たんに小切手を切ったり、記録をつけたりするだけじゃなく、誠実かつ積極的に会社全体に気を配ってくれていたんだ。ほかの社員が困っていると思ったら、必ず手を差し伸べてくれた。

ハリーを採用した最初の年に、数人の社員が会社を去った。すると彼は、費用をかけずに離職率を下げるための福利厚生プランをつくって、私のところに持ってきた。それはうまくいった。

ほかにも、所属部署だけじゃなく、会社全体のためになることをたくさんしてくれたよ。製造部門のコストを細かく調べたうえで、15万ドルで新しい機械を導入したらどれくらい効果があがるかをシミュレーションしてくれた。会社がひどい販売不振におちいったときには、営業部長のところに行って「私は営業についてはよく知りませんが、お手伝いをさせてください」と申し出てくれた。そして本当になんとかしてしまった。いいアイディアをいくつも出して、新規案件をとりつけてくれたこともある。

新しい社員が入ってきたときも、ハリーはそばにいてその人が会社になじめるよう配慮してくれた。会社全体の業務に心から気を配ってくれたんだ。

だから引退するときに後継者を誰にするかと考えたとき、答えはハリーしかありえなかったよ。

だが、誤解しないでもらいたいのは、ハリーは私に取り入ろうとしたわけではなかったし、たんなるお節介でも、悪い意味で押し出しが強かったわけでもなかった。人を裏切ったり、威張り散らしたりもしなかった。ただ、助けてまわっただけだ。彼は会社のあらゆる出来事を、〝他人事〟ではなく〝自分事《じぶんごと》〟としてとらえていたんだ。

ハリーが教えてくれる教訓は、あらゆることに通じる。「与えられた仕事さえこなしていれば、それで十分だ」という考え方は小さいし、後ろ向きだ。大きく考える人は自分をチームの一員と考え、個人の勝利ではなく、チームの勝利を目指す。自分が直接的には得をしなかったとしても、周りの人を助けるためにはなんでもする。他部署の問題を「うちには関係ない。あいつらに考えさせればいい」と言って流してしまうような人間は、人の上に立つ器ではない。

だから、ものごとを大きくとらえる練習をしよう。会社の利益は自分の利益だと考えよう。おそらく大企業に勤めている人で心からこうした思いを持っている人はごくわずかだろう。だが結局のところ、器が大きいと言えるのはその人たちだけであり、最終的にもっとも責任あるポジションにつき、もっとも多くのお金を稼ぐのも彼らなのだ。

逆に、潜在的な力は十分にありながら、小さな、取るに足りない出来事にとらわれて成果をあげられない人のなんと多いことか。

小さな出来事にとらわれてはいけない

小さな、取るに足りない出来事にとらわれてはいけない理由を、以下に4つほど例を挙げて説明しよう。

1．いいスピーチをするために必要なことは？

人前で見事なスピーチを披露できたらどんなにいいだろう、と思っている人は多い。だがその望みがかなうことはめったになく、大半の人は話下手のままだ。

なぜかと言えば理由は単純で、ほとんどの人が話し方に関するささいなことに気をとられて、本当に重要な点を置き去りにしてしまうからだ。たとえば、スピーチの準備をするときにこんなことで頭がいっぱいになっている——「背筋をちゃんと伸ばさないと」「足や手を無駄に動かさないようにしなきゃ」「原稿を読んでいるとバレないようにしなければ」「間違った言葉づかいをしないように気をつけよう」「ネクタイは曲がってないかな」「声は大きく。でも大きすぎないように」

さて、それでいざ本番になるとどうなるか？「～するべからず」が多すぎて、すっかりおじけづいている。話は回りくどくなり、頭のなかはミスしていないかチェックするだけで精いっぱい。スピーチは台無しだ。なぜ台無しになったかと言えば、くり返しになるが、どうでもいい些末なことにかまけて、いいスピーチをするにあたってより重要な〝話すテーマに関する知識〟とそれを

〝聴いている人に伝えたいという熱意〟をないがしろにしてしまったからだ。

人前で話をするうえで本当に大切なのは、背筋を伸ばしていたかや言葉づかいが正しかったかどうかではなく、聴いている人に伝えたいことが伝わったかどうかだ。一流と呼ばれる話し手であっても、細かい欠点がない人はほとんどいないし、とてもいい声とは言いがたい人もいる。アメリカで大人気の講演者のなかには、従来の〝～するべからず〟式のスピーチ講座では落第してしまう人だっているはずだ。

それでも優れた話し手たちには間違いなくひとつの共通点がある――すなわち、**言いたいことがあり、それを聴衆に伝えたいという燃えるような思いを持っている**のだ。

細かいことを頭から振り払って、あなたもぜひ人前でうまく話せるようになろう。

2. 口げんかが起きる理由

さて、この理由についてちゃんと考えたことがあるだろうか？　じつのところ、口げんかのうちすくなく見積もっても99％は、ささいなどうでもいいことを巡って起きている。たとえば、ある男が疲れて家に帰ってきて、すこしイライラしていたとしよう。夕食が気に入らなかった彼は腹を立てて文句を言う。妻もまた、日中にすこし嫌なことがあったので、すぐに「あら、たいした食費ももらってないのにそんなに期待されても困るわ」とか「ほかの家みたいに新型のレンジでもあれば、もっとうまくできたんでしょうけど」などと言い返してしまう。するとプライドを傷つけられた夫は、「金が足りないんじゃない。君のやりくりがなってないんだろう」と攻撃を開始する。

あとはエスカレートする一方だ。最終的に〝休戦〟になるまで、あらゆる理由を持ち出してお互いを非難しあう――義理の両親、セックス、お金、結婚の前と後にした約束などさまざまな問題が掘り返される。そして両者とも、この戦いをいったん切り上げる頃には、気持ちは高ぶり、神経は張り詰めている。問題は何も解決しておらず、次回、戦いをより激化させるであろう新たな火種が生まれただけだ。ささいなこだわりや狭量な考えが争いを生む。だから口げんかをなくすには、考え方を大きくすればいい。

それには、不満を漏らしたり文句をいったり、自己弁護のための反撃をはじめる前に「そもそもこれはそんなにたいしたことなのか」と立ち止まって考えてみることだ。ほとんどの場合、そうではないのがわかって、それだけで争いを回避できる。

文句を言う前に、こう自分に問いかけてみよう。「夫が（あるいは妻が）タバコの吸い殻を片付けていなかったり、歯磨き粉のキャップを閉め忘れたり、家に帰ってくるのが遅かったり、あるいはすこしばかりのお金を浪費したり、気に入らない人を家に呼んだりするのが、本当にそんなにたいしたことなのか？」

自分が良くない反応を起こしそうになっていると感じたら、「それは本当にたいしたことなのか？」と考える。それだけで家庭でも雰囲気は魔法のように変わる。これはオフィスでも、渋滞の途中でほかのドライバーに割り込まれたときでも有効だ。口論が起きそうなときにはぜひこの方法を試してみよう。

3．小さなことにこだわったせいで、消えていった若者

数年前、広告業界でチャンスをつかみかけていた若者が、オフィスの配置換えについて細かいことにこだわったせいでキャリアを台無しにするのを目にしたことがある。

当時その会社では、同じ地位にいた4人の若手幹部がそれぞれ新しいオフィスに異動することになった。だがそのうち3つは大きさも見た目も同じだったが、1つだけが小さくて粗末なつくりだったのだ。

その4つ目の部屋を割り当てられたことを知った〝彼〟は、これはひどい侮辱であり、不当な扱いだと思った。そして恨みつらみや嫉妬などネガティブな感情がたまったことで気力が萎えていった結果、ほかの3人を敵視するようになり、会社の仲間として協力するどころか、むしろ彼らの努力を台無しにしようとしはじめた。そのせいで、3カ月後には、経営陣から解雇通知を突きつけられるという最悪の事態を招いたのである。

くだらないことにこだわったせいで、彼はキャリアを棒に振った。冷遇されたという怒りで頭がいっぱいになり、会社全体が急成長していたためにオフィスのスペースが限られていたという事実に気づかなかった。異動先を決めた上司が、どのオフィスが一番狭いかさえ知らなかったということにも思い至らなかった。じつは会社のなかでオフィスの広さが自分の価値を決めるなどと思っていたのは、彼だけだったのだ。

自分の名前が部署の名簿の一番下に書かれているとか、カーボンコピーの4枚目の文字の薄くな

った書類を渡されたとか、つまらないことにこだわっていると痛い目にあう。大きく構えよう。そうすれば、そんな小さなことに足をひっぱられることはない。

4. 吃音だってたいしたことではない

私はとある会社の営業部長から、たとえセールスパーソンに吃音があったとしても、大切な資質さえ備えていれば、大きな問題にはならないという話を聞いた。

他社で私と同じように営業部門の部長をやっている友人で、悪ふざけが過ぎるXというやつがいるんです。数カ月前、ある若者からXのもとに営業職の応募の電話がありました。そこでひどい吃音があるのを聞いて、私をからかういいチャンスだと思ったんでしょう。「うちはいまは枠がないけど、友人（つまり私）のところに空きがある」と言ったらしいんです。そのあとXはすぐに私に電話してきて、その吃音の若者はすっかりその気になっていると意地悪く言いました。ただ、こちらとしてはそんなことは気にならないと思っていたので「すぐにその子をよこしてくれ！」と応じました。

30分後、その若者がオフィスに現れたんですが、三言《みこと》もしゃべらないうちに、Xが私のところに送り込みたがった理由がわかりました。「わ、わ、わたしは、ジャ、ジャ、ジャックです。Xさんから、し、し、仕事の、は、は、話があると、き、聞いてきました」といった具合で。

内心〝この調子じゃあ、この子はウォール街では1ドル札を90セントで売ることだってできないだろう〟と思って、悪友に腹が立ちました。気の毒でしたが、言葉を選んで質問しつつ、どうにかして彼を傷つけないようお断りする理由を考えていました。

でも、話を続けているうちに、この若者は決してバカではないことがわかってきたんです。むしろ頭は良く、態度も落ち着いていました。ただ、吃音があるのはたしかです。そこで意を決して、最後にこんな質問をぶつけてみました。「では、なぜ君は、自分が営業に向いていると思うのかな?」と。

「そ、そうですね」と彼は答えました。「わ、わたしは、も、も、物覚えがいいですし、ひ、人が好きです。こ、こ、ここはいい会社だと思いますし、お、お金を稼ぐ、いっ、意欲もあります。た、たしかにきっ、吃音はありますが、で、でもそれはだ、だいじょうぶです。ご、ご迷惑も、お、おかけすることはな、ないと思います」

この答えを聞いた私は、彼がセールスパーソンとして本当に重要なものをすべて持っていると思いました。そこでチャンスを与えることにしたんです。いまではすごくうまくやってくれてますよ。

つまり、必要な資質さえ備えていれば、〝話す仕事〟で吃音があったとしても、たいした問題ではないわけだ。

では、つまらないことに気をとられないようにするために、以下の3つを順番に実践してみよう。

1．大きな目的に目を向けよう

私たちはときに、契約がとれなかったにもかかわらず、「でも、客に間違いを認めさせましたよ」と上司に報告する営業社員のようになってしまうことがある。営業の目的は契約をとることであって、議論に勝つことではない。

結婚で大切なのはおだやかで幸せに暮らすことであり、相手を言い負かしたり「そんなことも言わなきゃわからないのか」などというセリフを投げつけることではない。

社員とともに仕事をするうえで重要なのは、彼らの能力を引き出すことであり、小さなミスをあげつらって叱責することではない。

近所づきあいで大事なのは、お互いに尊敬しあって友情を育むことであり、たまに隣人の飼い犬が夜中にほえるからといって、保健所送りにしようとすることではない。

兵法の言葉に「戦闘に勝って戦争に負けるくらいなら、戦闘に負けて戦争に勝つほうがはるかにいい」というものがある。

〝大きなボール〟からつねに目を離さないようにしよう。

2．いったん冷静になって「それが本当に重要なのか」を考えよう

暗い怒りの炎を燃やす前に、「これは本当にここまでいきり立つほどのことなのか？」と胸に手をあてて考えてみよう。これはつまらないことでイライラするのを避ける最良の方法だ。やっかいな状況に直面したときに、この問いを心のなかで思い出すことができれば、口論や仲たがいの9割

以上は回避できる。

3．ささいなことに気をとられるという罠にはまらないこと

人前で話すときも、問題解決のために決断を下すときも、社員の相談に乗るときも、結果を左右する本当に重要なことだけを考えよう。表面的なことにこだわって泥沼にはまらないように。大事なことだけに集中しよう。

思考の大きさを測るテスト

表４－２はありがちな状況に対して、思考のスケールが小さい人と大きい人がそれぞれどう反応するかを示したものだ。いまのあなたはどっちだろうか。そしてどちらを選べば果たすべき目的に近づけるだろうか。考えてみてほしい。

状況は同じでもとらえ方はまったく違う。どちらを選ぶかはあなたしだいだ。

表4－2

状況		思考のスケールが小さい人のアプローチ	思考のスケールが大きい人のアプローチ
1	収支について	経費を削って、収入を増やす方法を考える。	商品を多く売って、収入を増やす方法を考える。
2	会話するとき	友人たちやライバル、会社や景気の悪いところについて話をする。	友人たちやライバル、会社や景気の良いところについて話をする。
3	進歩について	後退か、せいぜい現状維持がいいところだと思っている。	これから前に進んでいけると信じている。
4	未来について	可能性は限られていると思っている。	可能性にあふれていると思っている。
5	仕事について	なるべく避けようとする。	積極的にやるべきことを探し、できるだけほかの人を助けようとする。
6	競争について	普通の人を競争相手に選ぶ。	トップの人を競争相手に選ぶ。
7	予算について	必要なものを削ってでもお金を節約しようとする。	まずは収入を増やして、必要なものはしっかりと購入する方法を考える。
8	目標	低い目標を設定する。	高い目標を設定する。
9	視点	短期的なことしか考えない。	長期的な視点でものごとを見る。
10	リスクについて	リスクを減らすことばかり気にしている。	何をするにもリスクはつきものであり、成功の友だととらえている。
11	交友関係	スケールの小さい人たちとつきあっている。	大きく、進歩的な考えをする人たちとつきあっている。
12	失敗について	小さなミスに大騒ぎして、本当に大ごとにしてしまう。	取るに足りないミスは無視する。

本章のまとめ――何事においても、大きく考えることはプラスになる

1. 自分の安売りはやめよう。自虐という悪癖を克服して、長所を伸ばそう。あなたは自分が思っているよりも優秀なのだ。
2. 大きな考えの持ち主にふさわしい言葉づかいをしよう。元気で明るくスケールの大きな、勝利と希望と幸せを呼び込むような言葉を使うこと。失敗や敗北、悲しみなどをイメージさせる暗い言葉は避ける。
3. 視野を広げよう。「いまがどうか」ではなく「これから何ができるか」に目を向ける。モノやヒト、そして自分自身に付加価値をつけよう。
4. キャリアを大局的な視点から見つめよう。そして、いまの仕事の重要性をかみしめる。昇進できるかどうかは、いまの仕事にどう向き合うかで決まると言っても過言ではない。
5. つまらないことを気にせず、大きな目的に集中しよう。ささいなことが気になりはじめたら一呼吸いれて、「これは本当に重要なのか」と考えてみること。

大きく考えて、大きな人間になろう。

5

クリエイティブに考えて、夢をふくらませる方法

HOW TO THINK AND DREAM CREATIVELY

本題に入る前に、まずは「クリエイティブ」という言葉の意味についてよくある誤解を解いておこう。世の中ではなぜだか、科学や芸術、文章を書くことなど一部の分野だけが真にクリエイティブな試みだと思われている。「クリエイティブ思考」というと、たいていの人は、科学や医療における発見や、小説の執筆、何かを発明することなどを思い浮かべるようだ。

まあたしかに、こうした成果がクリエイティブ思考の積み重ねによるものなのは間違いないだろう。人類が宇宙探査に乗り出すことができるようになったのも、創造性《クリエイティビティ》に負うところが大きい。ただ、創造《クリエイト》というのは、一部の仕事に限定されるものでもなければ、知的エリートたちにのみ許されるものでもない。

では、クリエイティブ思考とはいったい何なのか？

貧しい家庭の両親が、なんとか息子を一流大学に進学させる方法を考える。街で一番さびれた場所を近所でも評判の名所に変えるアイディアに知恵を絞る。牧師が日曜夕方の礼拝への参加者を倍

にする計画をたてる。これらはすべてクリエイティブ思考だ。

これまでよりもシンプルでわかりやすい形で記録をつける、絶対にものを買わないと言われている顧客と契約を結ぶ、子どもをやる気にさせる、社員たちに仕事を好きになってもらう、いつも必ず起きてしまう言い争いを回避する――日々の生活のなかでこうしたことに頭を使うのも、当然クリエイティブ思考に含まれる。

つまり、なんであれ、よりよい新しい方法を考えることはすべてクリエイティブ思考である。家庭でも職場でも地域のコミュニティでも、何かを達成するには、クリエイティブな思考によってそれを実現する方法を見つけなければならない。ではここからは、その力を養い、強化する方法について見ていこう。

まずは、できると信じることが最初のステップとなる。「できると信じなければ、何事もやりようがない」というのは当然の真理だ。できると信じることで、それを現実化する方法を探すために心が動き出すのである。

講習会でこの点を説明するとき、私はよく次のようなたとえを使う。参加者たちに「このなかで、今後30年のあいだに世の中から刑務所をなくすことができると思う人はいますか？」と問いかけるのだ。

するとみんな「はて、この人は何を言っているのか」という困惑した表情になる。そこで私は、一呼吸おいてからもう一度、同じ質問を投げかける。「これから30年のあいだに、世の中から刑務所をなくすことができると思いますか？」

私が本気で聞いているのだとわかると、必ず次のような非難の声があがる。「では、殺人犯や泥棒、強姦魔を野放しにしろと言うのか？　安心して暮らせなくなるではないか。そうなるとわかって言っているのか？　刑務所は必要に決まっている」と。

さらに次々と意見が積み重なっていく——「刑務所がなかったら、秩序が完全に崩壊する」「世の中には生まれつきの犯罪者がいるものだ」「むしろ、もっと刑務所を増やすべきだ」「今朝の朝刊に載っていた殺人事件の記事を読まなかったのか？」

その後も参加者は、ありとあらゆる理由を並べ立てて、刑務所の必要性を訴える。なかには、警察官や刑務官の仕事を奪わないために刑務所は必要なのだという意見すらあった。

10分ほど、みなに刑務所をなくせないことを〝証明〟させたあと、私はおもむろにこう告げる。「じつはこの『世の中から刑務所をなくせるか？』という質問は、あることをわかってもらうためのものなんです。

みなさんはここまで、刑務所をなくすことが〝できない理由〟を挙げてきました。でも、ここでちょっとお願いがあります。いまからすこしだけ時間を使って、刑務所をなくすことができるという前提に立って、無理やりでもいいのでその方法や理由を考えてみてくれませんか？」

すると参加者たちは、〝じゃあ、ちょっとだけ試してみよう〟という雰囲気になる。そこで私は言う。「では、刑務所をなくすために、何からはじめましょうか？」

最初は、ためらいがちに「青少年センターの数を増やせば、犯罪が減るのではないだろうか」といった案が挙がりはじめる。

そしてしばらくすると、ほんの10分前には断固として反対の立場をとっていたはずの参加者たちが、身を乗り出すように意見を交わしはじめる——「貧困をなくす努力をしよう。ほとんどの犯罪は低所得層が起こしているのだから」「実際に犯罪が起きる前に、犯罪者予備軍を特定できるようにすればいい」「一部の犯罪者たちを治療するための外科的療法を開発しよう」「警官や補導員に、犯罪者を更生させる方法の知識をもっと与えるべきだ」などなど。

実際、この講習会では刑務所をなくすためのアイディアが78個も出た。いま挙げたのはそのほんの一部である。

要は、この実験のポイントは一点に尽きる——**できないと思えば、できない理由にばかり目が向く。だが、できると信じれば、心は自然とそれを実現する方法を考えはじめる。**

何かが実現可能だと信じることで、革新的な解決策への道が開かれる。逆に、できないと信じることは破滅への道だ。この法則は多かれ少なかれすべての状況にあてはまる。世界に真の平和が訪れる日が来ると信じられない政治家は、それを実現するために創造力を発揮できないため、失敗する。不景気は避けられないと思っている経済学者は、不況の波に打ち勝つような方法をつくり出すことはできない。

同様に、苦手な人物とうまくやりたい、個人的な悩みを解決したい、新しくて広い家が欲しい、などについても、本気でできると信じられればおのずと解決策は見つかる。

信じることで創造力が解放される。不信は創造力にブレーキをかける。

まずはできると信じよう。そうすれば、心は前向きになって、解決策を探しはじめるはずだ。

心を自由にすれば道はひらける

いまから2年ほど前、ある若者から、もっと将来性のある仕事に就きたいという相談を受けた。彼は当時、通販会社のクレジット部門で事務員をしていたものの、先行きが見えないと感じているようだった。そこで、これまでの職歴とこれからの希望について話を聞き、ある程度、彼のことを知ったうえで私は次のようにアドバイスをした。「なるほど、上を目指して、いまよりも待遇のいい、責任ある仕事に就きたいというのは立派な志だ。ただ、君が望むような仕事に就くには、最近では大卒資格が必要なことが多い。君は大学を中退したようだけど、3学期分の単位は持っているんだろう？　なら、大学に戻って卒業することをおすすめするよ。夏休みを利用すれば、あと2年も通えば卒業できる。そうすれば、どこだって好きな会社に入って、望むような仕事ができるはずさ」

すると彼はこう答えた。「たしかに、大学での勉強が役に立つことは承知してます。でも、学生に戻るのは無理なんです」

「無理だって？　どうしてだい？」

「そうですね……。まず、私はもう24ですし、数カ月後には2人目の子どもが生まれる予定です。生活はギリギリで、仕事を辞めるわけにはいかないので、勉強に割く時間はありません。どう考えても不可能なんです」

自分には大学を卒業することはできない。この若者は完全にそう思い込んでいた。

そこで私はこう言った。「無理だと思えば、それは無理になってしまう。でも逆に、できると思えば解決策は浮かんでくるんだよ。だからまずは、絶対に大学に戻ると覚悟を決めるんだ。それから、どうすれば家族を養いながら学校に通えるのか真剣に考えてみてほしい。2週間後にまた来て、どんなアイディアを思いついたか教えてくれ」

そしてその通り、彼は2週間後にふたたび私のもとを訪れ、こう言った。

「この前、言われたことについてよく考えてみました。そして、やはり大学に戻るべきだという結論に至ったんです。方法についてはまだ検討不足ですが、きっと解決策を見つけてみせます」

この言葉は現実になった。

事業者団体から奨学金をとりつけ、授業料や教材、その他もろもろをまかなって大学に戻った彼は、仕事のスケジュールを調整して、なんとか授業にも出席できるようにした。それに、その熱意と卒業後に生活を良くするという約束に心を動かされた妻が全面的にサポートしてくれたため、2人で力をあわせて、うまく時間やお金をやりくりする方法を見つけることができた。

そして先月、ついに学位を取得した彼は、その翌日には大企業の幹部候補生として働きはじめた。意志あるところに道はひらけるのである。

できると信じる

できると信じること――これがクリエイティブ思考の基本だ。信念によって創造力を養うため、以下の方法を試してみよう。

1.「無理」という言葉を、自分の辞書のなかから消す（話すときも、考えるときも）。無理というのは失敗を呼ぶ言葉であり、「これは無理だ」と思った時点で、それを正当化するためのネガティブな思考の連鎖がはじまることになる。

2.いままでやりたかったけれどもできないと考えてきた、特別なことを思い浮かべる。そして、それが実現可能な理由をリストアップしてみる。〝できない理由〟ばかりを探すことで自ら夢を打ち砕いてしまう人のなんと多いことか。本当に目を向けるべきは〝できる理由〟のほうである。

最近読んだ新聞に、アメリカの大半の州では郡〔州よりも小さい行政区分〕の数が多すぎるという記事が載っていた。いわく、現在の郡の境界はそのほとんどが、自動車が普及する何十年も前――おもな移動手段が馬車であった頃にひかれたものだという。道が整備され自動車で速く移動できるようになったいま、3つか4つの郡を統合できないわけがない。そうすれば重複している公共事業を削って、納税者はすくない税負担でよりよいサービスを受けられるようになる。

だが、この記事の執筆者がこのアイディアについて、無作為に30名の人を選んで意見を聞いてみたところ、コストが下がって行政の質が上がるにもかかわらず、賛成する人は誰ひとりいなかったという。

これこそまさに保守的な思考の典型例だ。こうした考え方の持ち主は頭が麻痺していて「100

年も前から続いていたのだから、いい方法に決まっている。だから変える必要はない。なぜわざわざリスクを冒す必要があるのか」と自分の意見を正当化する。

歴史を振り返れば、〝普通の〟人々はつねに進化を嫌ってきた。自動車が発明されたときには、「道路は人や馬のためにあるものだ」という反対意見が聞かれたし、飛行機のときは「人間には鳥の聖域を侵す権利はない」などという人もいた。いまでも多くの〝現状維持主義者〟が、「宇宙は人類の行くべき場所ではない」と主張している。

こうした批判に対して、ロケット開発の第一線で活躍するフォン・ブラウン博士は最近「行きたいと思った場所こそが、人類の行くべき場所である」と発言している。

19世紀の終わり頃、あるセールスパーソンがセールスマネジメントの〝科学的〟法則を発見したと主張した。評判を呼び、教科書にまで載ったその法則とは、「特定の商品を売るにあたってベストな方法は1つしかない。それを見つけなさい。そしてそこから決して逸れることのないように」というものだった。

その法則に素直に従った彼の会社は、破綻寸前にまで追い込まれたが、幸運にも別のリーダーがやってきたことでなんとか倒産はまぬがれた。

一方、この国でももっとも大きな企業の1つであるデュポン社の社長、クロフォード・グリーンウォルトの経営哲学は、これとは対照的だ。コロンビア大学での講演でグリーンウォルトは「良い仕事を成し遂げる方法は世の中にたくさんある。じつのところ、その仕事を任された人の数だけあると言っていい」と言っている。

営業にしろ、子育てにしろ、あるいは部屋の飾り付けや庭の手入れ、ステーキの焼き方に至るまで、実際、何をするにも〝ベストな方法〟などというものはない。クリエイティブに考える人の数だけ、優れた方法が創出されるのだ。

氷のなかでは何も育たない。保守的な考え方に縛られて心を〝凍らせる〟と新しい発想の芽は生まれない。そのテストとして、以下のアイディアのどれか1つを誰かに話してみて、どういう反応が返ってくるか観察してみよう。

1．郵便事業は長いあいだ政府が独占してきたが、民間企業にゆだねるべきだ。
2．大統領選挙は現状の4年ごとではなく、2年か6年ごとにおこなうべきだ。
3．お店の営業時間は、朝の9時から夕方5時半ではなく、昼の1時から夜の8時までにすべきだ。
4．定年は70歳まで引き上げるべきだ。

これらの提案が正しいかどうか、実現可能かどうかは問題ではない。重要なのは、その人がこうしたアイディアをどのように扱うかだ。もし笑い飛ばして終わりであれば、その人は保守的な考えに凝り固まっている（そしておそらくは95%の人がそうだろう）。だが20人に1人は「それは面白いアイディアだ。詳しく聞かせてほしい」と言う人がいるはずであり、そうした人の心は創造性に向かって開かれている。

逆に言えば、創造力を使って成功を目指そうとする際の一番の障害が、保守的な思考なのだ。心を麻痺させ、成長を妨げ、創造力の発展を邪魔する。では、それを打破する3つの方法を紹介しよう。

1. 新しいアイディアを受け入れ、歓迎しよう。「うまくいかない」「できるわけない」「役に立たない」「バカげている」といった思考停止はやめること。

保険会社で要職に就き、大成功を収めているある友人はこう言っていた。「ぼくはこの業界で利口ぶるつもりはない。むしろ一番の〝スポンジ〟でありたいと思っている。つまり、いいアイディアはできるかぎり吸収するつもりなんだ」

2. 実験的になって、ルーティンを打ち破ろう。新しいレストラン、新しい本、新しい劇場、新しい友人と触れあおう。通勤のルートや休暇の過ごし方を変えてみたり、週末には何か新しいことをしてみよう。

もしあなたが物流の仕事をしているなら、製造、会計、金融、などビジネスのほかの側面にも興味を持とう。知識の幅が広がり、それが責任あるポジションに就くための準備となる。

3. 後ろではなく前に進む。「前に働いていたところではこうしていたから、ここでもこうすべきだ」ではなく、「前のところよりも良くするにはどうすればいいだろう」と考えること。後ろ向きな現状維持ではなく、前向きな進歩を目指そう。あなたが若い頃、朝5時半に起きて新聞配達をしたり、牛の乳搾りをしていたからといって、我が子にも同じことをさせるのが良いとは限らない。

もしフォード社の経営陣が「我が社は今年、ついに究極の自動車を完成させた。これ以上の改良は不可能だ。よって開発のための実験や新車の設計はこれをもって完全に終了とする」と言いだしたらどうなるだろうか。あれほどの巨大企業でも、あっという間に衰退してしまうだろう。

これは企業に限らない。個人であっても、成功する人はつねに「どうすればパフォーマンスの質を高められるのか。もっとうまくやるにはどうしたらいいか」を考えている。

ロケットの開発から子育てにいたるまで、およそ人のやることについて、〝絶対の完璧〟はありえない。つまり、どこまでいっても改善の余地はある。成功する人はそれをよく知っているので、いまよりも良い方法をつねに探しつづけている（彼らは「はたしていまよりも良くできるだろうか？」という疑問は抱かない。できるに決まっているのを知っているからだ。かわりに「どうしたら良くできるだろう？」と考える）。

数カ月前、かつての教え子が、金物屋を起業してたったの4年で、4店舗目をオープンした。年若くしてたった1万5000ドルの初期投資から事業をはじめ、他店との厳しい競争のなか、このスピードでここまで規模を拡大したのは、まさに偉業と言っていい。

新店舗が開店してすぐ、私は事業の成功をお祝いするため彼女のもとを訪ねた。

そして、たいていの人は1店を軌道に乗せるだけでも精いっぱいなのに、3店を繁盛させ、さらに4店目をオープンさせることができた秘訣についてそれとなく尋ねてみると、次のような答えが返ってきた。

「まず、〝頑張って働いたから〟というのはあります。でも朝から晩までひたすらやるだけでは4

店舗をまわすのは無理です。他社だってみんな一生懸命ですからね。一番大きかったのは、自分なりに〝週に一度の改善プログラム〟をしたことだと思います」

「週に一度の改善プログラム？　なんだかすごいね。どうやってやるの？」

「まあ、そんなに大げさなものではないんですけど、前の週よりもいい仕事をできるようにするための計画をたてるんです。

つねに先のことに気を配るために、私はまず、自分の仕事を「お客さま」「従業員」「商品」「宣伝」の4つの要素に分類しました。そのそれぞれについて、普段から気がついたことをメモしたり、改善のために思いついたアイディアをノートに書きとめておきます。

そして、毎週月曜日の夕方から4時間、そのアイディアのなかからいけそうなものを選んで、どうやったらビジネスに活かしていけるかを考えるんです。

また、この時間で普段の業務の見直しもしっかりやります。ばくぜんとお客さまが増えることを願っているだけではダメなんです。多くの人に店を訪れてもらうには何ができるか、優良なリピーターを増やすにはどうすればいいかを具体的に考えます」

さらに彼女は、最初の3店舗を成功に導いた小さな工夫の数々について語った。品物の陳列方法から、何の気なしに店に入ってきた客の3人のうち2人に商品を買ってもらうセールストーク、ストライキによって収入が止まってしまった顧客向けに考案したクレジットプラン、オフシーズンに売り上げを伸ばすための企画をつのったコンテストにいたるまで。

「よりよい買い物をしていただくにはどうすればいいか、と考えはじめると、次々にアイディアが浮かんできます。1つだけ例を挙げましょう。私は一月ほど前に、ふと、もっと多くの子どもたちを店に呼び込むために何かすべきだと思い立ちました。子どもをひきつけるような店にすれば、親も一緒に来てくれるはずだからです。しばらく考えて、4歳から8歳の子ども向けの小さなカードタイプのおもちゃを店に並べてみてはどうかとひらめきました。そしてこれがうまくいったんです。場所をとらないし、売り上げもあがった。なにより、お客さまの数が増えました。

『週に一度の改善プログラム』にはすごく効果があります。どうしたらもっといい仕事ができるだろうという疑問と真摯に向き合えば、それだけで答えは見つかるんです。月曜日の夜になって、その週に何もすべきことが思いつかず、収支を改善してくれる方法もひとつも見つからないということはまずありません。

それに、商品を売るにあたって、経営者であれば誰もが知っておくべきことを私はつかんだんだと思います」

「おお、それは何なのかな?」と私が尋ねると、彼女はこう答えた。

「大切なのは、事業をはじめる前にどれだけ知識があるかではなく、事業をはじめたあとに学んだことをどのように活かしていくかなんです」

大きな成功を収める人は、つねに自分自身やほかの人間に求める水準を高めていき、低いコストやすくない労力で多くの成果を出す、より効率的な方法を探している。頂点にまで登り詰めるのは、いつも「自分ならもっとうまくできるはず」という思いを抱きつづけるタイプの人間なのだ。

ゼネラル・エレクトリック社は「進化こそが当社のもっとも重要な商品です」というスローガンを掲げている。

経営者に限らず、ぜひこれは見習うべきだろう。

「自分ならもっとうまくできるはず」というマインドセットには魔法のような力がある。「どうしたらもっとうまくできるだろう」と自問自答することで、創造力のスイッチが入り、自然とアイディアが浮かんでくるからだ。

では、こうした力を覚醒させ、強化するために普段からできる練習法を紹介しよう。

毎日、仕事をはじめる前に10分ほど時間をとって「今日はどうしたらいい仕事ができるだろうか」と考えてみよう。「従業員のやる気を引き出すために、何かできることはあるだろうか」「お客さまに何か特別なおもてなしができるだろうか」「自分の業務効率をどうにかして改善できないか」と。

この方法はシンプルだが、効果は抜群だ。成功を勝ち取るためのクリエイティブなアイディアがいくらでも湧いてくるので、ぜひ試してみてほしい。

＊　＊　＊

私と妻は、ある夫婦と時間をともにすることが多いのだが、そのたびに「働く主婦」の話になる。この奥さんは結婚前の数年間は働いていて、心からその仕事を愛していた。

「でもいまは、学校に通う子どもが2人いて、家のこともしなきゃいけないし、食事も作らなきゃいけない。時間がないのよ」

だがある日曜日の午後、一家は交通事故にあってしまう。奥さんと子ども2人は大事には至らなかったものの、旦那さんは背中に後遺症が残る怪我を負った。そして、奥さんは働きに出ることを余儀なくされた。

だが、事故から数カ月して彼女に会ったとき、新しい環境に見事に適応しているのに驚かされた。

「そうね。半年前までは家事をしながらフルタイムで働けるなんて思いもしなかったわ。でもあの事故のあと、とにかく時間をつくるしかないって覚悟が決まったの。そしたら、効率が倍になったのよ。いままでやってたことのなかには、そもそもやる必要がないものがたくさんあった。それに、子どもたちも手伝ってくれる——むしろ手伝いたがっているのがわかった。ほかにも、買い物に行く回数を減らしたり、テレビを見たり電話でおしゃべりをする時間を短くしたり、無駄な時間を減らす方法はいくらでもあったわ」

彼女の経験からは、**能力は心の持ち方ひとつで決まる**のがよくわかる。つまり、どれだけのことができるかは、どれだけのことができると思えるかにかかっている。もっとできるはずだと心から信じられれば、おのずとクリエイティブに考えるようになり、道が開ける。

ある銀行の若手幹部は、「できる仕事の量」について次のような体験談を語ってくれた。

当行の幹部の1人が急きょ退職することになり、うちの部署は困ってしまいました。その人がやっていたのは重要な仕事だったので、先延ばしにしたり、そのままにするということはできなかったんです。

彼が辞めた翌日、私は部長に呼びだされました。そして、すでに同じ部署の2人に声をかけ、後任が見つかるまで彼が担当していた仕事を分担してもらえないかと頼んでみたものの、「すげなく断られた」というのです。「2人ともいま担当している仕事だけでいっぱいいっぱいだと言うんだ。君はどうかな？　当面のあいだだけでいいから、手伝ってもらないだろうか？」

いままでの経験上、チャンスだと思われる申し出を断るのは得策ではないことはわかっていました。なので、自分の職務だけでなく、浮いている仕事もすべてこなせるようベストを尽くします、と答えたんです。部長は喜んでくれました。

大役を引き受けてしまったな、と思いつつ、部長の部屋をあとにしました。私だって、この仕事を断った2人と同じくらい忙しいのです。でもなんとかして両立する方法を見つけようと覚悟を決めました。その日の午後、業務を終えてオフィスが閉まったあと、席に座って効率をアップするにはどうしたらいいか考えてみました。ペンを手に、思いついたことをどんどん書き出していったんです。

すると、いくつかいいアイディアが浮かびました。たとえば、秘書からの連絡を毎日決まった時間にしてもらったり、こちらからどこかに電話するときも時間を決めてまとめてかけるようにしたり、定例のミーティングを15分から10分に短縮したり、部下への指示もバラバラにやるのではなく一気に出すようにしたり。それに秘書が時間のかかる細かい作業を喜んで肩代わりしてくれるのもわかりました。

いまの仕事を2年以上やってきたのですが、正直に言って、これまでこんなに非効率なやり方をしていたのかと驚くほど、改善の余地がありました。

1週間も経たないうちに、私はさしたる苦労もなく、倍の量の手紙を書き、5割増しの電話をさばき、1・5倍の数の会議に出席するようになりました。

それから数週間がたった頃、また部長に呼びだされました。そして、まずはよくやったと褒められたあと、「社の内外を問わず広く後任を探してみたが適当な人材が見当たらない。だからいままでの業務に加えて、この仕事も正式に兼任してもらえないか？　もちろん給料は大幅に増額する。すでに執行部に話は通してある」と告げられたのです。

できる仕事の量は、自分がどれだけできると思うかにかかっている。それを証明できたことを誇りに思っています。

まさに、人の能力は心の持ち方ひとつで変わるのだ。

目まぐるしく状況が変化するビジネスの世界では、毎日のように次のような光景を目にする――上司が部下を呼び寄せて、特別な仕事をやらなければならなくなったことを告げ、「君が忙しいのは知っているが、できたらこれも頼めるかな？」と聞く。だが、たいていの場合、部下は「誠に申し訳ないのですが、いまはいっぱいいっぱいなんです。できたら引き受けたいのですが、忙しすぎて」と答える。

それでも上司は部下を責めることはない。あくまでこれは〝プラスアルファの仕事〟だからだ。

とはいえ、なんとかしなければいけないことには変わりはないので、上司はほかの社員に声をかけつづける。同じように忙しくても、「まだまだやれる」と思っている者を見つけるまで。そしてそういう者から先に出世していく。

ビジネスでも、家庭でも、地域のコミュニティでも**成功の秘訣は、よりよい成果をより多く出すこと**——つまり、アウトプットの質と量を上げること——だ。

この点について異論はないだろう。ならば、次の2つのことを試してみよう。

1. まず、何か追加で仕事を頼まれたときには積極的に受け入れよう。新しい責任を任されるのは名誉なことだ。大きな責任を担うことで、存在をアピールし、価値を認めてもらうことができるのだから。近所の人たちから地域の行事をとりしきってもらいたいと頼まれたら、ぜひ引き受けよう。そうすれば、いずれあなたは地域のリーダーになれるかもしれない。
2. 次に、より多くの仕事をするにはどうすればいいかを考えてみる。きっと画期的な答えがいくつも見つかるはずだ。そのなかには、いまの仕事をうまくやりくりしたり、日常的な業務を手早くすませたり、不要な作業をやめたりというのも、もちろん含まれるかもしれない。いずれにせよ、より多く仕事をこなすための手段はきっと見つかる。

私は個人的に「もし仕事を頼むなら、忙しい人に限る」と思っている。大切な仕事を、暇を持てあましている人に任せなくない。そうした人がビジネスパートナーとしては頼りにならないことを、高い〝授業料〟を払って身をもって学んだからである。

私の知る有能な成功者たちは、みな忙しい。そして彼らとともにプロジェクトをはじめれば、必ず満足するような成果が出る。

忙しい人ほど頼りになり、〝いつでも空いている〟人にはがっかりさせられるという経験を過去に何十回もしてきた。

意識の高い経営陣はつねに、「どうしたら生産量を増やせるか」を考えている。ならば個人も「どうしたら自分のアウトプットを増やせるか」を考えればいい。そうすればおのずとその方法が見えてくるはずだ。

また、これまでに何百人ものさまざまな職層の人たちと話をしてきて気づいたことがある。大きな考え方をする人ほど、こちらに話をさせるようにしむけ、逆に考え方の小さい人は、こちらに〝説教〟をしようとする。

つまり、前者は聞きたがり、後者は話したがる。

分野に限らず、トップレベルのリーダーたちは、アドバイスを与えるのではなく、もらうことに時間を費やしている。彼らは何か決断を下す前に周りの人間に、「君はこれについてどう思う?」「君のおすすめは何かな?」「君ならこの状況で何をする?」「話を聞いてみてどんな感じがした?」と尋ねるのだ。

これは要するに、リーダーとは人でありながら、意思決定という商品を製造する装置でもあるということなのだろう。なんであれ物をつくるには材料がいる。画期的な意思決定には、材料としてほかの人のアイディアや提案が必要だ。もちろん、それがそのまま使えるわけではない。彼らが他人に意見を求めるのは、自らの発想を刺激し、よりクリエイティブに考えるためのヒントにするためだ。

私は先日、経営者向けの全12回のセミナーの講師を務めた。各回の目玉は、参加者である経営者のなかから1人を選んで、「自分が経営上の大問題をいかにして解決したか」について15分間語ってもらうというものだった。

だが、第9回のときに選ばれた大手の乳製品加工業者の副社長は、いつもと違うことをした。彼はこの回のテーマを「過去の問題をいかにして解決したか」ではなく、「いま抱えている経営上の問題を解決するためのアイディアを求む」に変更すると宣言したのだ。そして問題の概要を手早く説明して、ほかの参加者たちに解決策の提案を求めた。聞き漏らしを避けるために速記者を同席させて、すべての発言を書き取らせるという念の入れようだ。

セミナーが終わったあと、私はその人に声をかけてそのユニークなやり方を褒めた。すると彼は「ここにはとても賢い人たちがいますから。知恵を借りようと思っただけなんですよ。ディスカッションで出たアイディアが、問題解決のヒントを与えてくれることは十分にありえますからね」と言った。

この副社長は、問題を提示し、あとは聞き役に回った。その結果、意思決定のための材料を得ることができた。それにほかの参加者たちも、議論に参加する機会をもらったことでこのセミナーを楽しめたわけだ。

成功している企業は、消費者調査に多くの費用を割いて、商品の味や品質、大きさや見た目についての意見を聞いている。そうすることで売り上げを伸ばすための具体的なアイディアが得られるし、広告を通じて何をアピールするべきかもつかめるからだ。人気の商品をつくるには、できるだけ多くの意見を集め、消費者の声に耳を傾けたうえで、彼らを喜ばせるようなものづくりをして、それにふさわしい広告をうつことが大切だ。

最近、ある会社の事務所に「ジョン・ブラウンに何かを売りたいのなら、ジョン・ブラウンの視点からものごとを見よ」という標語が飾ってあるのを目にした。これに続きをつけ加えるなら、「ジョン・ブラウンの視点からものごとを見るには、ジョン・ブラウンの言い分を聞くべきだ」というところだろうか。

あなたの耳は創造力を燃やすための燃料を取り込む給油口だ。自分の話をしても、何も学ぶことはできない。だが、相手に問いかけ、その意見に耳を傾ければ、いくらでも学びが得られる。

では、質問と傾聴を通じて創造力を養うための3つの手順を紹介しよう。

1. ほかの人に話をするよう促す。雑談でも会議でも、「あなたの経験について聞かせてください」「これについてどうすべきでしょう？」「何がキーポイントだと思いますか？」と問いかけて言葉を引き出す。こうすることであなたは2つの意味で勝利を手にできる――クリエイティブ思考の材料が手に入るだけでなく、友人を増やすことにもつながるのだ。話を聞いてあげることほど、人に好かれる近道はない。

2．自分の意見を提示するときは、質問の形にしてみる。すると、ほかの人たちがその意見に磨きをかけるのを手伝ってくれる。「こういう意見についてどう思いますか？」と問いかけるのだ。自分の意見を押しつけたりはせず、まずはカジュアルな会話のなかで仲間たちがどう反応するかを確かめてみよう。そうすれば、もっといい考えが生まれるかもしれない。

3．相手の話を集中して聞く。ただ口を閉じていればいいわけではない。ちゃんと内容を咀嚼しなければ、話を聞いていることにはならない。聞いているフリをしているだけで、話が一段落するとすぐに自分の話をはじめてしまう人をよく見るが、それではいけない。ちゃんと相手の言うことを聞き、その内容を吟味しよう。そこまでやってようやく心の糧となるのだから。

近年では、一流大学が、企業幹部向けの高度な経営技術を学ぶプログラムを次々に開講している。主催者によれば、こうしたプログラムの真のメリットは、事業を効率的に運営するためのノウハウを学べることよりも、むしろ参加者同士が新しいアイディアについて意見を交わし、議論できるところにあるという。多くは合宿制で、開講期間中、参加者たちは大学の寮で生活をともにすることになるため、熱のこもった議論になりやすい。そうしてお互いに刺激しあうことが、一番のメリットとなるわけだ。

私は去年、全国購買管理者協会がアトランタで開催した1週間のセールスマネジメント研修で、2回ほど講師をした。そしていまから数週間前に、その研修に参加した、ある会社の営業部長のもとで働く若いセールスパーソンと会う機会があった。

するど彼は「あの研修で部長は、我が社をよくするためにたくさんのことを学べたみたいです」と言った。興味をひかれた私が、具体的にどんな変化があったのかと尋ねると、給与制度を改定したり、月に1回だった営業会議を2回に増やしたり、名刺や文房具を新しいものに変えたり、担当地域の見直しをしたり、という答えが返ってきた。驚いたのは、これがどれひとつとして研修のなかで提案があったアイディアではなかったことだ。要するにその営業部長は研修を通じて、型にはまった経営技術を学んだのではなく、自身が所属する組織を良くする方法を考えるための発想力を養ったのである。こちらのほうがよほど価値があると言えるだろう。

また、知り合いの、とある塗料メーカーの若い経理担当者は、他人のアイディアを使って新しい事業を成功させた経験についてこう語っていた。


私は、不動産にはなんとなく興味があるという程度で、もう何年も自分の専門である会計をおもな仕事にしてきました。そんなある日、不動産業界で働く友人が、市内の関係者が集まる昼食会に招待してくれたんです。

そこでは、この都市の発展を目の当たりにしてきた年配の方が「これからの20年」というテーマで話をしていて、今後、この都市は郊外の田舎にまで拡大していくだろうと予想していたんです。さらに、ビジネスパーソンや専門職を営む人が、プールや乗馬、ガーデニングなどの趣味に必要なスペースを確保できる2~5エーカーほどの――その人が〝ジェントルマンサイズ〟と呼ぶ広さの――農地への需要が、いままでにないほど高まるだろう、とも。

この話にはおおいに心を動かされました。自分でもまさにそう思っていたからです。しかもそれから数日間、複数の友人に声をかけて、将来的に5エーカーの土地を持つことについてどう思うか聞いてみたところ、全員から「すごく魅力的だ」という答えが返ってきたんです。

それから私は、どうすればこのアイディアを利益につなげられるかを考えつづけました。するとある日、車を運転しているときに突然ひらめいたんです。農地を買って分割して売るのはどうだろう？　1つの大きな土地よりも、小さめの土地がいくつもあるほうが、価値が高いんじゃないか、と。

そして都心から35キロのところに、50エーカーの荒れた農地が4万2500ドルで売りに出ているのを見つけた私は、頭金として3分の1を入れ、残りはローンで購入しました。

まずやったのは、何も生えていないところに松の苗を植えることです。これは業界の事情に明るいある不動産屋が「いまの客は木を欲しがるんだ。それもたくさんね！」と言っていたからで、数年のうちにここが美しい松の木に囲まれることを、見込み客にアピールしたかったんです。

さらに測量士を雇って、50エーカーの大きな土地を、5エーカー10区画に分割してもらいました。

さて、いよいよ販売開始です。市内のヤングエグゼクティブの名簿をいくつか入手し、ピンポイントでダイレクトメールを送ります。そのなかでは、都会ではちっぽけな土地しか買えないであろう1万5000ドルという予算でちゃんとした不動産が手に入ることを訴え、健康的な生活を送るためのレジャーにぴったりという謳い文句もつけました。

するとなんと、たった6週間、夜と週末だけの営業活動で10区画すべてが売れたんです。総売り上げ15万ドル。費用は土地代や広告費、測量や弁護士費用などを含めて5万2000ドル。しめて、9万8000ドルの利益です。

こんなに儲けることができたのは、賢い人のアイディアに触発されたからです。本職とはまったく関係のない業界の昼食会に出席していなければ、こんなに見事な計画は思いつけなかったでしょう。

このように知的好奇心を刺激する方法はたくさんあるが、ここでは普段の生活に取り入れられるやり方を2つ紹介しよう。

まず、本業での仕事に刺激を与えてくれるようなプロフェッショナルのグループにすくなくとも1つは所属し、定期的に交流を持とう。成功を目指す同志たちと肩を寄せ合い、心を通わせるのだ。「昼のミーティングですばらしい着想を得た」とか「昨日の会議でこんなことを考えさせられた」というセリフはよく耳にするだろう。ただ、ひとりでものを考えているだけでは、心は痩せていき、クリエイティブで先進的な思考ができなくなる。ほかの人から受ける刺激こそが、心にとってなによりのごちそうなのだ。

次に、本業とは関係のないグループにも参加してみよう。職種の異なる人たちと付き合うことで、考えの幅が広がり、より高い視点でものを見られるようになる。自分の専門外の人たちと定期的に会うことが、本業での考え方に与えてくれる刺激は極めて大きい。やってみれば、きっとその効果に驚くはずだ。

アイディアは思考という木になった果実である。だが、それは使ってはじめて価値を生む。

樫の木には毎年、すべてが芽を出せばそれなりの大きさの森ができるくらいのドングリが実る。だが、そのなかで木にまで育つのは、せいぜい1つか2つしかない。リスが大半を食べてしまうし、残ったドングリも固い地面に阻まれて、ほとんど芽を出せない。

アイディアもこれと同じで、実際に実を結ぶものはごくわずかだ。傷つきやすく、放っておけばその大半はリス（この場合はネガティブな考え方をする人たち）にダメにされてしまう。だから、アイディアは生み出されてからものごとをよくするための実用的な方法に変わるまでのあいだ、とくに気を使って取り扱わなければならない。以下に、その具体的な方法を示そう。

1. アイディアを逃がさないために紙に書く

日々、頭のなかには多くのすぐれた発想が浮かんでくるが、書いておかないとすぐに消えてしまう。新しいアイディアをつかまえて育てるには、記憶だけではいかにも頼りない。つねにノートやカードを持ち歩いて、何かを思いついたらすぐに書きとめること。出張の多い私の友人は、いつもクリップボードをたずさえ、すぐに書きとめられるようにしている。創造力豊かな人は、いいアイディアというのはいつ、どこでやってくるかわからないことを知っている。決して逃がさないこと。さもなければ思考の果実は得られない。見つけたらすぐにつかまえるのだ。

2. つかまえたアイディアを見直す

それには〝生きた〟場所に保管する必要がある。立派なキャビネットを用意するのもいいが、机の引き出しでも、空の靴箱でも十分だ。とにかく大切なのは、アイディアを書いた紙をしまい込んでしまわずに定期的に見直すことだ。なかには、まったく価値がないものも見つかるかもしれない。そういうものは捨ててしまっていい。だが、すこしでも見込みがありそうなものは残しておこう。

3. アイディアを発酵させ、育てていく

書きとめたアイディアについてさらに考え、ほかのアイディアとくっつけたり、関連する資料を手当たりしだいに読んでみたりして、あらゆる方向から検討しなおす。そして時がきたら、自分自身や仕事や未来のためにそれを活かすのだ。

アイディアを思いついたとき、建築家なら新しい建物の下絵を描く。広告のクリエイターなら新しいTVコマーシャルを絵コンテにまとめる。作家なら新作の草稿を書く。

ここで注意してほしいのは、アイディアを形にするときは必ず紙の上でやることだ。これに2つの大きな理由がある。まず1つは、具体的な形として書き出すことで、そこにある穴やアラが文字

通り目に見えるようになり、改善すべきポイントがわかること。2つ目は、アイディアは最終的には誰かに〝売る〟必要があることだ（だから、見える形にしなければならない）。相手は客かもしれないし、部下や上司、友人や同じクラブの仲間や、あるいは投資家かもしれない。とにかく、誰かがそのアイディアにお金を出してくれないかぎり、そこに価値は生まれない。

ある年の夏、私のもとを2人の生命保険のセールスパーソンが訪れ、保険の見直しをさせてほしいと言った。2人とも「次回、現在の内容に必要な変更を加えたプランをお持ちします」と約束した。そして1人目は口頭だけで保険内容を説明した。たしかに必要な情報はすべてつまっていたのだが、聞いているうちに頭がこんがらがってきた。税、特約、社会保障制度などの詳細にまで話がおよんだからだ。正直に言って置いてきぼりにされた気分で、この話は断らざるをえなかった。

だが、2人目のセールスパーソンは違った。今回のプランを図にしてきたのである。ややこしい部分もすべて図で示されていて、文字通り目に見える形になっていたので、すんなりと理解できた。私は彼と契約をした。

アイディアは必ず、売り込める形にしよう。ただ口だけで説明するよりも、文章や絵や図にしたほうが何倍も売れる可能性は高くなる。

本章のまとめ――クリエイティブに考えるためのツール

1．できると信じること。できると心の底から思えれば、それを実現するための方法もいずれ見つかる。なんとかなると思うことが、問題解決の第一歩なのだ。

2. 「無理だ」「うまくいかない」「できない」「やっても無駄だ」という言葉をあなたの辞書から消してしまおう（口に出してもいけないし、考えてもいけない）。保守的な思考に凝り固まることなく、新しい考えを受け入れよう。新しいやり方をどんどん試してみること。どんなときも革新的にものごとを進めよう。

3. 日々、「どうすればいまよりもうまくできるか」を考えよう。自分を高めることに限界はない。この問いを自分に投げかけるたびに、答えは必ず現れる。ぜひ試してみよう。

4. 「どうしたらもっとたくさんできるだろう」と自分に問いかけよう。できる仕事の量は、自分がどれだけできると思うかにかかっている。こう自分に問いかけることで、心は自然とうまい時間の節約法を見つけだす。ビジネスにおける成功の法則は、よりよい成果をより多く出す――つまり、アウトプットの質と量を上げることだ。

5. 人に質問して答えを引き出そう。問いかけて話を聞くことで、正しい意思決定に役立つ材料が手に入る。大きな人物ほど聞きたがり、小さな人物ほど話したがる。これを忘れないように。

6. 頭を柔らかくして、刺激を受けよう。新しいことを考え、それを実行する後押しをしてくれる人たちと付き合うこと。職種の異なる、自分とは違う考え方をする人たちの輪に入ってみよう。

6

あなたは自分が思う通りの人になる

YOU ARE WHAT YOU THINK YOU ARE

人間の行動には不可解なところが多い。ある客には「お客さま、何かお手伝いすることはありますでしょうか?」とうやうやしく挨拶をするのに、ほかの客にはほとんど無視するかのような態度をとる店員がいる。ある女性には扉を開けてあげるのに、違う女性には何もしない男性がいる。ある上司の言うことはいつも素直に聞くのに、ほかの上司の言うことは不承不承にしかやらない部下がいる。どうして私たちは、相手によってこれほど気の使い方が変わってしまうのだろうか?

身の回りを見回してみれば、どこに行っても「おい、そこのお前」と言わんばかりにぞんざいな扱われ方をされている人もいれば、「イエッサー」と言わんばかりに大切にされ、重要人物とみなされている人もいる。信頼と称賛を集め、周りから尊敬されている人と、そうではない人がいるのは一目瞭然だ。

さらに言えば、尊敬されていればいるほど成功もしているし、その逆もしかりだ。

何がその差を分けたのだろう? それは一言で言えばその人の「考え方」だ。考え方がこの違いを生む。セルフイメージというものは、自分自身だけでなく、ほかの人にも見えるからだ。つまり、あなたは自分にとってふさわしいと思う待遇を、ほかの人から受けることになる——自分に対する考え方がそうさせると言っていい。

自分が劣っていると思っていれば、事実はどうあれ、いずれそうなる。思考が行動を制限するからだ。劣等感を抱けば、振る舞いもその通りになる。たとえはったりで取り繕ったとしても、長くは続かない。自分を大切だと思えない人は、重要人物にはなれない。

一方で、自分には大役がふさわしいと思っていれば、その通りになる。

重要な役割を担いたいなら、自分自身を心の底から大切にすること。そうすれば、ほかの人も同じように考えるようになる。

ここでも理屈は同じだ。

どう考えるかによって、どう振る舞うかが決まる。

そして、どう振る舞うかによって、ほかの人がどう反応するかが決まる。

本書で提示する、成功を手に入れるためのほかのステップと同じく、尊敬を勝ち得る方法も、基本的にはシンプルなものだ。他人から尊敬されるには、まず自分が尊敬に値する人間だと思わなければならない。自尊心が高まれば高まるほど、ほかの人からの尊敬も大きくなっていく。信じられないと思うなら、ちょっと考えてみてほしい。あなたはスラム街で自堕落な生活を送る人たちを尊敬しているだろうか？　答えは「ノー」だろう。なぜかと言えば、彼らは自分自身を尊敬しておらず、その自尊心の低さから、堕落した生活に甘んじているからだ。

自尊心の有無は、その立ち振る舞いすべてに表れる。では、自尊心を高め、ほかの人から尊敬を勝ち取るための具体的な方法について考えてみよう。

身だしなみを整える——そうすれば自尊心が湧いてくる

外見は〝メッセージを発している〟のを忘れないこと。だから、そのメッセージがポジティブなものになるようにしよう。必ず、なりたい自分に見られるような格好をして家を出ることだ。

これまでに見た広告のなかでもっとも真理をついていると思ったのは、アメリカン・インスティテュート・オブ・メンズアンドボーイズ・ウェアの「とにかく身だしなみを整えよう。さもないと損をする」というコピーだ。これは、すべてのオフィスや教室、トイレや寝室に飾るべき金言だと思う。この広告にはいくつかのバリエーションがあるが、そのなかに警察官が次のようなセリフを言うものがある。


悪い子はだいたい見た目でわかります。偏見だと思うかもしれませんが、事実です。人はみな、見た目で判断するものなのです。そして、ひとたびおかしな子だというレッテルを貼られれば、それなりの扱いを受けるようになりますし、その印象を覆すのはとても難しいんです。お子さんの身だしなみに気を付けてあげてください。先生や近所の人がそれを見てどう思うか考えてみてください。誤解されるような見た目や服装ではありませんか？　どこに行くときも、しっかりとした身なりで出かけていますか？

これは、おもに子どもの服装に関する広告なわけだが、同じことは大人にもあてはまる。「先生や近所の人がそれを見てどう思うか考えてみてください」という文の「先生」を「上司」、「近所の人」を「同僚」に置き換えてみるといい。そして、**上司や同僚があなたの身だしなみを見てどう思うか**を考えてみよう。

難しいことなど何もない。このコピーは文字通りに受け取ればいい。つまり、「とにかく身だしなみを整えよう。さもないと損をする」ということだ。見た目がしっかりしていれば、それだけで自分はしっかりした人間だという自覚が芽生えてくる。

服を、気分を高揚させ、自信を持つためのツールとして使おう。私が学生のとき、心理学の教授は期末試験の前にこんなアドバイスをしていた。「大切なテストにはきれいな服を着てきなさい。新しいネクタイを買って、スーツにはアイロンを当て、靴は磨いてくるんだ。見た目がシャンとしていれば、頭の中身もシャンとするものだから」

外見は内面に影響を与える。自分が周りに対してどう見えるかということは、考え方や感じ方を変化させる。教授はたしかにそのことを知っていた。

少年はみな、帽子をかぶりたがる時期があると言われる。帽子をかぶることで、理想の人やキャラクターになりきろうとするのだという。たしかに息子のデイヴィッドもそうだった。ある日、デイヴィッドはどうしてもローン・レンジャー〔西部劇の人気ドラマ〕ごっこがしたくなったのだが、家にはローン・レンジャーがかぶっている帽子がなかった。

別の帽子でもいいじゃないかと言う私に、デイヴィッドは「でもパパ、ローン・レンジャーの帽子がないと、ローン・レンジャーの気分になれないんだ」と言った。

根負けした私は、帽子を買ってやった。すると思った通り、帽子をかぶった息子は見事にローン・レンジャーになりきったのである。

この出来事をよく思い出すのは、これがまさに見た目が思考に与える影響を示す好例だからだ。軍隊にいた人ならわかるだろうが、人間は軍服を着ると、兵士らしくものを考え、兵士らしく振舞うようになる。女性はドレスを着ることで、パーティーに行く気分を盛り上げるのだ。

これと同様、エグゼクティブはそれにふさわしい服装をすることで、さらに自分の地位に自覚的になる。あるセールスパーソンはこう言っていた。「身ぎれいにしていないと、仕事がうまくいくという気がしません。だから、大きな契約を前にしたときはとくに身だしなみに気をつける必要があります」

また、外見は自分にだけでなく、他人にも語りかける。周りからどう思われるかは、見た目で決まるところが大きい。「見た目ではなく中身を見るべきだ」というのは正論に聞こえるかもしれない。だが、だまされていけない。概して人は見た目で判断される。外見こそが最初の評価基準であり、第一印象はあっという間に決まるうえに、なかなか覆らない。

ある日、スーパーマーケットに、1ポンド75セントという値札がついた種なしブドウがむきだしで置いてあった。別のテーブルにはビニールでパックされたブドウが2ポンド1ドル75セントで売られていた。ブドウ自体は同じもののように見える。

レジにいる若い店員に「1ポンド75セントのブドウと、2ポンド1ドル75セントのやつはどう違うの？」と聞いてみると、「ビニールでパックしてあるかどうかです。ちゃんと包装するだけで倍近く売れるんですよ。見栄えがいいからでしょうね」という答えが返ってきた。

今度、自分を売り込むときにはこのブドウのことを思い出してほしい。ちゃんと包装してあれば、それだけいい値段で売れる可能性が高くなる。

要は、見た目がちゃんとしていれば、人々に受け入れられやすくなるということだ。

明日、街に出たら、レストラン、バス、ホテルのロビーや店、職場などで、どういう人がもっとも尊重され、大切に扱われているかを観察してみよう。人はみな、他人を一目見て、すばやく――しかもたいていは無意識のうちに――評価を下し、それ相応に接するものだ。

その結果、軽々しく扱われる人もいれば、重要人物として遇される人もいる。

外見はその人についてものがたる。これは間違いのない事実だ。きちんとした身なりはポジティブなメッセージを発する。「ここにいるのは、知的で、社会的に成功した、頼りになる、尊敬、信頼、称賛に値すべき、自尊心のある人物です。だからあなたもこの人を尊重しましょう」

逆にみすぼらしい格好からは、ネガティブなメッセージがにじみ出る。「ここにいるのは、人生がうまくいっていない、軽率でのろまな、取るに足りない、ごく平凡な人物です。だからとくに大切にする必要はありません。ぞんざいな扱いには慣れっこでしょうから」

だが私が研修で「身だしなみを大切にしましょう」と言うと、必ずと言っていいほど「わかりました。たしかに見た目は大事ですね。でも、自分に自信が持てて、かつほかの人からもよく思われるような服を、どうやってそろえればいいのですか?」という質問が返ってくる。

これは難しい問題であり、じつのところ私も長いこと悩んでいた。だが、じつは答えは単純だ。**「倍の金額を払って、買う量を半分にする」**——これを実践すればいい。帽子、スーツ、コート、靴、靴下……、着る物すべてにこれを適応するのだ。こと服に関する限り、重要なのは量よりも質である。この法則に従えば、自信がつくうえに、ほかの人からも大切にされるようになる。それにじつのところ、そのほうが単純に買い物としてもお得だと言える。理由を以下に列挙しよう。

1. 品質が良いため、安物よりも倍以上長持ちする。つまり、質の良い服を長く着ることができる。
2. 流行《はや》りすたりにも左右されない。良い服とはそういうものだ。
3. 店員から適切なアドバイスをもらえる。1000ドルのスーツを売っている店のほうが、500ドルの店よりも、あなたに似合う服を熱心に探してくれるはずだ。

くり返しになるが、見た目は他人だけでなく自分自身にも影響を与える。「この人は自信のある重要な人物です。相応の扱いをしてください」というメッセージを発するような服装を心がけよう。ほかの人に対して——そしてなによりも自分自身に対して——恥ずかしくない格好をしなければならない。

あなたは自分が思う通りの人になる。みすぼらしいと思えばみすぼらしく、ちっぽけだと思えばちっぽけな人間になる。身だしなみをきちんと整えれば、考え方も振る舞いもその通りになるのだ。

自分の仕事を大切にする

仕事に向き合う態度についての寓話として、3人のレンガ職人の話がよく語られる。知っている人も多いと思うが、簡単にあらすじを見直してみよう。

「君は何をしているんだい?」と聞かれたとき、1人目のレンガ職人は「レンガを積んでいるんだ」。2人目は「時給40ドルで働いている」。そして3人目は、「世界で最高の大聖堂をつくっているところさ」と答えた。

さて、このレンガ職人たちのその後については、このお話では語られていないのだが、あなたはどうなったと思うだろう? おそらく最初の2人はレンガ職人のままだったのではないだろうか。彼らには将来へのビジョンが欠けていたし、仕事への誇りもない。より大きな成功を手にする要素が見当たらないのである。

だが、3人目の「最高の大聖堂をつくっている」と答えた職人は、きっとレンガ職人のままでは終わらなかったのではないか。彼はきっと現場監督になり、建築会社の社長になり、最終的には建築家に――つまり、上へ上へと進んでいったに違いない。なぜなら、その思考がそうさせたはずだからだ。3人目のレンガ職人は、自然と出世街道に乗るような考え方をしていた。仕事に向き合う態度からは、その人物の人となりや、大きな責任を担えるかどうかがよくわかるものだ。

人材紹介会社を経営する友人が、最近こんなことを言っていた。「クライアントに紹介する人材を評価するとき、われわれはその人が現在就いている仕事についてどう思っているかを重視する。そこで、多少の不満を持ちつつも、重要な職責を担っているという自覚が見えると、好感が持てる。理由は単純で、いまの仕事が重要だと思っていれば、次の仕事にも誇りを持って取り組んでくれる可能性が高いからだ。仕事に誇りを持っているかどうかは、パフォーマンスと驚くほど合致する」

つまり外見のときと同じで、仕事に向き合う態度も、上司や同僚や部下をはじめとした普段接するすべての人に、あなたがどういう人物であるかを語っているということだ。

数カ月前、私は家電メーカーで人事部長を務める友人と数時間にわたって、〝人づくり〟について語り合った。そのとき彼は、独自の人事評価システムとそこから得た知見について次のように説明してくれた。

会社には製造部門以外の社員が800人ほどいる。そしてうちの人事監査システムでは半年に一度、私はアシスタントとともに、すべての社員と面談することになっている。目的はシンプルで、その人が働きやすい環境をつくる手助けをすることだ。一人一人が我が社の大切な社員で、だからこそわれわれは給料を払っているんだから、これはとてもいいやり方だと思っているよ。

面談ではこちらからのぶしつけな質問は避け、なるべく言いたいことを言ってもらうように気をつけている。素直な気持ちを知りたいからね。そして終わったあとに、仕事のさまざまな点について、その人がどのような態度で臨んでいるかを評価している。

すると、わかったことがある。社員は仕事への向き合い方によって2つに分かれるんだ。仮にグループA・Bとしよう。

グループBの人たちは、福利厚生、退職金、病気休暇、時間外労働、あるいはこれから保険制度がどう改善されるのかとか、年度末にはまた残業をしなきゃいけないのかとか、そういうことばかり話す。それに仕事の嫌なところとか、嫌いな同僚とかについても長々とね。つまり、グループBの人々――非製造部門の社員の8割ちかくがここに属するのだが――は、仕事をやむをえずやるものだととらえているんだ。

でもグループAの人たちの仕事観は違う。先のことを見据えて、自分がより早く成長するための具体的な方法をつねに探していて、自分に与えられる仕事はすべてチャンスだと思っている。広い視点でものごとを見て、事業を改善するための提案をしてくれるし、この面談についても前向きにとらえている。でも、グループBの人は、人事監査を洗脳の一種だとでも言わんばかりにさっさと終わらせようとする。

じゃあ、こうした仕事への態度によって成果はどう変わってくるのか？　じつは結果は出ている。誰を昇進、昇給させ、特別待遇するかについて、彼らの直属の上司から私に推薦があるんだけど、それはほとんどグループAの社員なのさ。逆に問題を起こすのは、ほぼ例外なくグループBの社員だ。

私の仕事における一番の課題は、グループBにいる社員をグループAに変える手伝いをすることだ。でも、それはとても難しい。自発的に仕事に誇りを持って、前向きに考えてくれるようにならないかぎり、どうしようもないね。

これこそまさに、「人は自分が思うような人間になる」、「考え方が未来を決める」ことの証明だろう。自分は弱い、資質に欠けている、きっと負けるだろう、二流の人間だから――そう思っていれば、平凡な人間で終わってしまう。

逆に、**自分は重要な人間だ、資質がある。一流のプロだし、大切な仕事をしている。そう思えば、成功へとまっしぐらだ。**

欲しいものを手に入れるにあたって鍵となるのは、自分を肯定的にとらえられるかどうかだ。他人からの評価を決めるのはあなたの行動であり、その行動は思考によってコントロールされている。すなわち、**人は自分が考えている通りの人間となる**ということだ。

ここですこし上司の立場になって、以下のどちらの社員を昇給・昇進させたいか考えてみてほしい。

1. 重役の外出中に、雑誌を読んで暇をつぶす秘書と、戻ってきたときに仕事がしやすくなるように雑用を片付けておく秘書。

2. 「その気になればいつでもほかの仕事に就けるし、自分のやり方が気に入らないのなら、いつでもやめてやる」という社員と、批判を前向きに受け止め、より質の高い仕事をしようとする社員。

3. 顧客に対して「私はただ会社の言う通りに動いているだけです。様子を見てこいと言われたので来ました」というセールスパーソンと、「お客さま、お困りのことがあれば、なんでもおっしゃってください」というセールスパーソン。

4. 部下に向かって「正直言って、俺はこの仕事があまり好きじゃない。幹部の連中にはいつもイライラさせられる。話の半分も通じやしない」という上司と、「どんな仕事でも辛いときはある。でも幹部の人たちは有能だし、ぼくたちのことを見てくれている。それはまちがいない」という上司。

ここまでくれば、多くの人が一生同じレベルにとどまりつづける理由もわかっただろう。考え方ひとつで運命が決まってしまうのだ。

私は以前、ある広告会社の幹部から、経験の浅い新入社員を無理やり環境に慣らすための〝通過儀礼〟について聞いたことがある。

会社の方針として、新入社員——たいていは大卒の子——にはまず、使いっぱしりをさせることが多い。もちろん、大学に4年も通った彼らに、ずっとそれだけをやらせるつもりはないよ。ただ、広告代理店がいろいろな仕事をやっていることを肌で感じてもらいたいんだ。そして周りのことを一通り覚えてから、本当の仕事をやらせる。

でも、ときどき、どうして使いっぱしりからはじめる必要があるのかをいくら丁寧に説明してもわかってくれず、自分が軽んじられているととらえる子もいる。そういうとき、ぼくらは間違った人をとってしまったなと思うんだ。それが本格的な仕事に移るうえでの大切なステップだということがわからないようでは、この業界では見込みがないからさ。

要するに彼が言いたいのは、**目の前にある仕事への向き合い方によって、将来どれほどのことを成し遂げられるかが決まる**ということだ。

ここには単純明快な理屈がある。先に進む前にすくなくとも5回は読んでほしい。

自分の仕事を大切に思っている人は
より質の高い仕事をするための方法を思いつく。
そして、質の高い仕事をすれば、
より高い地位へと進み、多くのお金と名声と幸福を手に入れることになる。

子どもは、親のものごとに向き合う態度や癖、何を嫌い、何を好むかを敏感に察知し、学びとる。食べものの好みから、普段の癖、政治的・宗教的見解まで、ありとあらゆる振る舞いについて、子どもは親を真似て、その生き写しとなる。

じつは大人も同じだ。人間は生涯にわたって、ほかの人の生き方を模倣しつづける。指導者や上司の行動をなぞり、その振る舞いや考え方に影響を受けるのだ。

これは簡単に証明できる。友人を1人選んで、考え方や行動の特徴をその人の上司や同僚のそれと比較してみればいい。

たとえば、普段の言葉づかいから軽口のたたき方、タバコの吸い方、表情や癖、服装や車の好みなど、上司や同僚から多大な影響を受けているのがわかるはずだ。

もうひとつ、部下が上司と一緒にいるときの態度からも、人が人に与える影響の大きさがわかる。上司が緊張してナーバスになり、うろたえていれば、その気持ちは部下たちにも伝染する。逆に上司の機嫌が良ければ、部下たちもいい気分になる。

つまり、**リーダーであるあなたの仕事への向き合い方が、部下たちの仕事への向き合い方を決めるのだ。**

逆に言えば、部下たちの仕事への態度は、あなたの仕事への態度を反映した結果である。親の態度がそのまま子どもに移るのと同じように、あなたの強さ（あるいは弱さ）が部下の振る舞いに表れるのを忘れないようにしよう。

＊　＊　＊

では成功する人たちの特徴の1つである、熱意について考えてみよう。デパートに行ったときに、熱心に説明してくれる店員がいて、がぜんその商品に興味が湧いてきたという経験がある人は多いはずだ。同じく、講演会でも話し手に熱意があると、聴いているほうも引き込まれて興奮してくる。熱意には周りの人を巻き込む力があるのだ。

ただ、どうすれば熱意を燃やすことができるのだろうか？　答えは単純で、熱意を持って考えればいい。「これはすばらしいアイディアだ」という100％の確信を持って、前向きにものごとを推し進める覚悟を決めればいい。

あなたは自分が思った通りの人間となる。であれば、熱意を持って考えれば、熱意のある人間になる。仕事の質を上げたければ熱意を持って取り組めばいい。あなたの生み出す熱が周りにも伝染し、一流の成果を出すことができるだろう。

逆にあなたがもし、会社の経費をごまかしたり、備品をくすねたり、仕事をサボっていたりしたら、部下たちはどう行動するだろうか？　〝隊長〟であるあなたが、遅刻や早退の常習犯だったら、その〝部隊〟はどうなる？

人間誰しも、自分のやり方を肯定したいという気持ちがある。それはあなた自身だけでなく、部下たちも同じだ。そして幹部は、末端にいる部下たちのアウトプットの質と量を基準に、中間管理職であるあなたの評価を決定する。

部下たちが優れた営業成績を残している支店と、並の成績しかあげていない支店があったとして、営業部長に昇進するのはどちらの支店長だろうか？　ノルマを達成している工場と達成できない工場、将来、生産部長になるのはどちらの工場長だろう？　答えは言うまでもない。

では、部下に積極的に仕事に取り組んでもらうために、2つほどやることを挙げよう。

1. 自分の仕事につねに前向きな姿勢を見せ、部下たちにあるべき姿を示す。

2. 日々、業務に向き合うなかで「あらゆる面で部下のお手本になれているか。部下に見習ってほしいと思える振る舞いができているか」をチェックする。

1日に何度も自分自身をふるい立たせよう

数カ月前、とある自動車メーカーのセールスパーソンが、独自の成功ノウハウを教えてくれた。とても理にかなったものだと思ったので、紹介しよう。

1日に2時間ほど見込み客に電話をかけて営業のアポイントメントをとるのが、私の大切な仕事です。でも3年前に車の営業職についたばかりの頃は、これが本当に苦手でした。私はもともとシャイで気が弱いので、電話越しにもそれが伝わってしまうんです。「興味ないね」と言われ、電話を切られてばかりでした。

ただ、当時、部長の呼びかけで毎週月曜日の朝に営業会議をやっていたんですが、それがすごく刺激になったんです。そのおかげか、月曜日はほかの日よりも多くのアポがとれている気がしました。でも調子がいいのは当日だけで、火曜日以降はやる気が出ませんでした。

そこでふと思いついたんです。部長にハッパをかけられて調子があがるなら、それを1人でやってみてはどうかと。電話をかけはじめる前に、自分をふるい立たせてみることにしました。こっそりオフィスを抜け出して車のなかに閉じこもり、数分間、自己暗示をかけるんです。「ぼくは優秀な車のセールスパーソンで、トップを目指している。いい車を売っているんだから、お客さまにも納得してもらえるはず。いまから電話をかける人たちは車を必要としている。だからぼくは売るんだ」と。

すると、たちまち効果が出ました。気分が良くなって、電話をかけるのが怖いどころか、むしろ楽しみになったんです。いまはもう、わざわざオフィスを抜け出して車に閉じこもったりはしていません。でもこのテクニックは使っています。電話をかける前に、心のなかで「自分は一流のセールスパーソンだ。必ず結果を出す」と自分に言いきかせる。すると、その通りになるんです。

これは見事なやり方だ。どんな分野でも、一流になるには、自分が一流であると思い込む必要がある。ぜひ、この方法を試して、気持ちが大きく、強くなるのを実感してほしい。

最近、私が主催した研修で「リーダーであること」について各参加者に10分間、語ってもらったときのこと。そのうちの1人の発表がまったくもってみじめな結果に終わった。手も膝も震え、言うべきことも頭から飛んでしまったようで、半分以上の時間、しどろもどろになったあげく、しょんぼりして座り込んでしまったのだ。

そこでその日の研修が終わったあと、私は彼に声をかけ、次回は開始15分前に来るよう言った。

翌日、彼は約束通り15分前に来た。そこで、昨日は発表をはじめる5分前に何を考えていたのか、できるかぎり具体的に思い出してみてほしいと言うと、次のような答えが返ってきた。

「そうですね。失敗して恥をかくんじゃないかと思って、すごく緊張していました。『自分は〝リーダーであること〟なんてテーマを語るような人間なんだろうか』という疑問が頭から離れなかったんです。話す内容を考えなければと思ったんですが、失敗するのがとにかく怖くて、何も考えられませんでした」

「そこですよ、問題の根本は」と私は口をはさんだ。「発表の前に、あなたは自分の心をひどく痛めつけた。失敗するに違いないという自己暗示をかけたんです。うまくいかないのも当然ですよね。勇気をふるい立たせるべきところで、恐れをふくらませてしまったんですから。

あと5分足らずで今夜のセッションがはじまりますが、いまからぜひ、自分自身を励ましてみてください。廊下の向こうに空いている部屋がありますから、そこで『私はすばらしい発表をする。言いたいこと、ほかの人たちに聴かせるべきことが私にはあるんだ』と自分に言いきかせるんです。その言葉を力強く、確信を持ってくり返してください。それからここに戻ってきて話をするんです」

結論から言えば、その日、彼は昨日とはまるで別人だった。短い時間、自己暗示をかけただけで、ここでお聞かせできないのが残念なくらい、すばらしいスピーチをすることができたのだ。

　さて、話をまとめよう。とにかく自分を褒めて、気持ちを高める癖をつけることだ。自分を責めて、卑屈になってはならない。

　あなたは自分が思っている通りの人間になる。自己評価を高めよう。そうすれば、本当にレベルアップできる。

＊　＊　＊

　もうひとつ提案がある。「自分に自分を売り込むためのコマーシャル」をつくってみよう。アメリカでもっとも人気のある商品の1つであるコカ・コーラについて考えてみてほしい。すでにコカ・コーラは十分に認知されており、この飲みものに関するポジティブなメッセージが、1日に何度も目や耳から飛び込んでくる状態だ。だが、それでもつねに新しいキャンペーンがおこなわれているのには理由がある。もし宣伝をやめたら、消費者はコーラに対してじょじょに〝冷めて〟いき、売り上げが落ちるからだ。

　メーカーはそうはさせまいと、つねに売り込みを続けるのである。

　一方、〝自分を売り込めなくなった〟ことで、何事も中途半端に生きている人はそこらじゅうにいる。彼らはもっとも大切な〝自分という商品〟の価値を信じられず、人生に無頓着になっている。自分を何者でもないちっぽけな人間だと思っており、そう思うがゆえに実際にそうなってしまっている。

ならばもう一度、自分の価値を自分にわからせる必要がある。自分が一流の人間であるという自覚を持ち、それを心から信じる必要があるのだ。

私の友人にトム・ステイリーという前途有望な若者がいるが、彼は「トム・ステイリーの1分間コマーシャル」と称するメッセージを書いた紙をいつも財布に入れて持ち歩き、毎日3回、自分に自分を売り込んでいる。それは次のようなものだ。

トム・ステイリー。君はとってもとっても重要な人物だ。トム、君はスケールの大きな人物なのだから、思考のスケールも大きくしなさい。あらゆることについて大きく考えるんだ。それに、能力があるのだから、それを使って一流の仕事をしよう。

トム、君の信じるものは幸せと、進歩と、繁栄だ。

だから、幸せだけを語ろう。

進歩だけを語ろう。

繁栄だけを語ろう。

トム、君は意欲に満ちている。

だからそれを仕事に活かすんだ。誰も君を止められるものはいない。誰もだ。

トム、君には熱意がある。それを前面に押し出そう。

トム、君はとても感じがいい。君自身も気分がいいだろう。その調子でいこう。

君は昨日もすばらしかったが、今日はもっとすばらしい男になる。さあ、行くぞ、トム。前に進むんだ。

トムいわく、自分が精力的に仕事をして成功を手にしつつあるのは、この〝コマーシャル〟のおかげだという。「このやり方をはじめるまでは、自分は周りよりも劣った人間だと思っていました。でもいまは勝つために必要なものは手に入ったし、実際にうまくいっていると感じています。これからも前進あるのみですよ」と彼は言った。

では、この「自分に自分を売り込むコマーシャル」のつくり方を紹介しよう。まず、自分の持っているもの、長所をピックアップしよう。自分の一番の強みについて考えてみる。ここでは謙遜はいらない。

次に、それを自分の言葉で紙に書き出す。自分に対する売り文句だ。もう一度、トム・ステイリーのコマーシャルを読みなおしてみよう。何度も「トム」と呼びかけて、自分自身に語りかけているのがわかるはずだ。言葉はなるべくわかりやすく、直接的に。ほかの人のことは考える必要はない。これはあなたのコマーシャルなのだから。

そして、完成したコマーシャルをすくなくとも1日に1回、誰もいないところで大きな声で読み上げる。鏡の前でやるとさらに効果的だ。胸を張り、気持ちをこめて力強くコマーシャルの文言をくり返す。姿勢をよくして大声で読み上げることで、血の巡りが良くなり、体も温まってくるはずだ。

くわえて、1日に何度かコマーシャルを声に出さずに読もう。勇気が必要なことをやる前や、くじけそうになったときに。コマーシャルを書いた紙をつねに持ち歩いて活用しよう。

最後にもうひとつ言っておこう。この方法をくだらない——こんな型にはまったやり方で成功などできっこない——と思う人は多いかもしれない。だが、そんな常識にとらわれないでほしい。あなたは普通の人間ではないのだから。「自分を自分に売り込む」ことの効果にすこしでも疑問を感じたときは、知り合いのなかで一番成功している人に意見を聞いてみよう。その答えを聞いて安心してから、またこのやり方を再開すればいい。

思考をアップグレードして、偉大な人と同じように考える

考え方をアップグレードすれば、行動が変わり、それが成功を生む。ここでは偉大な人と同じように考えることで、自分自身のレベルを高める簡単なやり方を紹介しよう。表6-1を参考にしてほしい。

「偉大な人であればこうしたやり方をするだろうか？」とつねに心のなかで問いつづけよう。そうして、より大きな成功を目指すのだ。

表6－1　自分の考え方に関するチェックリスト

状況	問い
1　何か心配事があるとき	偉大な人がこのようなことについて心配するだろうか？ 知り合いのなかで一番成功している人だったら、この程度のことで動揺するだろうか？
2　アイディアが浮かんだとき	偉大な人がこのアイディアを持っていたとしたら、どんな行動をとるだろう？
3　自分の外見について	自分は、自尊心の高い人物に見えるだろうか？
4　言葉づかいについて	自分の使う言葉は、成功者にふさわしいものになっているか？
5　読む本について	偉大な人だったら、この本を読むだろうか？
6　会話について	これは成功者たちが話し合うような内容だろうか？
7　カッとなったとき	偉大な人物はこの程度のことで腹を立てるだろうか？
8　ジョークについて	これは偉大な人が口にするようなジョークだろうか？
9　自分の仕事について	偉大な人だったら、自分の仕事をほかの人にどんなふうに説明するだろう？

本章のまとめ――これだけは覚えておきたい4つのポイント

1. 見た目に気を配ろう。そうすれば考え方も大きくなる。外見はまず自分自身に影響を与える。気分が盛り上がり、自信を持てるような服を身につけること。また当然だが、それによってほかの人の見る目も変わる。「ここに知的で、社会的に成功した、頼りになる重要な人間がいる」というメッセージを発するような身だしなみを心がけよう。

2. 自分の仕事を大切にしよう。よりよい成果を出すためのきっかけになるし、そうすることで部下たちもまた、誇りを持って仕事に取り組んでくれるようになる。

3. 毎日数回、自分自身を叱咤激励しよう。「自分に自分を売り込むコマーシャル」をつくり、ことあるごとに自分がすぐれた人間であることを思い出すようにする。

4. 人生のあらゆる場面において「偉大な人であればこうしたやり方をするだろうか？」と自問自答し、その答えに従って行動する。

7

環境を整え、一流を目指す

MANAGE YOUR ENVIRONMENT: GO FIRST CLASS

心には驚くべきメカニズムが備わっていて、いったん正しい方向に動き出せば、大きな成功へといざなってくれるエンジンとなる。だが動き出す方向を間違えてしまえば、人生がまったくの失敗に終わりかねない。

心は、この世の中でもっともデリケートで繊細な装置なのだ。では、その装置はどのように作動するのだろうか。たとえば、アメリカでは多くの人が日々の食事に気を使っていて、カロリー計算をするのが当たり前になっているし、ビタミン、ミネラルなどをはじめとするサプリメントにお金を使っている。これは栄養学の発展により、食べものが体におよぼす影響がわかってきたからだ。食事の内容は、体力や免疫力、体の大きさから寿命にいたるすべてに深く関係している。

つまり、体はそのなかに取り入れたものよってつくられる。じつは心も同じだ。ただ、もちろん〝心の糧〟はパッケージされて店で売られているわけではない。あなたをとりまく環境——意識や無意識に影響を与えるすべてのものごと——こそがそれにあたる。そして、どのような栄養を心が取り込むかによって、性格や態度や習慣が決まる。個人の持つ潜在能力はそれぞれ異なるが、それをどんな方法でどれだけ開花させるかは、取り入れる心の糧しだいで変わってくる。

つまり、食べものが体を変化させるように、環境から何を取り入れるかによって心も変化する。あなたは、もし自分が外国で生まれ育ったとしたら、どんな人間になっていただろうと考えたことはないだろうか。食べものや服装の好みはいまと同じだっただろうか。どんな遊びが好きで、なんの仕事をし、いかなる宗教を信じていただろうか、と。

もちろん、こうした問いに答えは出ない。ただ、育った国が違えば、まったく違う人間になっていた可能性は高い。いまとはまったく違う環境から影響を受けることになるからだ。よく言われるように、「人間は環境の産物」なのである。

環境こそ、私たちを形づくり、考え方のベースをつくる決定的な要素であることをよく覚えておこう。あなたは自分の習慣や癖のなかで、誰の影響も受けていないと言えるものを1つでも挙げられるだろうか？　歩き方や咳をするときの癖、コップの持ち方など比較的身近なことから、好きな音楽や本、趣味や服装の好みにいたるすべてが、身の回りをとりまく環境から極めて強い影響を受けている。

そして、さらに重要なことに、思考のスケールや、人生の目標、ものごとに向き合うときの態度のみならず、あなたの性格そのものが、環境によって形づくられている。

ネガティブな人と長く付き合っていればネガティブな考え方をするようになるし、心の狭い人と親しくしていれば心が狭くなる。逆に大きなスケールでものを考える仲間がいれば、自然と思考のレベルは上がるし、高い目標を持った人と一緒にいれば、大志を抱くようになる。

いまのあなたの性格や目標、生活の状態は、大部分がこれまでに置かれてきた心理的な環境の産物であり、1年後、5年後、10年後、20年後のあなたが、これからの環境しだいで決まっていくということは専門家のあいだでも認められている。

人間はときとともに変化していく。これは誰でも知っているだろう。だが、どのように変わっていくのかはこれからの環境――つまり、心にどのような栄養を与えるかによって決まるのだ。では、どうすれば満足のいくすばらしい結果を得られるような環境をつくれるのか？　詳しく見ていこう。

成功のために、まずは自己認識を改める

大きな成功をつかむうえでの一番の障害は、そんなことはとても自分には無理だと思ってしまうことだ。こうした思い込みの裏には、思考を抑圧し、平凡なレベルにとどまらせようとするさまざまな力が働いている。

この仕組みを理解するために、話を子どもの頃に戻してみよう。子どもはみな、大いなる目標を持っている。物心つくかつかないかの頃から、知らない世界を探検したい、リーダーになりたい、偉くなりたい、楽しくて刺激的なことをしたい、お金持ちになって有名になりたい――つまり、どんなことでも、この星の一等賞になりたいという気持ちがある。そして、恐れを知らないがゆえに、できると信じて疑わない。

だが、どういうわけか、その大きな目標に向かって努力をはじめる歳になるよりもはるか前に、やる気を萎えさせるさまざまな外圧がかかってくる。

「バカみたいなことを言うな」「お前の考えていることは非現実的で、愚かで、世間知らずだ」「お金がないとどうしようもない」「よほど運がいいか、コネでもなければ無理だ」「まだ早すぎる（もう遅い）」。私たちはつねに、周りからこうした言葉を浴びせられる。

こうして「どうせ無理なのだからやるだけ無駄」という意見を押しつけられた結果、人は次の3つのうちのどれかの考え方をするようになる。

第1のグループ――完全にあきらめた人たち

世の中でも多数派を占める彼らは、自分には必要な資質が欠けていて、本当の成功というものは特別な星のもとに生まれついた一部の人間のものだと思っている。自らの現在の地位を正当化したり、いかに自分が〝幸せ〟であるかをとうとうと語る癖があるため、彼らを見分けるのは簡単だ。

最近、私は、非常に優秀な頭脳の持ち主でありながら、安定はしているが平凡なポジションに甘んじている32歳の知人から、何時間にもわたって、いかにいまの仕事に満足しているかについて聞かされた。ただ、たしかに理屈は立派だったが、結局のところ自分をだましているだけだということに彼自身気づいていたような気がする。本当はやりがいのある場所で成長できるような仕事をしたがっているのはあきらかだったからだ。だが例の「やる気を萎えさせるさまざまな外圧」によって、自分にはそんな大それたことはできっこないとあきらめていたのだ。

また、じつのところ、〝理想の仕事〟を求めて職場を転々とする人たちも本質的にはこのグループと似たようなものである。「いつかチャンスがくるかもしれない」と根拠もなく思い込んであてもなくさまよいつづけるのは、マンネリに落ち込んでいる自分を正当化するのと同じくらい救いようがないからだ。

第2のグループ——半分あきらめた人たち

これは、第1のグループよりぐっと人数的にはすくなくなるが、成功への希望を持ったまま社会人になった人たちだ。彼らは将来への備えをし、計画をたて、懸命に働く。だが、10年ほど経つと、勢いがなくなってくる。競争の激しさと一流への道の厳しさを知ったことで、大きな成功を望むのは割にあわないと考えを変える。

そして、「自分は普通の人よりは稼いでいるし、良い暮らしもしている。なぜこれ以上、頑張る必要があるだろう」とその思いを正当化する。

だが、じつは内心、「失敗したらどうしよう、メンツをつぶしたくない、安定を失いたくない、すでに手に入れたものをなくしたくない」といった不安を抱いている。心のなかでは自分たちがあきらめたことを知っているので、真の満足は得られない。才能があり、頭のいい人も多いが、立ちあがって前に向かって走っていく勇気はなく、かわりに這うように人生を進んでいくことを選んだという点はこのグループ全員に共通している。

第3のグループ――決してあきらめない人たち

おそらく全人口の2、3％程度だと思われるこのグループは、周りから何を言われようと外圧には屈しない。這うように進む人生を良しとせず、成功に向かって脇目も振らずに突き進む。3つのグループのなかでもっとも大きな成果をあげるため、幸福度という点でも一番だ。トップセールスパーソンや、経営者、各分野のリーダーになる人が多く、人生に刺激とやりがいを感じ、新たな日々や人との出会いをまるで冒険のようにいきいきと楽しんでいる。

本音では、誰もがこの、毎年のように大きな成果をあげ、ものごとを成し遂げて結果を出す第3のグループに入りたいと思っているはずだ。

だが、このグループに入り、そのなかに居つづけるには、環境から受ける外圧に打ち勝つ必要がある。第1グループと第2グループに属する人たちが、悪気のないままにあなたの足をひっぱろうとするからだ。その例を挙げよう。

もしあなたが平凡な人生を送っている友だち数人に、大真面目に「いつかぼくはこの会社の副社長になるつもりだ」と言ったとする。

するとどうなるか？　まず彼らは、あなたが冗談を言っていると思うだろう。そして、本気だとわかると、「おいおい。もっと世の中を勉強しろよ」と言ってきたり、頭がおかしいと決めつけたりする。

だが同じセリフを社長の前で（もちろん真剣に）言ったとしたらどうなるか？　具体的にどのよ

うな反応が返ってくるかはわからないが、ひとつ言えることは、笑いはしないだろうということだ。そのかわりにあなたの目をじっと見つめて、その決意が本物かを見定めようとするかもしれない。ただ、くり返すが、決して笑ったりはしない。

大人物は、大きな夢を笑わないからだ。

これは、豪邸を持ちたいという夢でも同じだ。平凡な人たちはそんなことは無理だと笑うかもしれないが、すでに豪邸に住んでいる人たちはそれを聞いても驚かない。なぜならすでにそれが不可能ではないのを知っているからだ。

教訓。**あなたに対して「そんなことは無理だ」と言うのは、ほぼ間違いなく、成功しておらず、せいぜい月並みな成果しかあげていない人たちなのだ。**彼らの意見は〝毒〟だと言っていい。

そんな雑音に心をかき乱されてはならない。「君には無理だ」というネガティブなアドバイスをされたら、できることを証明してそれを覆してやる、と考えよう。

＊　＊　＊

とくに気をつけてほしいのは、ネガティブな考え方をする〝否定者〟たちに、成功への計画をぶち壊されないようにすることだ。他人の前向きな努力を妨害することに喜びを感じる彼らは、ありとあらゆるところに潜んでいる。

大学生時代に、いっときだけ親しく付き合っていたWという男がいる。困ったときにはお金を貸してくれたり、いろいろと世話を焼いてくれるようなやつだったが、その気づかいとは裏腹に、1

00％悲観的な人生観を持っていて、将来の可能性やチャンスに対して極めて辛辣な見方をする、本物の〝否定者〟だった。

当時私は、ある新聞に連載されていた、未来への希望にあふれた、明るく前向きな内容のコラムの熱心な読者だった。だが、そのコラムを読んでいるところをWに見つかったり、その話を振ったりすると、たちまちこう返ってきた。「おいおいデイヴ。頼むから一面を読んでくれ。現実に目を向けるんだ。そのコラムニストは甘っちょろい言葉で負け組のやつらをなぐさめて小遣い稼ぎをしてるだけなのが、まだわからないのか？」

話題が社会に出たあとどうすれば成功できるかということにおよぶと、すぐに彼一流の金儲けの公式を披露する。「いまの世の中で金を儲ける方法は3つしかない。1つ、金持ちの女と結婚すること。2つ、法を犯さない〝きれいな〟やり方で誰かから金を盗むこと。3つ、たっぷりコネを持った有力者と知り合うこと。これだけだ」

そして彼は、つねに実例を挙げてこの〝公式〟を正当化した。新聞の一面をなめるように読んでは、会費を着服して姿をくらました労働組合のリーダーを引き合いに出したり（そんな人は100人に1人もいないはずだが）、富豪令嬢との〝逆玉の輿婚〟をした農家の男の例を目ざとく見つけたりした。自分の知り合いの知り合いの知り合いが、とある大物がおこなった取引に割り込んで大きな富を手にしたという話もしていた。

年上で、工学の授業で優秀な成績を収めているWのことを、私は兄のように尊敬していた。そのため、成功に関する根本的な考え方について、あやうく否定者の哲学に染まるところだった。

だが幸いにも、ある晩、彼との長い議論のすえに、私は正気に戻った。自分がこれまで、失敗の呼び声に耳を傾けていたことに気づいたのだ。Wは私を説得するためというより、むしろ彼自身に言いきかせるために話しているようだった。以来、私はWを実験台のモルモットのようにとらえ、その意見をまともに受け取るかわりに、彼がなぜそのように考えるのか、そしてその考えが彼をどこに連れていくのかを観察するようになった。つまり、自分に影響を与える否定者であった友人を、自分のための研究対象に変えたのである。

私はWにもう11年も会っていない。だが、数カ月前に彼に会ったという共通の友人によれば、ワシントンで低賃金の製図工として働いているという。

性格は変わっていたか、と尋ねると「いや、全然。むしろ前よりもネガティブになっているくらいで、生きづらそうだったよ。子どもが4人いるらしくて、あの収入では苦しいだろう。もともと頭はいいんだから、本当だったら、いまの5倍は稼いでいてもおかしくないはずなのに」という答えが返ってきた。

否定者はいたるところにいる。なかには私を説得しかけたこの古い友人のように、善意からそうした言葉をかけてくる場合もあれば、たんに自分がうまくいっていない鬱屈から、他人の足をひっぱりたがっている場合もある。後者は「自分は平凡な人間だ」という劣等感を持っていて、周りの人を自分のところまで引きずりおろそうとする。

ゆめゆめ気をつけることだ。否定者たちの性質を知り、成功への計画をぶち壊しにされないようにしよう。

そういえば最近、ある若い会社員から、通勤時に車の相乗りをする（車社会のアメリカでは一般的）相手を変えたという話を聞いた。


前の同僚は、行きも帰りも会社の悪口しか言わなかったんです。経営陣が何かをすれば必ずあら探しをして、「上司にはいい人が1人もいないし、扱っている商品はろくでもないし、会社の方針はすべて見当外れ」——とにかくなにからなにまで全部ダメだと言っていました。

そのせいで私は毎朝ピリついた気持ちで出社することになり、帰りにはまた、45分にもわたって彼がその日の愚痴をわめきちらすのを聴かされて、ぐったりして家に帰るはめになりました。もうたくさんだと思って、相乗りする相手を変えることにしたんです。そうしたら世界ががらっと変わりました。いまはものごとの表と裏を両方見ることのできる同僚たちと一緒に出勤しています。


要は、この若者は賢明にも〝環境〟を変える決断をしたわけだ。

ここは大切なので、よく覚えておいてほしい。「類は友を呼ぶ」という言葉通り、人間というのは普段つきあっている相手によって判断される。同僚のなかにはネガティブな人もいればポジティブな人もいるはずだ。嫌々仕事をする人と、希望や向上心を持って働く人。上司の言動にいちいち反発する人と、客観的な視点からそれを見て、自分が出世してリーダーになるまでは上司をサポートすべきだと考える人。

どちらのグループに属するかによって、あなたの思考は大きく変わってくる。**自分が正しい考え方を持った仲間のなかにいるかどうかしっかり確認しよう。**


職場には、気をつけるべき落とし穴がある。どんな集団にも、内心ひそかに劣等感を抱いていて、あなたの進む道に立ちふさがり、足をひっぱろうとする人間がいるものだ。私は、向上心を持ってより効率的に多くの成果を出そうとした仲間たちが、そうした人たちに嘲笑され、場合によっては脅されている場面を何度も見てきた。だがじつのところ、彼らは嫉妬に駆られて、上を目指す者に恥をかかせたいだけなのだ。

たとえば工場であれば、生産ペースを上げようとするとほかの工員からうらまれることがあるし、軍隊でも、幹部候補生学校への入校を希望する若い兵士をからかったり恥をかかせようとするような風潮が残っている。

ビジネスの世界でも同じで、一部の昇進の見込みのない人たちがほかの人の邪魔をしようとする。あなたも高校時代に、与えられた機会を最大限に活かして好成績を収めた生徒が、頭の悪いクラスメイトたちにバカにされるのを目にしたことがあるだろう。悲しいかな、ときにはからかわれるあまり、そうした優秀な生徒が勉強を頑張るのをやめてしまうことすらある。

そういうネガティブな人間は無視するに限る。

だいたいそうした嘲笑は、ターゲットになった人に向けられているというより、たんに彼ら自身の落胆や劣等感の裏返しにすぎないことがほとんどだ。

彼らに引きずられて、同じレベルまで落ちてはならない。右から左へと聞き流そう。そして前向きな人たちの仲間に入り、ともに上を目指すのだ。

考え方さえ間違えなければ、あなたなら必ずできる。

アドバイスを受ける相手にはとくに注意してほしい。ほとんどの組織には〝身の処し方〟を熱心に吹き込もうとするはぐれ者の教えたがりがいるものだ。あるとき私は、そうした輩《やから》が、入社したばかりの有望な青年に職場について〝現実的な〟アドバイスをしているのを耳にしたことがある。いわく、「ここでうまくやっていくには、とにかく目立たないようにすることだ。目をつけられたら、仕事を押しつけられるだけだからな。とくに要注意なのは部長だ。近づかないほうがいい。手が空いていると思われたら、どんどん仕事をまわされるぞ」

ちなみにこの教えたがりは、勤続30年にもなろうというのに、一番下っ端のままだ。そんな人間が、これから上を目指す若者にアドバイスをするとは、まったくまいったものだ！

アドバイスは〝わかっている人〟からもらうこと

一般に、成功者には近寄りがたいイメージがあるようだが、これは間違っている。むしろ成功した人であればあるほど、謙虚で協力的なことが多い。彼らは自らの仕事に真摯に向き合い、成功を願っているので、自分が引退したあとを任せられるような人材を熱心に探している。逆にぶっきらぼうでとっつきにくいのは、たいていただの〝大物ぶった〟人物にすぎない。

実際、ある会社の女性幹部はこう断言している。


私は多忙ですが、自分の部屋に「入室お断り」の札は出していません。社員の声に耳を傾けるのも大切な仕事だからです。たしかに会社では社員全員に画一的な形での指導もおこないますが、一方で個人的な相談も受け付けています。

会社のことでも、プライベートのことでも、悩みを抱えている社員がいれば、いつでも相談に乗ります。なかでも、仕事やほかの社員との連携に関心を持って、知識を深めたいと思っている社員は大歓迎です。

ただ当然ではありますが、真摯な気持ちで話を聞かない者に、時間をかけている暇はありません。


何か迷っていることがあるなら、一流の人に話を聞きに行こう。逆に、人生がうまくいっていない人に相談するのは、ガンを治すのにやぶ医者に行くようなものだ。

＊　＊　＊

最近では、重要な仕事を任せる人材を採用するのに、まずはその妻と面接をする経営者が増えているという。とある会社の営業部門の責任者はこう言っていた。「有望なセールスパーソンには、出張や不規則勤務をはじめとした、営業につきもののやっかいごとを理解して、苦しいときにもバックアップしてくれるような家族がいるのが理想です」

つまり、いまの経営陣は、週末や、平日の夜をどう過ごすかが、その人の勤務時間中のパフォーマンスを大きく左右することを知っているわけだ。プライベートが充実している人は、退屈でつまらない家庭生活を送っている人よりも、仕事ができる可能性が高い。

ではここで、ジョンとミルトンという2人の社員を例に、両極端な週末の過ごし方とそれがもたらす結果について見てみよう。

ジョンはたいてい、次のような週末を送って心の糧としている——夜は、とくに仲のいい、話のあう友だちを自宅に招いて語り合うか、外に出て映画を見たり、地域の行事に参加したり、友だちの家で過ごしたりする。土曜日は、午前中はボーイ・スカウトの活動に専念し、午後は家の雑用をする。特別なプロジェクトを進めることもあり、いまは裏庭にテラスを建築中だ。日曜日は家族で一緒に山に登ったり、美術館を訪れたりする。近いうちに地方に土地を買いたいと思っているので、その下見を兼ねてよくドライブにも行っている。

日曜日の夜は、静かに過ごす。本を読んだり、ニュースをチェックすることが多い。

つまり、ジョンは週末を計画的に過ごしている。リフレッシュできるようなイベントがいくつもあり、ストレスを解消している。日の光をたくさん浴びて〝心の光合成〟をしているわけだ。

一方、ミルトンの心の糧は、ジョンと比べると極めてバランスが悪い。その週末はいかにも無計画だ——金曜日の夜、たいてい彼は疲れ切った状態で帰宅する。一応、妻に「いまから何かしたいことある？」と聞いてはみるものの、何もせずに立ち消えとなる。夫婦で何かを楽しむことも、誰かに誘われて出かけることもめったにない。土曜日の朝は遅くまで寝ていて、起きたあとは雑用に追われる。夜はだいたい映画かテレビを見る。ほかにやるべきことが思いつかないからだ。日曜日も午前中はほとんどベッドで過ごし、午後になると唯一交流のある、ビル＆メアリー夫妻の家に行く（あるいは向こうが家に来る）。つまらない週末を過ごしたミルトン一家は、日曜日の夕方になる頃には、家に閉じこもりっぱなしだったためにみなピリピリしていて、表立ったけんかこそしないものの、気持ちはぐったりしている。

つまり、ミルトンの週末には退屈しかなく、〝心の光合成〟もできない。

さて、この対照的な家庭環境は、２人にどう影響するのだろう？　おそらく、数週間程度では、目に見えるほどの変化はないだろう。だが、数カ月、あるいは数年が経つ頃、あきらかな違いが表れる。

ジョンは気持ちがリフレッシュして、頭が整理され、新たなアイディアが湧いてくるような生活パターンを送っている。まるで、ステーキで十分に栄養を補うアスリートのように。

一方ミルトンの生活パターンでは、気持ちの飢えは満たされず、思考力が損なわれていく。アスリートなのに、キャンディやビールしか口にしないようなものだ。

仕事の面で現段階では同じレベルにいたとしても、数カ月が経つ頃にはじょじょにジョンがリードを広げていく。

端から見ている分には、「ああ、ミルトンよりもジョンのほうが有能なんだ」としか思わないかもしれない。だが、事情を知るわれわれからすれば、そのパフォーマンスの差は、2人が摂取している〝心の糧〟の違いによるものということになる。

トウモロコシ農家はみな、肥料を十分にやることで、収穫量が増えることを承知している。人間の思考も同じで、良い結果を出したいなら、十分な栄養を与える必要がある。

先月、私は妻とともに、あるデパートの重役夫妻が催したパーティーに招かれ、すばらしい夜を過ごした。ほかにも5組のカップルが招待されていたが、私たちは彼らよりもすこし長居をしたため、その晩ずっと頭のなかにあった疑問を、普段から親しくしているこのパーティーのホストにぶつけることができた。「今夜はとても楽しかったです。でもひとつ不思議なのは、今夜のゲストはてっきり小売業の幹部の方たちが中心だと思ったのですが、作家、医者、エンジニア、会計士、教師と、みな異業種の方たちばかりでしたよね」

すると、彼は微笑みながらこう答えた。「普段はたしかに同業の方をお招きすることが多いです。でも、妻も私も、ほかのことを生業にしている人たちとの交流をとても新鮮に感じます。同業で自分と同じような考え方をする人たちだけと仲良くしているのでは、マンネリになる気がするんですよ」

それに、と彼は言葉を続けた。「私の商売は、まさに人を扱うものです。毎日、ありとあらゆる職業の方々が何千人もうちのデパートにいらっしゃるわけですから。だから、ほかの人の考え方や関心事、ものの見方などを学ぶのは、求められる商品やサービスを提供するうえでとても役に立つんです」

では、プライベートを充実させ、一流の環境をつくるために、すべきことをまとめよう。

1．普段とは違うグループのなかに飛び込もう

これは、いつもの内輪のメンバーだけで固まっていると、マンネリ化して退屈になり、不満がたまってくるからだ。また、もうひとつ重要なのは、成功の道を進んでいくには、ほかの人の考え方を理解するプロになる必要があるということだ。小さな内輪の集団だけを観察して人について学ぼうとするのは、薄っぺらい本1冊だけで数学をマスターしようというのに等しい。

新しい友人をつくり、新しいグループに飛び込んで、社交の輪を広げよう。多様性は生活に彩りを加え、広い視野を与えてくれる。もちろん付き合う人の幅を広げることも多様性の一種であり、それ自体が良質な心の糧となる。

2．自分とは違った価値観の友人を持とう

いまの世の中、視野の狭い人間には未来がない。責任ある重要な立場を任されるのは多面的なものの見方ができる人だ。もしあなたが共和党の支持者なら、民主党を支持する友人を持とう（当然、逆もまたしかり）。異なる宗教を信じる人たちと知り合いになろう。自分とは対極にいる人たちと付き合うのだ。ただし、なんらかの分野で能力があったり、可能性を秘めていたりする人物に限るが。

3. 細かいことにこだわらない人とつきあおう

あなたのアイディアや意見よりも、住んでいる家の大きさや持っている家具について気にするような人は、狭量でつまらない人物であることが多い。精神の衛生を保つため、あなたの成功を心から応援してくれ、プランやアイディアにインスピレーションを与えてくれる前向きな人を友にしよう。せせこましい人たちと付き合っていると、あなた自身もじょじょに小さくまとまった人間になってしまう。

私たちは普段から〝体の毒〟についてはとても気にしている。

レストランの経営者であれば、食中毒には細心の注意を払っているだろう。もし食中毒を出してしまえば客は二度と来てくれなくなるからだ。また、多くの法律によって何百種類もの有害物質を規制して国民の体を守っているし、口に入れてはいけないものは、子どもの手の届かない場所に置くのが常識だ。つまり、われわれはあらゆる手段を講じて〝体の毒〟を避けようとしているし、それはまったくもって正しい。

ただ、この世にはもっとわかりづらい形の毒――〝思考の毒〟が存在する。いわゆる〝噂話《ゴシップ》〟がそれにあたる。これは体の毒と違い、知らぬ間に心をむしばむという特徴がある。つまり、この毒に冒されても当人は気づかないことが多いのだ。

しかも、その害は極めて大きい。ゴシップという毒に冒された人は、ささいなくだらないことにこだわるようになり、思考のスケールが小さくなる。またゴシップは、そもそも事実を歪めて解釈するところからはじまっているため、人を先入観や偏見の目で見るようになる。さらに、噂話の俎《そ》上《じょう》にあげた当人と会ったときに内心の罪悪感によっておどおどしてしまうことにもなる。つまり、他人についてあれこれ言っても、いいことなどまったくない。

また世の中には、他人の噂話をするのはもっぱら女性であるという声もあるが、それは違う。男しかいない場所にもきな臭い雰囲気が漂っており、毎日、数え切れないほどの数のゴシップの饗宴が繰り広げられているからだ。「あの上司は家庭がうまくいっていないし、お金に困ってるらしい」「ビルは出世を狙っておべっかを使っている」「ジョンは飛ばされるかもしれない」「なぜトムだけが特別扱いされるのか」「なんであんな新人を採ったのか」などなど。具体的には次のような形で語られることが多い。

「そういえば、ちょっと小耳にはさんだんだけど……、いや、なんでかっていうと……、まあ、驚きはしないよ……あいつは自業自得だから……もちろん、これはここだけの話だけど……」

会話は、私たちの精神的な環境のなかでも大きな割合を占める。健全な会話をすれば元気になる。まるで、春の日の暖かい日差しのなかを歩いているような気分になったり、自分は成功者だという気持ちが湧いてきたりもする。

だが一方で、放射能の毒の雲のなかを歩いているような会話もある。その場合、息が苦しく、気分が悪くなって、負け犬のようなみじめな気持ちにさせられる。

ゴシップというのは人の悪口にすぎないが、思考の毒に冒されると、それが楽しく感じられてくる。そして成功者たちから嫌われ、信頼されない人間になっていくという自覚もないまま、悪口を言うことによる暗い喜びにひたっていく。

ある日、私が数人の友だちとともにベンジャミン・フランクリンの功績について話をしているところに、思考の毒にむしばまれた人物がやってきた。そして会話のトピックを知った彼はすぐさま、フランクリンの私生活についてあしざまに語りはじめた。たしかに、フランクリンはある種の変人ではあったようで、18世紀にスキャンダル雑誌があれば特集号ができたであろう人物なのは事実らしい。ただ、そのときの私たちの会話にフランクリンの私生活はまったく関係がなかったのである。もし親しくしている知人のことについて話しているときに、この人が入ってきたらと思うとぞっとする。

人の話をしたいのなら良い面について語ろう。

また、一応言っておくが、雑談がすべてゴシップというわけではない。職場の外で仕事の話をしたり、いろいろとたわいもない会話を交わすのもときには大切だ。内容が前向きであれば、十分にメリットがある。

さて、では以下の質問に答えて、自分がゴシップ好きかどうかチェックしてみよう。

1. 他人に関する噂を広めることがあるか？
2. その場にいない人の悪口を言うことがあるか？
3. 誰かのスキャンダルを聞くのが好きか？
4. 人について事実にもとづかない判断をすることがあるか？
5. 噂話を聞きたがっているという態度を出しているか？

6．「ここだけの話だよ」と言って、話をはじめることがあるか？
7．秘密だと言われた内容を誰かにしゃべってしまうことがあるか？
8．他人について言ったことで良心の呵責を感じることがあるか？

言うまでもなく、すべて「ノー」であるのが望ましい。

隣の家を斧でぶち壊したからといって、あなたの家の見栄えはすこしもよくならない。それと同じで、言葉の斧や手榴弾で他人を攻撃しても、あなた自身の地位はこれっぽっちも向上しない。要するにそういうことだ。

＊　＊　＊

〝何事も一流を〟――これはつねに念頭に置いておくべき大切なルールだ。何かを買ったりサービスを受けたりするときも一流のものにお金を払うようにしよう。以前、このルールの正しさを証明するために、講座の参加者たちに、小銭を惜しんだせいでかえって損をした経験について話してもらったことがある。その一部を紹介しよう。

「風変わりな店で安いスーツを買って掘り出し物だと思っていたんですが、結局、ぜんぜん良いものではありませんでした」

「車のトランスミッションを交換する必要があったので、正規のディーラーよりも１００ドル安くやってくれるという路地裏のガレージに頼みました。しかし新品のはずのトランスミッションはすでに3000キロちかくも使われたものだったんです。しかもその店は交換に応じてくれませんでした」

「お金を節約するために、数カ月のあいだ、これぞ安食堂というところで食事をすませることにしたんです。とても不潔で、料理はまずく、店員はこちらを客とも思っていないような態度で、常連もごろつきばかりでした。そんなある日、友だちに誘われて街で一番のレストランでランチをしました。彼と同じ定食を頼んでみたところ、あまりのおいしさにびっくりしたんです。サービスも店の雰囲気もいいし、値段だってあの安食堂とそこまで変わりません。いい勉強になりました」

ほかにも格安の税理士に仕事を任せたら内国歳入庁とトラブルになったとか、診察料の安い医者にかかったらあとで完全な誤診だったとわかったとか、似たような話はたくさんあった。家のリフォームやホテルに泊まるとき、あるいは何かを買ったりサービスを受けたりするときに、お金を出し惜しんで二流を選んでしまったという人も多かった。

もちろん、「一流のものを買うような余裕はない」という反論があることは承知している。だがこれに対してはシンプルに「むしろ、一流以外のものに手を出すような余裕はないはず」と答えたい。長い目で見れば、一流のもののほうが二流のものよりも安くつく。それに質の良いものをすこしだけ持っているほうが、ガラクタばかりたくさんあるよりもいいだろう。たとえば、そこそこの靴を3足持っているより、本当に良い靴が1足あったほうがいい。

人はおそらく無意識のうちに、他人をその人の選ぶものの〝品質〟によって格付けしている。だから良い物に対するセンスを磨こう。一流のものには相応の価値があるし、二流のものと比べて、むしろ安くつくことが多い。

本章のまとめ――自分を成功へと導く環境の整え方

1. 環境に気を配る。食事が体をつくるように、心の糧である環境が、あなたの精神を形づくるのだから。
2. 自分のやりたいことを邪魔するのではなく、後押ししてくれるような環境をつくる。ネガティブな、「君には無理だ」という外圧によってやる気を奪われてはならない。
3. 器の小さな人たちに足をひっぱられないようにする。この世の中には、嫉妬深くて、他人の失敗を喜ぶ人間がいるものだ。そんなやつらを満足させてやる必要はない。
4. アドバイスは成功した人からもらおう。自分では失敗ばかりしている教えたがりに、あなたの大切な未来をゆだねてはならない。
5. 新しい人の輪に飛び込んだり、新しい刺激的なことをはじめたりして、〝心の光合成〟をたくさんしよう。
6. 思考の毒を身の回りから遠ざけよう。ゴシップには関わらないこと。誰かのことを話すなら、良い面だけに触れることだ。
7. なんであれ一流のものを選ぼう。それ以外のものに手を出す余裕などないと知るべきだ。

8

態度や振る舞いを味方につける

MAKE YOUR ATTITUDES YOUR ALLIES

突然だが、あなたは人の心を読むことができるだろうか？　じつはこれはそれほど難しいことではない。意識せずとも、あなたは毎日ほかの人の心を読んでいるし、ほかの人もあなたの心を読みながら生活している。

どうやっているのかと言えば、相手の態度や立ち振る舞いから無意識のうちにその心を読み取っているのだ。

ビング・クロスビーが流行らせた『You Don't Need to Know the Language to Say You're in Love（愛してると言うのに言葉はいらない）』という曲を覚えているだろうか？　この曲の「愛してると言うのに言葉はいらない。誰かと恋に落ちたことがある人なら誰でも知っているはずだ」というシンプルな歌詞には、心理学のエッセンスが凝縮されている。

また、相手に対して「好感を持っている」「軽蔑している」「大切に思っている」「どうでもいい存在だと思っている」「うらやましい」と伝えるのにも言葉はいらない。同じく、「仕事が好きだ」

「退屈だ」「腹が減った」というメッセージもわれわれは無言のうちに発している。

考えというものは態度や振る舞いに表れる。態度は心を移す鏡であり、そこには思考が反映されている。

たとえば、デスクに座っている同僚の心だって読むことができる。表情やしぐさから仕事に対する気持ちがわかるからだ。相手が夫でも妻でも、セールスパーソンでも学生でも、心を読むことは可能だし、私たちは実際にそうしている。

映画やテレビにつねに出演しているようなプロの役者は、ある意味、役者ではないと言える。役を演じているのではなく、自分という存在を消して、本当にそのキャラクターになりきって考えたり感じたりしているし、逆に言えばそうでなければならないということだ。さもなければ、その〝演技〟は薄っぺらく見え、評価はガクッと落ちてしまうだろう。

ちなみに態度というのは見た目や振る舞いだけでなく、声にも表れる。たとえば、ある秘書が電話に出て「おはようございます。こちらは○○事務所でございます」と言うとき、たったこれだけで「電話してくれてありがとう。私はあなたのことを大切にしているし、この仕事が大好きです」というメッセージになることもあれば、逆に、「嫌だわ。なんで電話してきたのかしら。この仕事には飽きているし、私の手をわずらわせる人が嫌いなのよ」というメッセージになることもある。

人は、相手の表情や声のトーンから心を読み取る。なぜかと言えば、現在使われているのに多少なりとも近い形の言語というのは、人類の長い歴史からすれば、ごく最近の発明だからだ。悠久の時の流れのなかでは、言語などちょうど今朝にできたばかりと言っても過言ではない。誕生から数百万年間、人類はせいぜい、うめいたり、うなったり、怒声を発したりすることしかできなかったのだから。

要はそのあいだは、しぐさや表情や音（言葉ではなく）によって意思疎通をしてきたし、いまでも人や物に対する態度や感情を同じ方法で伝えている。たとえば、赤ちゃんとコミュニケーションをとりたければ、直接体を触るのを除けば、あとは身振りや顔の表情、音に頼るしかない。そして、赤ちゃんにもそれだけでこちらの嘘を見破る不思議な能力が備わっている。

アメリカでリーダーシップの権威としてもっとも尊敬を集めるアーウィン・H・シェル教授は次のように言っている。「あきらかに、仕事の能力や才能以上に、達成できる成果の大きさに決定的な影響をおよぼす何かがあるようだ。この、全体を左右する何か、あるいはほかの要素の働きを変化させる触媒を一言で定義するとすれば、それは〝態度〟ということになる。態度が正しければ、能力は最大限に発揮され、自然と良い結果がついてくる」

態度こそが違いを生む。態度が正しければ、セールスパーソンはノルマを達成し、学生は良い成績をとり、結婚生活もうまくいく。人付き合いもうまくなり、リーダーとして成長できる。正しい態度は、どんな状況でもいい結果をもたらしてくれるのだ。

具体的には以下の3つの態度を身につけよう。何をするにも念頭においておくこと。

1．何事にも主体的かつ積極的に関わる態度

2．相手を大切にする態度

3．まずはサービスを、という考え方で臨む態度

では具体的にはどうすればいいのか。

その昔、大学2年生のときにとったアメリカ史の講義を、私はいまでも鮮明に覚えている。アメリカの歴史について多くの知識を得られたからではなく、すこし変わった形で「**人を巻き込むには、まず自分が興奮しなければならない**」という成功の法則を学ぶことができたからだ。

その講義は受講者がとても多かったため、扇形のホールでおこなわれていた。中年の教授は、知識はあるのかもしれないが、どうしようもないほど鈍い人で、歴史をいきいきと魅力的に語るのではなく、事実をひたすらに羅列していくだけ。いったいどうしたらこんなに興味深いテーマをこれほどつまらないものにできるのか、不思議なほどだった。

学生たちのこの講義に対する反応はおそらくあなたの想像通りだ。私語や居眠りがあとをたたず、それをやめさせるために2人のアシスタントが席のあいだを巡回していた。

教授はときおり話をとめて、立てた指を振りながら「いいですか、講義に集中しなさい。私語をやめて話を聞きなさい」と言った。だがこの言葉にはほとんど効果はなかった。この講義に出ている学生のなかには、数カ月前まで島国に派遣されて爆撃機に乗り、命をかけて歴史をつくってきた元軍人がたくさん混じっていたというのにだ。

本当はすばらしい時間になってしかるべきこの講義が、寒々しい光景に変わってしまうのを見ながら、私は心のなかで「どうして学生たちは教授の言葉を聞かないのだろう」とずっと考えていた。

そしてはたと気づいた。

学生たちが話に興味を示さないのは、教授自身が自分の話していることに興味を持っていないからだ。すでに彼が歴史に飽きていることがその態度から透けて見えていたのである。要は、**他人の感情を揺さぶって興奮させるには、まずは自分が興奮しなければならない**わけだ。

その後、私はこの法則をさまざまな状況で検証し、つねに成り立っていることを確認した。熱意を持っていない者は、決して他人を巻き込むことはできない。だが熱意があれば、すぐに熱い気持ちを持った賛同者が現れる。

みな、熱意あるセールスパーソンがすすめる商品には興味を持つし、熱意ある教師の話にはひきつけられるし、熱意ある牧師の説教の途中に寝てしまうことはない。


熱意によって成果は10倍以上違ってくる。2年前、とある企業の社員たちの、赤十字への寄付額は500ドルに満たなかった。だが今年、給料はほとんど変わっていないにもかかわらず、彼らは5500ドルちかく寄付をしたのだ。

500ドルしか集められなかった一昨年の担当者はやる気に欠けていて、「我が社と直接の接点はないが、おそらく意義深い団体なのだろう」とか「大きな団体だから富裕層からたくさんお金を集めているはずで、君たちの寄付はたいして意味がない。でも寄付したいなら私のところに来なさい」などと言っていた。これでは赤十字に積極的に関わって何かをしようという気になるはずがない。

だが今年の担当者は違った。これまで赤十字が災害のときにどのような貢献をしてきたか、そして赤十字がいかにみなの寄付に頼っているかを熱意を持って語り、もし災害に巻き込まれたのがお隣さんだったらと想像してみてほしいと呼びかけ、「赤十字のこれまでの功績に目を向けよう！」と訴えた。注目してほしいのは、彼は物乞いのようにお金を要求したわけでもなければ、「各自、〇〇ドルは寄付をお願いしたい」と言ったわけでもないことだ。ただ、赤十字の大切さを熱意を持って訴えた。すると成果は自然とついてきたのだ。

あなたの知っているサークルや市民団体で、つぶれかけているところはないだろうか？　おそらく、熱意さえあれば、そこも活気を取り戻すはずだ。

結果はかけた熱意に比例する。

そして熱意とは、シンプルに「これはすごい！」と思うことにほかならない。

以下に、熱意を育てるための3つの方法を紹介しよう。

1．ものごとを深く掘り下げる

いまから言うことをすこし試してみてほしい。あなたがほとんど（あるいはまったく）興味を持てないものを1つか2つ思い浮かべる――カードゲームかもしれないし、あるジャンルの音楽かもしれないし、スポーツかもしれない。次に、「自分がそれについてどれだけ知っているか」を考えてみる。まず間違いなく、答えは「あまり知らない」というものだろう。

たとえば、正直に言って私は長年にわたって現代美術というものにまったく興味がなく、「線がめちゃくちゃに引かれているだけ」としか思えなかった。だが、現代美術に造詣が深い友人に解説してもらったことでそれは変わった。いまではその魅力に気づき、どっぷりとはまっている。

ここから、熱意を養うにあたって重要な要素が見えてくる。つまり、いま興味が持てないものでも、深く知れば熱意が湧いてくるということだ。

たとえば、おそらくあなたはマルハナバチにはとくに関心がないだろう。だが、このハチが人類にもたらすメリットやほかのハチとの関係、繁殖方法、冬をどこで越すのかなど、できるかぎりのことを調べれば、その頃にはおおいに興味をひかれているはずだ。

〝深く掘り下げる〟ことが熱意を生み出すことを説明するため、私はよく、家庭用温室《グリーンハウス》を例として持ち出す。研修のときに、あえて何気なく「このなかでグリーンハウスの製造・販売に興味がある人はいますか?」と尋ねてみるのだ。ちなみにいままで肯定的な返事が返ってきたことは一度もない。

続いて、私はグリーンハウスやそれをとりまく事情についてすこし説明する――生活水準があがるにつれて、みな必需品ではないものに興味を持ちはじめること。ランやオレンジの花を育てるのが趣味のアメリカの奥様たちがどれだけいるか。数万もの家庭にプールがあることを考えれば、それよりも安いグリーンハウスであれば潜在的な需要は百万単位になるだろうし、仮に３０００ドルのグリーンハウスをこの国の50世帯中の1世帯に売ることができれば、それだけで３０億ドルの売り上げになり、くわえて苗や種の売り上げも１２億５０００万ドルにおよぶだろう、などなど。

すると10分前まで、まったくグリーンハウスの話題に乗ってこなかった受講者たちが、次のトピックに進めなくなるほど熱のこもった話し合いを繰り広げる。

この〝深く掘り下げる〟というテクニックは、人に対しても使える。仕事や家族構成やバックグラウンド、考え方や目標など、その人についてできるかぎりのことを調べると、だんだん興味と関心が湧いてくるのがわかる。掘り下げていけば、必ず共通の関心事が見つかるし、その人の魅力的な部分が見えてくる。

このやり方は、〝場所〟にも有効だ。数年前、私の若い友人数人が、デトロイトからフロリダ州中部の小さな町に引っ越した。家を売り、仕事上のつながりを絶ち、友だちにも別れを告げて、彼らは去っていった。

だが6週間後にはデトロイトに戻ってきた。仕事が見つからなかったからではない。「小さな町での生活に耐えられなかったんです。友だちはみんなデトロイトにいるし、帰ってくるしかありませんでした」とのことだ。

その後の会話で、彼らがフロリダの小さな町になじめなかった本当の理由がわかってきた。短い滞在のあいだ、彼らはその町の過去や未来、そこに住んでいる人々など、コミュニティの〝本質〟に目を向けず、〝上っ面〟しか見ていなかった。要は、体はフロリダに移ったが、心はデトロイトに置いたままだったのだ。

私はこれまで会社から意に沿わない転勤をせまられて困っている幹部社員やエンジニア、セールスパーソンを数多く見てきた。「シカゴ（あるいはサンフランシスコ、アトランタ、ニューヨーク、マイアミ）への転勤なんて考えられない」というセリフは、それこそ聞き飽きるくらい聞いてきた。

こういうとき、新天地への熱意を高めるには方法は1つしかない。その土地について深く知ろうとしてみる。できるかぎりの情報を集め、人と交わる。初日からコミュニティの一員であることを自覚し、そのつもりでものごとを考える。そうすれば、新しい環境に積極的に関われるはずだ。

現代では株に投資している人はかなりの数にのぼるが、それでもまったく関心のない人もたくさんいる。それは株式市場がどういうもので、どのように動いているか、そして日々、企業がどれほど熱いドラマを展開しているかを知らないからである。

人、場所、物――対象がなんであれ、興味を持ちたければそれについて掘り下げればいい。深く掘り下げれば、熱意が生まれる。ぜひこの法則を、気が進まなくてもやらなければならないことが出てきたときや、何かに飽きてきたと感じたときに適用してみよう。深く調べれば、同時に興味も湧いてくる。そういうものだ。

2. 何をするにも心をこめてやること

何をするにせよ、熱意があるかどうかはあなたのしぐさや言葉の端々に表れる。握手をするときは心をこめるように相手の手をしっかり握って、大きく振ろう。「お知り合いになれて光栄です」「またお会いできてうれしいです」という気持ちが伝わるようにするのだ。おっかなびっくり手を差し出してしぶしぶと握手をするくらいなら、やらないほうがマシだ。「この人は半分死んでいるような感じだな」と思われてしまう。ためしに成功者のなかでそんな握手をしている人がいるかどうか探してみてほしい。まず見つからないはずだ。

笑顔にも心をこめよう。目もちゃんと笑っている必要がある。わざとらしい貼り付けたような笑顔は誰からも好かれない。笑うときには歯が見えるまでしっかりと笑顔をつくろう。歯並びに自信がない人もいるかもしれないが、それはたいしたことではない。相手が見ているのはあなたの歯ではなく、笑顔の裏にある、心の温かい、熱意のある、好感の持てる人柄なのだ。

「ありがとう」と言うときも心をこめること。おざなりな言葉だけの「ありがとう」には意味がないし、なんの効果もない。深い感謝の気持ちが伝わるような、「ありがとう」を言おう。

話す言葉にも心をこめよう。スピーチの権威である、ジェームス・F・ベンダー博士は、名著『ハウ・トゥ・トーク・ウェル（How to Talk Well）』のなかで次のように言っている。

あなたは気持ちよく『おはようございます』が言えていますか？　『おめでとう』には心がこもっていますか？　『調子はどう？』は本当に興味を持っているように聞こえますか？　何かを言うときには、ちゃんと誠実な気持ちをこめるようしてみてください。すると、一気に相手の関心をひくことができるようになります。

自分の言葉に自信を持っている人は、周りの人をひきつける。だから相手がガーデンクラブ〔いわゆる園芸サークルだが、植樹などの手段による景観の美化・保全を訴える社会活動団体的な側面も持つ〕の仲間だろうと、見込み客だろうと、娘や息子だろうと、心をこめていきいきと話そう。熱意を持って話せば、その言葉は数カ月、あるいは数年にもわたって記憶に残るかもしれない。だが、熱意がなければ、1週間も経たないうちに忘れられてしまうだろう。

それに、心をこめて言葉を発することで、自然とあなた自身のなかにも活力が湧いてくる。ぜひすぐに試してみよう。力強く大きな声で、「今日は最高の気分だ！」と言ってみる。すると本当に気分が良くなっているのに気づくはずだ。いつもはつらつとして生きることを目指そう。

周りから「いきいきとしている」「本気だ」「やる気に満ちている」と思われる。そんな行動や発言を心がけよう。

3．良いニュースをまわりに伝える

誰かがやってきて「いいニュースがあるんだ」と言う。そして、その場にいる全員が注目する。きっとあなたにもそんな経験があるだろう。良いニュースはただ注目を集めるだけでなく、周りの人を喜ばせ、興奮させ、満ち足りた気分にさせてくれる。

世の中、どちらかと言えば良いことよりも悪いことを話す人のほうが多いかもしれないが、惑わされてはいけない。悪い知らせを流すことによって友人をつくったり、お金を稼いだり、何かを成し遂げた人などどこにもいないのだ。

家族には良いニュースを伝えよう。あなたがその日に経験した楽しかったことやうれしかったことを話せばいい。嫌なことについては触れなくていい。家族を心配させるだけだ。毎日、家には明るい話題を持ち帰ろう。

たとえば、天気について文句を言う子どもはまずいない。不満を垂れるのが癖になっている大人に影響されるまでは、子どもはいくら暑い日が続いてもへっちゃらなのだ。だからあなたも、実際の天気がどうあれ、天気についてつねに前向きな発言をするようにしよう。文句ばかりいっているとみじめな気分になってくるし、それがほかの人にも伝わってしまう。

普段から自分の機嫌の良さを周りの人に伝えて、〝ごきげんな人〟になることだ。「気分がいい」と口に出すだけで、実際に気分は良くなる。逆に、「気分が悪い。最低だ」と言えば、その通りになる。結局のところ気分というのは、ほとんど気の持ちようで決まる。そして、誰でもいきいきとした熱意のある人間と一緒にいたいと思っている。それを忘れないようにしよう。愚痴ばかりの生気のない人と過ごす時間は居心地の悪いものだ。

同僚たちにも良い知らせを伝えよう。ことあるごとに励まし、称賛の言葉を贈ろう。会社の事業の良いところに触れ、彼らの悩みを聞き、手を差し伸べよう。みなの気持ちをもり立てて、支持を得よう。肩をたたいて成果をねぎらおう。明るい未来を見せ、成功を信じていることを伝えて、不安を和らげてあげるのだ。

「いまあの人は私と話したことで、気分が良くなっただろうか？」と自問自答することで、自分が正しく振る舞っているかを確認できる。このやり方はとても効くので、部下や仲間、家族、顧客、知り合いなどと話したあとにぜひやってみてほしい。

セールスパーソンをしているある友人は、普段から本当に〝ごきげん〟であり、毎月顧客に電話して、何か良いことを知らせるのをルールにしている。

たとえば、「先週、あなたのお友だちとお会いしました。よろしく伝えてくださいと言われましたよ」とか、「先月にここにうかがったあと、すごい変化が起きました。世の中に35万人もの赤ちゃんが生まれたんですよ。これはお互いにビジネスのチャンスが増えますね」などなど。

また、銀行の頭取をしている別の友人もそうだ。一般に銀行の頭取といえば、口数が少なく無表情で、冷たい人という印象かもしれないが、彼は違う。電話がかかってくるとこんなふうに応じるのだ。「こんにちは。今日も最高の1日ですね。お金がご入り用ですか?」。これを聞いて、銀行員としていかがなものかと思う人もいるかもしれない。ただ、ここでは彼が、南東部最大手であるシチズンズ・アンド・サウザン銀行のミルズ・レイン・ジュニア頭取その人であることをつけ加えておこう。

つまり、明るく、気分が良くなるような話題を発信していけば、結果はついてくるわけだ。

先日訪問した、とあるブラシ製造会社の社長室の机の上には、次のような格言が額に入れて飾ってあった――「良いことだけを話しましょう。それ以外の話題はいりません」。額はこちら側に向いていたので、「これを見れば訪問者は前向きな気分になりそうですね」と私が言うと、社長は微笑んでこう答えた。

「そう。これはここを訪れた人へのいいアドバイスになるかもしれませんね。ただ、こうするほうがもっと大事なんですよ」。そう言うと、彼はその額の向きを変え、自分のほうに向けた。「良いことだけを話しましょう。それ以外の話題はいりません」――このメッセージは社長が自らに言いきかせるためのものでもあったのだ。

良い知らせを発信することは、ほかの人を笑顔にするだけでなく、自分の気持ちを活性化させ、盛り上げてくれる。

相手を大切にする態度を身につける

人は誰でも大切に扱われたいと思っている。住んでいる場所がインドだろうとインディアナポリスだろうと、教養があろうとなかろうと、文明のなかで生きていようとそうではなかろうと、若かろうと老いていようと、それは変わらない。

これはとても重要なことなので、その重みをよくかみしめてほしい。お隣さんも、上司も、妻も、そしてあなた自身も、人は例外なく、自分が一角《ひとかど》の人物でありたいという気持ちを持っている。「重要人物でありたい」というのは、生理的欲求を除いては、人類が持つ欲のなかでもっとも強く、切実なものだ。

凄腕の広告業者は、人は誰でも、その他大勢とは区別され、特別扱いされたいと思っていることを知っている。だからこそ、商品を売り出すときには次のようなコピーがよく使われる――「賢い若奥さまのために」「センスのある方だけの」「最高のものを求める人へ」「みなの憧れの的になるために」「同性にうらやまれ、異性にもてたいあなたへ」などなど。こうしたコピーはつまるところ「この商品を買えば特別な存在になれますよ」と言っているのである。

逆に言えば、周りの人の「重要人物でありたい」という欲求を満たしてあげることで、成功への道がひらける。これは結果を出すための基本だと言っていい。だが、「あなたは大切な存在ですよ」という態度を示すだけで、なんのコストもかけずに結果が出るのがわかっているにもかかわらず、これをちゃんと実行している人は極めてすくない（ここは大切なのでもう一度読んでほしい）。すこし脱線になるが、まずは哲学的な側面からその理由を説明しよう。

われわれの社会を支える信仰心や法律、あるいは文化そのものの根本には「個人を大切にする」という価値観がある。

たとえば、誰かが軽飛行機を操縦中、人里離れた山岳地帯にアクシデントで墜落してしまったとする。事故の一報が入りしだい、大規模な捜索がはじまるだろう。そこでは誰ひとりとして「行方不明になっているのは重要な人物なのか？」などという疑問は口にしない。被害者が人間であるというただ一点のみで、ヘリコプターや飛行機が出動し、捜索隊が山に登る。そして何万ドルかかろうとも、その人を発見するか、望みが完全に潰えるまで、捜索は続く。

小さな子どもが森に迷い込んだり井戸に落ちたりして危険な状況におちいったときには、その子がどこの家の子であろうが、全力で救出活動がおこなわれる。なぜなら、子どもはみな大事な存在だからだ。

地球上に存在するすべての生命のうち、人間の数はおそらく1000万の1くらいだろう。つまり、人は生物として非常にまれな種であり、神のつくりたもうた大切な存在なのだ。

＊　＊　＊

では次に、現実的な側面に目を向けよう。哲学的なところから現実的な状況に話を移すと、残念ながら個人を大切にするという概念を忘れてしまう人が多いようだ。街に出れば、他人に対して「お前は何者でもなく、なんの価値もなく、私にとってなんの意味もない」と言わんばかりの態度をとっている人を大勢見かけるはずだ。

なぜ彼らが相手を大切にしないのかと言えば、「あの人は私に何もしてくれない。だから重要ではない」と思っているからだ。

だが、これは大きな勘違いだ。人は誰でも、その地位や収入に関係なく、重要な存在だ。これについては2つ、確固たる理由がある。

まず1つ目は、**相手を大切に扱うと、あなたのためにより多くのことをしてくれるようになること**だ。数年前、私はデトロイトで、通勤のために毎朝バスに乗っていた。運転手は気難しい老人で、手を振りながら走ってきて、叫びながらギリギリで車内に駆け込もうとした乗客の目の前でドアをぴしゃりと閉め、バスを停留所から出発させるシーンを数え切れないほど目撃した。だが、数カ月間バスに乗っているうちに、私はこの運転手がある乗客だけを（それも何度も）特別扱いしていることに気づいた。この客のときだけは発車せずに待っていてあげるのだ。

なぜかと言えば、この人だけは運転手を大切に扱っていたからだ。毎朝、「おはようございます、運転手さん」と心をこめて挨拶し、ときには近くに座って「大変な仕事ですね」「こんなに交通量の多いところを毎日運転するなんて、気を使うでしょう」「時刻表通りに運転できるなんてすごいですね」などと声をかけたりしていた。要は、このバスの運転手を、ジャンボジェット機のパイロットのような気分にさせたわけだ。そのお返しとして、運転手もこの人を特別扱いした。

相手が何者でもない人であっても大切に扱うこと。これが肝要だ。

アメリカには数え切れないほどのオフィスがあるが、そこにいる事務員に対して、セールスパーソンがどのような態度で接するかによって、商品の売り上げは大きく変わる。誰かを大切に扱えば、向こうもこちらを気にかけてくれるし、何かをしてくれるようになる。

つまり、お客さんは物を買ってくれるようになり、部下は頑張って働いてくれるようになり、同僚は協力してくれるようになり、上司は手を差し伸べてくれるようになる。

また、すでに地位のある人を相手にするときも、いまよりももっと大切に扱おう。ものごとを大きく考えられる人は、つねに相手を最高の人間だとイメージすることで、付加価値を与える。そうして、相手から得られる最高の結果を引き出しているのだ。

＊　＊　＊

2つ目の理由は、**ほかの人を大切にすることで、自分自身も大切な存在になれる**ことだ。

以前私の職場に、「私は誰からもまったく相手にされていません」と顔に書いてあるかのようなエレベーターガールがいた。年齢はおそらく50代で、魅力的とは言いがたく、やる気もない。「重要な人物でありたい」という願望がまったく満たされていないのはあきらかだった。この国には、誰かが自分のことを見ていてくれたり、気にかけてくれてたりしているという気持ちをまったく持てないまま日常を過ごしている人がごまんといるが、彼女もその1人だった。

このエレベーターに乗るようになってからしばらくたったある朝、私は彼女が髪型を変えたのに気づいた。きれいに整えられていたわけではなく、たぶん自分で切ったのだろう。でも、見た目はさっぱりしていた。

そこで私はこう話しかけた。「Sさん（ここに注目。私は彼女の名前をちゃんと覚えておいた）。新しい髪型、いいですね。とてもすてきですよ」。顔を赤らめて「ありがとうございます」と言った彼女は、あやうくエレベーターを止めるのを忘れそうになった。この褒め言葉はそれほど〝効いた〟のだ。

そして翌朝。エレベーターに乗り込むと、驚いたことに「おはようございます。シュワルツ博士」と声をかけられた。彼女が誰かを名前で呼ぶのを聞いたのは初めてだったし、そのあと私がそのビルにオフィスを構えていた数カ月のあいだ、私以外の人を名前で呼ぶこともなかった。要は、ちゃんと名前で呼びかけて心から褒めたことで、私は彼女の自己評価を上げたのだ。そのお返しとして、向こうもこちらを大切な存在だと思ってくれた。

さて、ここまでの話をまとめると、まず、自分を卑下してはならない。心の底で自己を肯定していない人は、平凡な人間で終わってしまう。この点はいくら強調してもしたりない。**成功のためには、自己評価を上げる必要がある。そしてほかの人の自己評価を上げる手助けをすることで、自分の評価もあがる。**以下に具体的な方法を載せるので、ぜひやってみてほしい。

1．普段から感謝の気持ちを伝える

何かをしてくれた相手に感謝の気持ちを伝えるのを習慣にしよう。決して、やってもらって当たり前だという顔をしてはいけない。温かい心からの笑顔で感謝を伝えよう。そうすれば、相手はあなたが、自分の存在を認め、好意を持っていることに気づいてくれる。

頼りにしていることを相手に伝えよう。「君がいてくれて本当に助かる」という気持ちを心から伝えれば、相手は自分が必要とされていると感じてくれるし、そう感じれば感じるほど、ますます良い仕事をしてくれるものだ。

また、感謝するときには、その人に合わせた誠実な言葉で褒めてあげよう。人は誰しも――年齢には関係なく――褒め言葉に飢えている。自分がみなにとって良い働きをする大切な存在であることを認められたがっている。だから、大きな成果をあげたときだけ褒めればいいというものではない。外見や、普段の仕事のやり方、ちょっとしたアイディアや地道な努力など、細かいところもちゃんと褒めてあげよう。知り合いが何かを達成したら、お祝いの手紙を出そう。電話をしたり、直接会って称賛の言葉を贈るのもいい。

「最重要人物」「重要人物」「それ以外の人たち」のように心のなかで人をクラス分けするような無駄なことはしないように。感謝に例外はいらない。ゴミ収集人だろうと会社の副社長だろうとあなたにとって大切な人には変わりない。相手を二流扱いするような人は決して一流にはなれない。

2. 人を名前で呼ぶようにする

機に敏《さと》いメーカーは、ブリーフケースやペンなどをはじめとする多くの商品に、購入者の名前を入れるサービスによって、売り上げを伸ばしている。それほど人は自分の名前が好きだし、ほかの人から名前で呼ばれるだけで元気が出るものだ。

ただ、ここで注意すべきことが2つある。まず、読み方や書き方を間違えないこと。もし間違った読み方や書き方をしてしまえば、その人はあなたに軽んじられていると感じることになる。

また、目下の人と話すときもちゃんと〝さんづけ〟をすること。雑用係の青年だろうがアシスタントだろうが、ただ名前で呼びつけられるよりは「○○さん」と呼ばれたほうがうれしい。さんづけをするだけで、相手はあなたに大切に扱われていると思ってくれるようになる。

3. 手柄は独り占めせず、〝分配〟して〝投資〟する

つい最近、私がある企業の営業部門の年次大会にゲストとして出席したときのこと。ディナーをはさんだあとに、営業部門を統括する副社長が、その年の営業成績がもっとも良かった2つの支部の責任者（1人は男性、1人は女性だった）に賞を与えた。そして2人に、自分たちの支部がいかにして優れた成果をあげたかを15分間で発表するよう求めた。

まずは男性の支部長が立ちあがり、自分があげた成果について語りはじめた。「担当を引き継いでから自分はあんなこともこんなこともした」「めちゃくちゃな状態だったが、自分が収拾をつけた」「決して簡単ではなかったが、とにかくやりとげるまでは食らいついて離さなかった」などな

ど。あとから聞いたところによると、この人は3カ月前に支部長に任命されたばかりで、実際にはこの成果のごく一部にしか貢献していないそうだったが、その口ぶりは、支部の売り上げが伸びたのは自分のおかげだと言わんばかりだった。

彼がとうとうと語りを繰り広げるなか、部下のセールスパーソンたちの顔に苦々しい表情が浮かんでいくのを私は見逃さなかった。この支部長は自分の功績を誇るばかりで、彼らについて何も言わなかったのだ。売り上げを押し上げた彼らの努力は、完全に無視された形になった。

次に、女性の支部長が立ちあがってスピーチをはじめたが、その内容は前の男性支部長とはまったく違っていた。自分の支部の成功は、セールスパーソンたちの誠心誠意の努力の結果であると明言したあと、部下の名前を一人一人呼んで起立させ、それぞれの努力に心から感謝の言葉を贈ったのだ。

この差に注目してほしい。1人目の男性支部長は、副社長からの称賛を独り占めして、〝無駄づかい〟した。そのせいで部下たちを怒らせ、士気を下げた。2人目の女性支部長は、称賛を部下にも分け与えて、より効果的に使った。彼女は、称賛はお金と同じように部下たちに分配できることを――それによって、次の年にはもっと仕事に精を出してくれることを――知っていたのだ。

称賛には力があることを忘れないでほしい。上役から褒められたら、それを〝投資〟にまわそう。つまり、部下にも分け与えて、さらなるパフォーマンスアップを狙うのだ。手柄を独り占めしないことで、彼らはあなたが自分たちをちゃんと評価してくれていると感じるようになる。

ではここで1つ、普段から実践できる効果的なやり方を教えよう。「妻や家族を幸せにするために、今日は何ができるだろう」と、毎日自分に問いかけてみるのだ。

なんだそんなことか、と思われるかもしれないが、これには驚くほどの効果がある。ある日の午後、私は営業力養成研修の一環として、「営業成績をあげるための家庭環境づくり」というテーマで話をしたのだが、そのとき受講生のセールスパーソンたちに、「クリスマスや結婚記念日、誕生日以外で、最後に奥様にサプライズプレゼントをあげたのはいつですか?」と尋ねた(彼らは全員が既婚者であった)。

すると驚いたことに、1カ月以内と答えたのは35名のうち1人だけ。あとは3カ月から半年ほど前という人が多かったが、「思い出せないほど前」という答えもちらほら聞かれた。

なんということだろうか。しかもそんな状態にもかかわらず、妻が昔のように自分を王様のように扱ってくれなくなった、という不満をこぼす者までいる始末だ。

私はがぜん、心のこもったプレゼントがいかに効果的かを彼らに教えたくなった。そこで翌日、研修の終わりにあわせて会場に花屋さんに来てもらい、彼らに向かってこう言った。「良い家庭を築くうえで、思いがけない小さなサプライズがどれほど大切か、ぜひみなさんに知ってほしいんです。だから、今日は花屋さんに、きれいなバラを1本1ドルで人数分用意してもらいました。1ドルの持ち合わせがないという方や、うちの妻には1ドルはもったいないと思う方は(ここで笑いが起きた)、買わなくて結構です。その分は私が妻のために買いますから。買った方はぜひ、今日このバラを奥さんにプレゼントして、どうなったかを明日きかせてください。あ、もちろん、このバラを買うことになったいきさつは伏せたうえでね」

彼らは私の言いたいことをわかってくれた。

そして翌日。参加者たちは1人の例外もなく、このたった1ドルの投資で、妻を喜ばせることができたと証言した。

だからあなたも、普段から家族に特別なサプライズプレゼントを用意してあげよう。何も高価な物である必要はない。大切なのは気持ちだからだ。家族を第一に考えているということが伝われば、それでいい。

家族もあなたのチームの一員なのだ。そのつもりで計画的に気を配ろう。

忙しい現代、家族のために時間を割けていない人は多いようだ。だが、ちゃんと計画をたてておけば、時間はつくれる。とある会社の副社長がうまいやり方を教えてくれた。

私のポジションはやるべきことが多く、毎日かなりの量の仕事を家に持ち帰らざるをえません。でも、家庭が一番大事なので、ないがしろにするつもりはありません。そもそも家族のために頑張って働いているのですから。そこで、仕事と家庭の両立を可能にするようなスケジュールを組むことにしました。毎晩7時半から8時半までは幼い2人の子どものための時間にしています。一緒にゲームをしたり、本の読みきかせをしたり、絵を描いたり、クイズをしたりと、彼らのしたがることをなんでもやります。1時間しっかり遊んであげると子どもたちは満足しますし、私自身も完全にリフレッシュできます。8時半には、子どもは寝てしまうので、私はそこから2時間、仕事に集中できます。

10時半に仕事を終えたら、そこから1時間は妻と語り合って過ごします――子どもたちのことや、妻がやっているいろいろなことや、将来の計画について。何にも邪魔されない、1日の締めくくるのに最高の時間です。

日曜日も、私は家族のために使います。一日中一緒に過ごすんです。こうして予定をたてておくのは、家族だけではなく、自分のためにもなると感じています。このおかげで元気になれるんです。

お金を稼ぎたいのなら「まずはサービスを」の精神を

お金を稼いで裕福になりたいと思うのは人として当然であり、そうした〝欲〟は望ましいものだ。お金があれば、家族とともに良い生活を送ることができるし、不幸な人たちを助けることもできる。お金は人生を豊かにする手段なのだから。

『富と幸福の探し方』の著者であり、かつては人々に金儲けをすすめたとして批判を浴びたこともある、偉大なる牧師であるラッセル・H・コンウェルは次のように述べている。「聖書を刷るにも、教会を建てるにも、宣教師を派遣するにも、牧師に給料を払うにも、お金はかかる。お金がなければ、いま挙げたほとんどすべてがこの世からなくなってしまうだろう」

お金なんてなくてもいいという人は、たいていはアンビバレントな感情を抱き、物足りなさを感じている。良い成績がとれず、アメフトのチームにも入れないのに、そもそも興味のないふりをする学生のようなものだ。

もっとお金を稼ぎたいと思うのは決してやましいことではない。ただ不思議なのは、「お金第一主義」という間違ったやり方でお金を稼ごうとする人がとても多いことだ。こうした人はいたるところで見かけるが、結局はたいして稼げていない。なぜかと言えば理由は単純で、目先のお金にとらわれるあまり、財産を築くにはまず〝種〟を植えて〝お金のなる木〟を育てる必要があることを忘れているからである。

そしてその種とはサービスなのだ。「まずはサービスを」の精神がお金を生む。率先してサービスをしていけば、お金はあとからついてくる。

ある夏の日の午後、私がシンシナティで車を運転していたときのこと。気づくとガソリンが底をつきかけていたので、ガソリンスタンドに寄ったのだが、そこは見た目はごく普通なのに驚くほど繁盛していた。

理由はすぐにわかった。店員が給油をしたあと、ボンネットをあけて点検し、外からフロントガラスを拭いてくれたと思ったら、ドアのところまできて「すいません。お客さま。今日はほこりっぽい日ですね。よろしければ車内からガラスをお拭きしましょう」と言ったのだ。

そして手際よく内側からも丁寧にフロントガラスを拭いてくれた。ここまでしてくれる店員は100人に1人もいないだろう。

おかげで、そのあとの夜のドライブの視界は良好。そのガソリンスタンドのことはとても印象に残った。その後の３カ月間で私はシンシナティに８回出張したが、そのたびにそのスタンドに立ち寄り、期待以上のサービスをしてもらった。面白いのはいつ行っても（朝の４時のこともあった）繁盛していることだった。私はその後も通いつづけ、もう１００ガロン〔約３８０リットル〕はそこで給油しているはずだ。

初めて私がそのスタンドに寄ったとき、店員は「この人は州外から来た人だ。たぶんここに来るのはこれで最後だろう。一度きりの客に、わざわざいつものサービスをしてやる必要はない」と思っても不思議ではなかった。

だが、彼はそのかわりに「まずはサービスを」と考えた。だからこそ、ほかのスタンドにほとんど客が入らないなか、いつも大繁盛しているわけだ。もしガソリンの品質が他社をしのぐものであったとしても私は気づかなかっただろう。値段はどこも大差ない。

違うのはサービスであり、それが売り上げアップにつながっているのはあきらかだった。

初めて訪れた私の車の窓ガラスを内側まで拭いたとき、あの店員は、金のなる木の種をまいていたのである。

まずはサービスを優先する。そうすればお金はあとからついてくる。この法則に例外はない。

こうした心がけはあらゆる場面で有効だ。私がまだ駆け出しの頃に何度か一緒に仕事をしたＦという男の話をしよう。

彼はお金が欲しいという思いで頭がいっぱいになり、どう稼ぐかということには考えがいたらない、よくいるタイプの人間だった。毎週、Ｆは勤務時間中に個人的な金のやりくりをし、いつも

「俺はこの会社のなかでも、一番不当に給料が低い」と言っては、不満を垂れていた。

「ここは大企業で大きな利益をあげているし、多くの高給取りがいる。だから自分ももっともらってもいいはずだ」というこの態度は、別に珍しいものではないかもしれない。

だが、なかなか昇給できなかった彼は、ついにしびれを切らして、上司のもとに賃上げを直談判しに行った。だが30分もしないうちに、苦々しい表情を浮かべながら戻ってきた。1ドルたりとも給料が上がらなかったのはあきらかだった。

そしてすぐに、次のようにわめきちらしはじめた。


なんだよ！　俺が悪いってのか？　給料をあげてくれって頼んだら、あのおっさんなんて言ったと思う？　「なぜ君は自分が昇給に値すると思うのかね？」だってよ。だから俺はちゃんと言ってやったさ。

周りの人がどんどん昇給していくなか、俺はずっと後回しにされてきた。支払いのツケばかりがたまって、給料はぜんぜん増えないってな。それに頼まれた仕事は全部こなしてるだろって。

言い返しようがないだろ？　金が要るって言ってる俺を差し置いて、半分も必要としていないようなやつらばかりを先に昇給させてるんだぞ。

でも、あのおっさんときたら、まるで物乞いでも見るような態度で、「相応の働きをすれば、自然と給料はあがる」としか言わない。

そりゃ、金を払ってくれれば頑張って働くさ。でも給料が増えもしないのに、仕事だけ増やすバカはいないだろう。

これはお金にばかり目がくらんで、どうやれば稼げるかに考えがいたらない典型例だ。Fの失敗は最後の一言に集約されている。つまり彼は、まずは給料があがってから、成果を増やそうと考えた。だが、世の中はそのようにはできていない。給料が上がるのは、良いパフォーマンスを見せると約束したときではなく、実際に良いパフォーマンスを見せてからだからだ。まずは金のなる木の種を植えなければ、お金は収穫できない。そしてその種とはサービスのことなのだ。

先にサービスをすれば、お金はあとからついてくる。

たとえば、映画づくりを例にとってみよう。楽に儲けたいプロデューサーは、とにかく早く映画を完成させるために、面白さ《サービス》よりもお金を優先させていろいろと手抜きをする。安物のひどい脚本を買ってきて、二流のライターに脚色させ、俳優陣もセットも音響もとにかく安さ重視。映画ファンを、良いものと悪いものの区別もつかない、ただのカモだと思っている。

だが本人の思惑に反して、そんな方法で楽に儲かることはない。一流のチケット代で放映される二流の映画が流行ることなど、ありえないからだ。

一方、映画で大きな利益をあげるプロデューサーは、お金よりも面白さを優先する。ファンをだましてチケットを買わせるのではなく、期待以上のエンターテイメントを届けるためにあらゆる努力をする。結果として、映画は好評を博し、口コミが広がって、興行成績があがる。最後にはお金になるわけだ。

ここでも、「サービスが先、お金はあと」の法則は働いている。

最高のサービスをすることに心を砕いているウエイトレスは、チップをもらい損ねる心配をする必要はない。だが、「チップをくれそうもない客に、どうしておかわりを注いであげる必要があるのかしら」と、空のコーヒーカップを横目に何もしないウエイトレスに、チップは入ってこない。

取引先に出す手紙の見栄えを、上司が求めるよりもさらに良くしようとする秘書の給料は、何もしなくても上がっていく。だが、「ちょっとぐらい汚れていたからなんだっていうの？　週に300ドルしかもらっていないのにそんなこと気にしてられない」と考える秘書の給料は、ずっと300ドルのままだ。

同じく、誠心誠意サービスを提供するセールスパーソンは顧客を失うことはないだろう。

ではここで、「まずはサービスを」の心構えを身につけるための、シンプルだが強力なルールを紹介しよう。それは、〝**小さなことで構わないから、つねに相手の期待以上のものを提供する**〟ことだ。その積み重ねが〝お金の種〟となる。残業をかって出て、部署の窮地を救うのも、お客さんに特別なサービスをする（そしてリピーターになってもらう）のも、効率アップのための工夫をするのも、すべてお金の種だ。

当然だが、お金の種は最後にはお金を生む。サービスという種を植えて、お金を収穫するわけだ。

「どうすれば期待以上のものを提供できるだろうか？」という問いを念頭に置いて、毎日知恵を絞ろう。そして思いついたことを実行しよう。

くり返すが、まずはサービスを。そうすればお金はあとからついてくる。

本章のまとめ――成功につながる態度の身につけ方

1．熱意を持って、積極的に動く心構えを身につけよう。成果はかけた熱量に比例する。やる気を高める方法は以下の3つだ。

・ものごとを深く掘り下げる。何かに興味を持てないと思ったら、それについてもっと深く調べてみる。そうすれば興味が湧いてくる。

・何事にも心をこめる。笑顔にも、握手にも、話し方にも、歩き方にも。普段からいきいきと振る舞うこと。

・良いニュースを伝える。後ろ向きなことばかり言っている人に成功者はいない。

2．誰に対しても「私はあなたを大切にしていますよ」という態度を示そう。大切に扱われていると感じると、相手はあなたのためにより多くのことをしてくれるようになる。とくに「**ことあるごとに感謝の気持ちを示す**」「**相手の自己評価を上げてあげる**」「**人を名前で呼ぶ**」ことを忘れないように。

3．「まずはサービスを」の姿勢で臨めば、お金はあとからついてくる。何をするときも、相手の期待以上のものを与えることをルールにしよう。

9

人に対して正しい考え方をする

THINK RIGHT TOWARD PEOPLE

成功はほかの人の支えによって達成されるものであり、成功者といまのあなたの違いは、ほかの人から支持されているどうかだ。これは成功を勝ち取るための基本なので、ぜひ心に刻んでほしい。

たとえば、部長は自分の指示を実行してくれる部下たちに支えられている。もし部下たちが言うことを聞かなければ、社長は末端の社員ではなく、部長をくびにするだろう。セールスパーソンは、商品を買ってくれる客に支えられている。さもなければやっていけない。同じく、大学の学部長はカリキュラムを進めてくれる教授たちに、政治家は自分に投票してくれる有権者に、作家は読者に支えられている。大手チェーンの経営者がその地位を築けたのは、そのリーダーシップに従った従業員と、販売戦略を受け入れた客のおかげだ。

人類の歴史では、力によって権力を手に入れた人物が、その力による脅しでその座に居座るという時代があった。こうしたとき、ほかの人はこの権力者に協力するか、さもなければ文字通り〝首を切られる〟かのどちらかだった。

だが現代では、誰かの協力をとりつけたければ、自らすすんで力を貸してくれるようしむけるしかないことを忘れてはならない。

これを聞いたあなたは「なるほど。成功を手に入れるにはほかの人の協力が必要なのはわかった。でも、自分のリーダーシップを受け入れてもらい、支持をとりつけるには具体的にどうすればいいんだろう?」と思ったかもしれない。

その答えは、一言で言えば、「人に対して正しい考え方をする」ことだ。そうすれば、相手はあなたに好感を持ち、手を貸してくれるようになる。本章ではその方法を解説しよう。

たとえば、毎日いたるところで会社をはじめとしたさまざまな組織が、誰を昇進させ、採用し、入会させ、賞を与えるか、あるいは誰を新しい社長、幹部、営業部長にするかを決めるため、話し合いをしている。事前に選ばれた候補者の名前を前に、議長がみなに問う。「では、この人についてどう思うか?」

すると、いろいろな意見が飛びかう。「彼は人格者で、現場の人間からも評判がいいし、技術面でもばっちりだ」とか「人当たりがいいし、人間味がある。うちの組織になじんでくれるんじゃないかな」などのポジティブな意見もあれば、「この人についてはもうすこし慎重に見たほうがいい。あまり人付き合いがうまくないようだ」とか「学歴も技術もある。能力的にはまったく問題はないだろう。でも、周りに受け入れられるかが心配だ。どうやらあまり慕われていないようだから」など、ネガティブな意見も出る。

さて、いまの例で気づいた人もいるかもしれないが、ここには重要なヒントが隠れている。まずは、こういうときにはたいてい**周囲の人からの好感度がまっさきに話題にあがること**。さらにほとんどの場合、**好感度のほうが技術や知識よりもはるかに重視されること**だ。

大学の教員を採用するときですら、これは同じだ。私はこれまで、新任の教授の選考にかなりの回数立ち合ってきたが、候補者についてもっとも慎重に吟味されるのは「周りになじめるか？」「学生に好かれるか？」「ほかの職員と協力して仕事ができるか？」といった要素だった。

そんなの不公平だし、学術機関として間違っていると思う人もいるかもしれない。だがそれは違う。もしその人が好人物でなければ、学生の能力を引き出すこともできないのだから。

出世をする人は、上にいる誰かに〝引き上げられる〟のではなく、いまいる場所から周りの人に〝持ち上げられる〟のだということを、ぜひ覚えておいてほしい。いまの時代、わざわざ他人の腕をひっぱって出世の階段を上らせてやるような暇人はいない。出世する人間というのは、その場その場で際立った実績を出したうえで、好感の持てる魅力的な人物だと周りの人たちに評価されることで上へとあがっていく。友だちが1人増えるたびに、あなたは階段を上り、誰かに好かれるたびにその足取りは軽くなっていく。

また、**トップに登り詰めた者たちは、自分から人を好きになるよう意図的に努力している**。あなたはどうだろうか？　彼らは、その方法についてあまり多くを語らない。だが、偉大な人物は、人を好きになるための確固たる戦略を持っている場合が驚くほど多い。ときにはそれを文章の形で残していることもある。

たとえば、アメリカ元大統領のリンドン・ジョンソンがそうだ。ジョンソンは、大統領になるはるか以前に、そのたぐいまれなる交渉力を鍛える過程で、自ら、成功のための10のルールを定めた。その後の行動を見れば、彼がこのルールをいかなるときにも貫いていたことがよくわかる。では、まずはそのまま引用しよう。

1. 人の名前を覚えること。なかなか覚えられない場合、それはその人に積極的に関われていないことを意味する。
2. 一緒にいて気疲れのしない、つきあいやすい人間になること。足になじんだ靴のような存在であれ。
3. 何事にも動じない、おおらかな気持ちを持つこと。
4. うぬぼれないこと。知ったかぶりという印象を与えないようにせよ。
5. 付き合うことで何かを得られると思ってもらえる、面白い人間になること。
6. 自分の性格から〝キズ〟を取り除くよう努めること。たとえいまは自覚していないようなものでも。
7. 過去に与えた、あるいは現在も与えている誤解を解くよう誠実に努力すること。逆に、誰かに対して腹が立つことがあっても水に流すこと。
8. 心から人を好きになれるまで、良いところを探しつづけること。
9. 人が何かを達成したらお祝いの、悲しいことがあったらなぐさめの言葉をかけるのを、決して忘れないこと。

10．人を心から勇気づけること。そうすれば、彼らは本物の友情を示してくれるようになる。

この〝人を好きになる〟ための、シンプルだが強力な10のルールによって、ジョンソンは票を集め、議会の支持を得た――つまり、人から〝持ち上げて〟もらいやすくなったのである。

ルールをもう一度読んでみよう。「やられたらやりかえす」とか、「一時的な損得で人を利用する」とか、「知識をひけらかして、人を見下す」といった考えはどこにもないはずだ。

ビジネスだろうと芸術だろうと学問だろうと政治だろうと、どの分野でも、上に立つ人は温かくて人間味があり、人に好かれるプロだ。

だが、好意を〝買おう〟としてはいけない。人の心はお金では買えない。誰かに何かを贈るのは、真心がこもっていればすばらしい行為だが、それがなければただの賄賂だと受け取られかねない。

去年のクリスマスの数日前に、友人である中堅運送会社の社長の部屋におじゃましたときのこと。そろそろ帰ろうかと思っているところに、地域の中古タイヤ業者からのお酒の贈り物を届けに配達員がやってきた。だが、社長はあきらかに気分を害した様子で、冷ややかな声で荷物を送り主のところに戻すよう告げた。

配達員が部屋から出ていくと、彼はあわてて「誤解しないでほしいけど、贈り物はもらうのもあげるのも好きだよ」と言い、この年すでに、仕事関係の友人からいろいろなクリスマスプレゼントをもらったことを話した。

「でも、ぼくから仕事が欲しいから贈り物をするっていうのは、ただの賄賂だと思うからいやなんだ。いまの会社は仕事がいいかげんだし、社員も感じが悪いから、3カ月前に取引をやめた。でも営業担当者はまだ何度も電話してくるのさ。腹が立ったのは、先週そいつがここにきて、『どうしても取引を再開してもらいたいんです。今年のサンタクロースにはすばらしい贈り物をするよう伝えておきますから』と言ってのけたことだ。いまの酒を送り返さなかったら、あいつは次にここに来たとき『クリスマスの贈り物、お楽しみいただけましたよね?』と言うに決まってる」

友情は金では買えない。もしそんなことをしようとすれば、その金で友情ではなく軽蔑を買うことになる。

自らイニシアティブをとって人間関係づくりをしよう。リーダーになる人はつねにそうしている。「向こうから何かしてくるまで待てばいい」「声をかけてくるのをまとう」「まずあいつにしゃべらせよう」というのは簡単だが、横着だし、実質的に人を無視しているのと同じだ。

これは人と付き合ううえで正しいやり方ではない。友情の土台を築くことを相手任せにしているかぎり、たくさん友人をつくることはできないだろう。

実際、人の上に立つ人物は、イニシアティブをとって人と知り合おうとするものだ。これはとても大切なことなので、今度、おおぜい人が集まる機会があったらぜひ観察してみてほしい。**重要人物であればあるほど、自ら積極的に自己紹介をしている**はずだ。

あなたのところまで歩いてきて手を差し出し、「こんにちは、○○です」と挨拶するのは、つねに大物のほうなのだ。すこし考えてみればわかるが、その人はそうやってつねに友情を築く努力をしているからこそ、大物でいられるのである。

人に正しく接する。これは友人の言葉だが「ぼくはその人からすれば大切な存在ではないかもしれない。でもその人はぼくにとって大切な存在なんだ。だからこそその人のことを知る必要がある」

たとえば、エレベーターのなかではみな、無意識に固まったようになってしまう。その場に知り合いでもいないかぎり、隣に立っている人たちに話しかけることはまずない。そこで私はある日、ちょっとした〝実験〟をしてみようと決意した。

乗り合わせた相手に何か声をかけることにしたのだ。そしてこの実験を何十回か試してみたところ、一度の例外もなく、ポジティブでフレンドリーな反応が返ってきた。

知らない人に話しかけるというのは現代では珍しいことかもしれないが、それでもほとんどの人は喜んでくれるし、さらに大きなメリットがある。

それは好意的な言葉をかけることで雰囲気が良くなり、自分の気持ちも上向くことだ。ほかの人に何か良いことを言うことで自分の調子もあがっていく——まるで、寒い朝に自動車のエンジンを軽く動かして温めるように、心の調子を上げていくことができるわけだ。

こちらからイニシアティブをとることで友だちを増やす6つのコツを以下に挙げるので、ぜひ参考にしてほしい。

1．パーティーや会議のとき、飛行機のなかや職場にいるときなど、場所やタイミングを問わず、自己紹介は必ず自分からするようにする。
2. その際、自分の名前を相手にはっきりと伝える。
3. 相手の名前を聞いたら、本人が言ったのと同じように発音する。
4. 名前をしっかりと書きとめる。みな自分の名前の綴りには敏感なので間違えないように。そのとき、もし可能なら住所と電話番号も聞いておく。
5. その人ともっと仲良くなりたいと思ったら、お礼の手紙を出したり、電話をかけたりしてみよう。これはとても重要だ。多くの成功者が、このようにして新しい友人関係をつなげていく。
6. 知らない人にも積極的に話しかける。そうすることで心のエンジンが温まり、コミュニケーションの準備が整う。

この6つのコツを実践すれば、それがそのまま人に正しく接することにつながる。たしかに、これは一般的なやり方とは言えないかもしれない。普通の人は、率先して自己紹介したりはせず、相手から話しかけられるのを待つものだからだ。

それでもあなたはぜひ、イニシアティブをとって、成功者のように行動しよう。おどおどしないことだ。常識に縛られる必要はない。積極的に人に話しかけて、相手のことを知り、自分のことも知ってもらおう。

＊　＊　＊

最近、私は同僚とともに、ある会社の営業職の採用面接をした。応募してきたテッドという青年は、話してみるととても知的で、見た目も良く、やる気もばっちりで、かなり見込みがありそうだった。

だが同時に、とりあえず採用を見送らざるをえないほどの欠点があった。他人に対して厳しすぎるのである。テッドはほかの人が言葉の使い方を間違えたり、タバコの吸い殻を散らかしたり、服の着方がだらしなかったりするのを見ると、それだけでイライラしてしまうのだ。

本人はそのことに気づいていなかったようで、指摘するととても驚いていた。そして、どうしても実入りのいい仕事に就きたいという彼は、この欠点を克服するためにはどうしたらいいかとアドバイスを求めてきた。

そこで私たちは3つ提案をした。

1. 完璧な人間などいないのを理解すること。それに近い人はいるかもしれないが、どの点から見ても完璧というのはありえない。いろいろな間違いを犯してしまうことが、人間のもっとも人間らしいところなのだから。

2. 自分と相手は違って当然なのを前提にすること。習慣や服装、宗教、支持する政党、乗っている車などが自分とは違うという理由で、人を嫌ってはいけない。ほかの人のやることにつねに賛同しなさいというわけではないが、それを理由に相手に反感を抱くのは間違いだ。

3．〝世直し〟をしようとしないで、もうすこし肩の力を抜いて生きること。「あなたは間違えている」と言われて喜ぶ人はまずいない。自分の意見を言うのは自由だが、それを胸にしまっておいたほうがいいときもある。

そしてこのアドバイスを忠実に実行したテッドは、数カ月後にはまるで別人のようになった――ほかの人を黒か白かで評価するのではなく、ありのままに受け入れるようになったのだ。「以前なら腹立たしく思うようなことが、いまでは面白く感じられるようになりました。人間がみな同じように完璧だったら、世界はとても退屈なものになってしまうということにようやく気づいたんです」と彼は言った。

完全無欠の人はいないが、逆に良いところが1つもない人もいない。このシンプルだが重要な事実に、ぜひ目を向けよう。

思考が悪いほうに向かえば、人の嫌なところばかりが目につくだろう。逆に、正しい方向に向けられれば、同じ人を見ても、良い点や尊敬すべき点がたくさん見つかるはずだ。

人間の心は放送局のようなもので、そこにはポジティブな情報を発信するチャンネルPと、ネガティブな情報を発信するチャンネルNがあると考えればいい。

ではこの放送局はどのように機能するのか？　たとえば、その日あなたは、上司であるジェイコブス氏に呼びだされ、普段の仕事ぶりについて評価を受けたとする。そこでは褒め言葉もあったが、いくつか改善すべき点の指摘もあった。夜になり、あなたはこの出来事を思い返しつつ、いろいろと考えはじめる。

このときにオンになっているのがチャンネルN（ネガティブ）なら、パーソナリティはこう叫ぶだろう。

気をつけろ！　ジェイコブスはお前を狙ってる。あいつはたちが悪い。アドバイスなんてクソくらえだ。ジョーが言ってたことを覚えているだろう？　ジョーがやられたみたいに、お前もめちゃくちゃにされるぞ。言うことを聞いちゃダメだ。今度呼びだされたら反撃しろ。いや、わざわざそれを待つ必要もない。明日こっちから乗り込んでいって、昨日難癖をつけてきたのはどういうつもりだと問いただしてやれ……

逆にチャンネルP（ポジティブ）がついていれば、パーソナリティが話す内容は次のようになる。

やあ。ジェイコブスさんが根はいい人なのは君も知っているよね。アドバイスも理にかなったものだったと思うよ。その通りにすればきっといまよりもいい仕事ができるだろうし、給料もあがるかもしれない。あの人は職場の先輩として、君のためを思って声をかけてくれたのさ。明日になったら「ご指導ありがとうございました」と言いに行けばいい。ビルも言ってただろう、ジェイコブスさんは味方につけると頼もしいって……

ここでもし、チャンネルNの放送を聴いていたら、上司とのあいだでなにかしらの（場合によってはキャリアの命取りになるほどの）トラブルが起きるのはまず間違いない。だがチャンネルPを聴けば、上司のアドバイスを活かせるだけでなく、距離を縮めることもできる。お礼を言いに行けば、きっと喜んでくれるはずだ。

また、この2つのチャンネルのどちらかを聴いている時間が長くなればなるほど、心はそちらに傾いていき、スイッチを切り替えるのが難しくなることも覚えておこう。思考というものは、それがポジティブかネガティブかに関わらず、同種の思考の連鎖を呼ぶからだ。

たとえば、最初はある人の言葉のなまりが気になっただけなのに、気づいたら、政治的立場や宗教、乗っている車、プライベートでの習慣や奥さんとの関係、髪型にいたる、その人のすべてが気に入らなくなっていることがある。こんな考え方をしていて、いい結果になるはずがない。

心の放送局のオーナーはあなたなのだから、主導権を取り戻そう。誰かについて考えるときは、チャンネルPを聴く習慣をつけることだ。

もしチャンネルNが割り込んできたら、ただちにストップをかけ、スイッチを切り替えよう。それには、その人の良いところを1つ思い浮かべるだけでいい。そうすれば、思考の連鎖が起こり、良いところがどんどん見えてきて、気分も良くなっていく。

ただ、ひとりでいるときは、どちらのチャンネルを聴くかは完全にあなたしだいだが、誰かと話しているときは、会話する相手の影響を受けることになる。

そしてたいてい場合、相手は、その場にいない人について話すときにどのような考え方をすべきかをわきまえていない。そのため、たとえば同僚が職場の誰かの欠点を指摘したり、お隣さんが近所の人の家庭についてあれこれ噂話をしたり、顧客が（あなたが次に訪問する予定の）競合他社の悪口を言ったりと、共通の知人の陰口を聞かされることはしょっちゅうある。

考えは伝染する。誰かの陰口ばかり聞いていると、本当にその人が悪いように思えてきてしまう危険性がある。それに気をつけていないと「そうだね。それにそれだけじゃないんだ、こんな話を聞いたことがあるかい……」と、自ら火に油をそそぐようなことを言ってしまいかねない。

こうした物言いは、ブーメランになっていずれ自分に戻ってくるので、注意しよう。

話している相手にチャンネルをPからNにかえられるのを防ぐには、「そういえばほかに聞きたいことがあったんだった、じつはさ……」と言ってさりげなく――しかしできるかぎり早く――話題を切り替えるか、「ごめん、じつは待ち合わせがあってさ。ちょっと失礼するよ」と言って話を切り上げてしまうのがいい。

とにかく、誰かに対する偏見を植え付けられるのは断固拒否しよう。チャンネルをPにあわせつづけるのだ。

人の悪口を言わず、良い面だけを見るという技術を身につければ、それだけで成功は保証される。そうしたものの見方がどれほどのメリットをもたらすかの実例として、私の友人で、並外れた成功を収めた保険の営業マンが語ってくれた話を引用しよう。

ぼくが保険の仕事をはじめたとき、正直に言って状況はかなり厳しかった。見込み客の数だけ競合他社がいる感じだったし、業界では常識なんだけど、声かける人の9割はこれ以上保険なんて必要ないと思い込んでいるんだ。

それでもいまはうまくやれてる。ただ、それは保険について詳しくなったからじゃない。もちろん、知識は重要さ。でも、保険の条件や契約についてぼくより詳しい人はたくさんいるし、保険の本を出している営業マンも知ってるよ。そんな人でも余命があと5日だというお客さんに保険を売ることはできない。

そんななかでぼくが成功できた理由は、たった1つ。保険を売ろうとしている相手のことが好きだからさ。心からね。同業者のなかには好きなふりをするやつもいるけど、それは意味がない。犬だってだませやしないよ。しぐさや目つきや表情から、すぐに嘘がばれてしまう。

見込み客については、もちろんみんなと同じように、年齢、職業、年収、子どもの数とかは調べるよ。でもぼくは、そこからさらに、ほかの営業マンはまずやらないようなところまで踏み込んで、その人を好きになれるような理由を探すんだ。それはその人が仕事であげた成果かもしれないし、これまでどんな人生を過ごしてきたかということかもしれない。とにかく、見つかるまで調べる。

そして、そのお客さんのことを考えるたびに、その好きになれる理由を思い出して、保険についての説明をはじめる前に自分のなかで相手の良いイメージをつくっておく。

このちょっとしたテクニックが効くんだ。こちらの好意が伝われば、遅かれ早かれ向こうもこちらを好きになってくれる。そうなれば、テーブルをはさんで向かい合うんじゃなくて、隣に座って一緒に保険のプランを考えるようになる。ただの営業マンから友だちどうしに関係が変わって、ぼくの判断を信頼してくれるようになるんだ。

もちろん、誰とでもすぐにそうなれるわけじゃない。でもこちらが相手を好いているかぎり、いずれ距離は縮まって、本題に入ることができる。

つい先週も、気難しい見込み客のところに三度目の訪問をした。ドアを開けた彼は、ぼくが挨拶もしないうちに、息つく間もなく辛辣な言葉を浴びせてきた。最後には「二度と来るな」と言われたよ。

でもそのあとぼくは、彼の目を5秒くらいじっと見つめて、真心をこめて優しい声でこう言ったんだ。「では○○さん、今夜、友人として電話させていただきますね」と。

そして昨日、その人は100万ドルの養老保険に入ってくれた。

＊　＊　＊

ソル・ポークは〝シカゴの家電王〟として知られる実業家だ。その身ひとつで事業を興し、いまでは、大都市シカゴで年に数千万ドルもの電化製品を売り上げている。

本人いわく、成功の秘訣は買い物客への対応にあるという。「お客さんを家に来てくれたゲストのようにもてなせばいい」とポーク氏は言う。

これこそまさに「人に対して正しい考え方をする」ということであり、仕事をするうえで誰もが参考にできる、もっともシンプルな成功法則と言えるのではないだろうか。

このやり方は接客業以外にも使える。「お客さん」という言葉を「社員」に置き換えれば、「社員を家に来てくれたゲストのようにもてなせばいい」となる。社員に最高の待遇を与えれば、最高の力を発揮して、最高の結果を出してくれる。最高の扱いをすることで、最高の成果を返してくれるわけだ。

経営コンサルティング会社を経営している親友が、本書の草稿に目を通してくれたのだが、この部分を読んだとき、次のような話をしてくれた。

相手を好きになって尊敬できれば、いい結果が出るのは間違いないだろうね。じつは、その反面教師になるような体験を知り合いから聞いたことがあるんだ。

彼はある飲料メーカーとコンサルティング契約を結んだ。そのメーカーは規模は小さめだったけど、かなり大きな額の契約だった。クライアントである社長は、正規の教育はほとんど受けておらず、経営状態は思わしくなくて、とくにここ数年はコスト的に相当手痛い失敗をくり返している状態だったそうだ。

契約から3日後、彼は同僚とともにオフィスから車で45分くらいのところにある、その会社の工場に視察に向かった。その道中、ふとしたはずみに、2人はクライアントのネガティブな面について話しはじめた。

そして気づくと、こんな状況を招いたのはクライアントの自業自得だというところから、問題の解決策を考えることなんてそっちのけで、最後はその会社の社長の悪口大会になってしまった。

「あの社長はまるで脂肪の塊だよな」という彼の〝気のきいた〟セリフに、同僚は大笑いして「それに、あの息子はたぶん30代もなかばだろうけど、唯一の取り柄は、なんとか言葉を話せることくらいだよね」と同調した。

その後も2人は車のなかで、社長親子のことをバカにしつづけた。

そのあと彼らは午後からクライアントと話し合いをしたんだけど、まったく実のあるものにはならなかったそうだ。きっと、社長は彼らの気持ちを察していたんだろう。「こいつらは、俺のことをバカにしているくせに、口先だけうまいことを言って金をひっぱろうとしているに違いない」って。

2日後、クライアントから短い手紙が届いた。そこには「貴社とのコンサルティング契約は解除することにしました。ここまでのサービスに料金がかかるのであれば、請求してください」とだけあった。

つまり、たかだか40分くらいネガティブな考えを心に刷り込んだせいで、彼らは契約をおじゃんにしてしまった。さらにその一月後、その会社が、郊外にあるほかのコンサルと契約を結んでいるのを知ったそうだ。

人は誰でもいいところをたくさん持っている。その社長も当然そうだったはずだ。そこに目を向けていればこんなことにはならなかったのに。

では、楽しみながら成功の法則を学ぶことができる方法を紹介しよう。これから2日間、できるかぎり多くの会話を聞きながら、そのなかで「誰が一番話しているか」「誰が一番の成功者か」という2つのポイントに注意を向けてみよう。

ちなみに私は、この方法を過去に何百回と試してきたが、**「一番話している人」**と**「一番の成功者」が一致することはまずない**。ほぼ例外なく、成功者であればあるほど、相手に、何かについての意見や、その人がこれまでにあげた成果、家族や仕事、抱えている問題について話すよう促し、聞き役にまわっていた。

じつはこれには、成功につながる2つのメリットがある。

1. 友だちができやすくなる
2. 人について多くの学びを得られる

〝普通の人〟はなによりも自分のことを話したがる。だからその機会を与えてあげればあなたに好感を持つ。聞き役にまわることは、その人と友だちになるための、シンプルかつ簡単で一番確実な方法であることを、ぜひ覚えておこう。

また、2つ目のメリットである「人について多くの学びを得られる」というのも重要だ。第1章でも言ったように、成功の法則を身につけるには、〝人を知る〟必要がある。ほかの人の思考プロセスや、長所や短所、行動原理などを知れば知るほど、こちらが望むような形で影響を与えることができるようになる。

いくつか例を挙げよう。

まずはニューヨークにある、とある大手広告代理店の話。会社のおもな業務は同業他社と同じく、クライアントの商品を買うべき理由を大衆にアピールすることだ。だが、ここでは1つ、ほかとは違うことをしていた。コピーライターが毎年1週間クライアントの店のカウンターに立って、自分が宣伝する商品について生の声を聞くのである。これにより、良いコピーを書くためのヒントを得ることができる。

また、先進的な企業のなかには、退職する社員と最後に面談をする「ターミナル・インタビュー」というやり方を取り入れているところもある。これはその人を会社に残るよう説得するためではなく、辞める理由を把握し、現役の社員たちとの関係向上に活かすためだ。こうした意見は聞いておく価値がある。

営業でも同じだ。優秀なセールスパーソンというと「話がうまい」とか「口がまわる」と思われがちだが、営業部門のマネージャーは、それよりも〝聞き上手〟な――つまり、適切な質問をして聞きたいことを聞き出せる――セールスパーソンのほうを評価する。

会話は独演会ではない。相手の言葉に耳を傾けることで交友関係を広げ、人について多くを知ろう。

それに人と正しく接することは、あなたにとってなによりの精神安定剤となる。相手にちょっとした心づかいをすることで、自分もすごくいい気分になれるし、イライラやストレスも解消される。つまるところ、ストレスの多くは他人に対するネガティブな感情が元になっているからだ。ほかの人を肯定的にとらえれば、世界が輝いて見えてくる。

また、ものごとが思うようにいかないときこそ、他人に対して本当に正しい考え方ができているかどうかが試される。出世競争で先を越されてしまった。所属している社会奉仕団体でなりたかった役職をとられてしまった。自分のやった仕事を批判された。このように**苦しい状況に置かれたときにどう振る舞うかで、次の機会に勝ちをつかめるかどうかが決まる**ことを、ぜひ覚えておこう。

苦境におちいっても、人をうらまず、正しい考え方をする。そのためにはどうすべきかを、恵まれない環境で生まれ育ちながらアメリカ屈指の製鉄会社の社長にまで登り詰めた、20世紀でももっとも偉大な人物の1人と言っていいベンジャミン・フェアレスが、次のように語っている（1956年10月15日発行の『ライフ』誌より引用）。

それはひとえに、ものごとをどうとらえるかにかかっている。たとえば、私はいままで学校の先生を嫌いになったことがない。もちろん、ほかの生徒と同じようにひどく叱られたことはあるが、それはいつも自分のせいだと思っていた。会社の上司についても同じで、みないい人だった。だから、つねに期待以上の成果をあげて喜ばせようとしたし、がっかりさせるようなことはしなかった。

出世するのは自分だと思っていたのに、ほかの人に先を越されてがっかりしたこともあったが、それでも〝社内政治〟のせいだとか、上司がえこひいきをしたからだとか思ったことはない。そういうときは、すねたり、腹を立てて「もうやめだ」と思うかわりに、なぜそうなったのかを筋道を立てて考えるんだ。確かに、あの人のほうが成果をあげていたし、出世にふさわしかった。じゃあ、次のチャンスをものにするために何ができるのか、と。私は、負けたことに関して怒りを感じたり、自分を責めて時間を無駄にするようなことは一切しなかった。

あなたも、うまくいかないときはベンジャミン・フェアレスのことを思い出そう。やるべきことは2つだけだ。

1. 「次のチャンスをものにするために何ができるのか」と自分に問いかけること。
2. 落ち込んで、時間やエネルギーを無駄にしないこと。自分を責めてもしかたない。次に勝つための計画を練ろう。

本章のまとめ——人とうまくつきあうための法則

1. 気軽で付き合いやすい、人に好かれる人間になろう。そうしてほかの人の支持を得ることが、成功への近道となる。
2. 自らイニシアティブをとって関係づくりをすること。つねにこちらから自己紹介をしよう。自分の名前をはっきり伝え、相手の名前をしっかりと聞こう。もっと仲良くなりたいと思った人には、お礼の手紙を出そう。

3. 人それぞれの個性や違いを認め、欠点を許そう。相手に完璧を期待してはいけない。人は誰でも自分の思う通りに振る舞う権利を持っている。〝世直し〟をしようとしないこと。

4. 〝心の放送局〟のスイッチをポジティブな意見を発信するチャンネルPにあわせよう。人のあら探しをするのではなく、好きなところや尊敬できるところを見つけるようにする。また、誰かの意見に惑わされて、人を色眼鏡で見ないこと。人を肯定的にとらえれば、良い結果がついてくる。

5. 会話のときは、なるべく聞き役にまわること。それが成功者のやり方だ。相手の話を促して、意見や見解、あるいはその人の達成したことについて語ってもらおう。

6. つねに親切でいること。そうすれば、周りの人は喜ぶし、あなたもごきげんでいられる。

7. うまくいかないときも人のせいにしないこと。負けたときにどう考えるかによって、次にいつ勝ちをつかめるかが決まる。それを忘れないように。

10

行動する習慣を身につける

GET THE ACTION HABIT

どの分野のリーダーも口をそろえて「大切なポジションを任せられる、優秀な一流の人材が不足している」と言う。つまり、〝上のほうの席にはつねに空きがある〟のだ。ある経営者いわく、「〝おしい人〟はたくさんいる。だが、たいていは成功のために必要なある資質が欠けている。それは、〝ものごとをやり抜いて結果を出す力〟だ」という。

経営でも、営業でも、学問でも、軍事でも、政治でも、大きな仕事を成し遂げるには、行動力のある人間が必要だ。そして、そうしたキーパーソンを探している組織の上層部は、「この仕事をちゃんと実行に移してくれるだろうか？」「最後までやりとげてくれるだろうか？」「自発的に行動を起こすタイプか？」「口だけではなく実際に結果が出せるか？」という点を見て、人を判断する。

つまり、「行動力の有無」がリーダーになれるかどうかの決め手になるわけだ。

優れた発想力だけでは不十分だ。いくらアイディアがすばらしくても、実行に移されないまま終わってしまうくらいなら、そこそこのアイディアが実現するほうがはるかにいい。

見事な立身出世を果たしたことで知られる、百貨店の経営者ジョン・ワナメーカーはことあるごとに「考えているだけでは何も生まれない」と言っていたそうだ。

考えてみれば、人工衛星から超高層ビル、そしてベビーフードにいたるまで、この世の中に存在するありとあらゆるものは、誰かが思いつきを行動に移した結果である。

成功者と平凡な人をよく観察してみると、大きな違いがあるのに気づく。前者は積極的で、後者は消極的ということだ。

ここから1つの成功の法則が導き出せる。積極的な人は自ら行動を起こす。アイディアや計画を実行に移し、やりとげる。逆に消極的な人は自分からは動かない。〝やるべきでない〟あるいは〝できない〟理由を探しつづけるか、先延ばしを続けて手遅れにしてしまう。

両者の違いはいたるところに表れる。積極派はバカンスの計画をたてて、その通りに過ごす。消極派も計画はたてるものの、「やっぱり来年にしよう」と言って先送りする。積極派は教会に定期的に通おうと決め、習慣にする。消極派も教会に定期的に行くのはいいことだと思ってはいるが、先延ばしにする理由を思いついてしまい、習慣として定着しない。積極派は友だちが何か成果をあげたときにはお祝いの手紙を出すべきだと思い、実際にそうする。同じ状況でも消極派は適当な理由をつけて手紙を書かない。

こうした違いは大きな出来事にも表れる。積極派は起業したいと思えば、本当に実行する。消極派は同じ気持ちになっても、ギリギリになってやめたほうがいい理由を見つけてしまう。積極派は

40歳になっても、新しい仕事にチャレンジする。消極派はやりたいと思っても、結局は自分にストップをかける。

ありとあらゆる行動において、積極派と消極派は異なっている。前者は、やりたいことをやり、その副産物として自信と心の安定、そしてより多くの収入を得る。一方、後者は行動を起こさないために、やりたいことはできず、そのせいで自信と自尊心を失い、平凡な人生を送ることになる。

積極派はやる。消極派はやろうと思うだけでやらない。

どちらになりたいかと問われて、積極派を選ばない人はいない。ならば、行動する習慣を身につけるべきなのは当たり前だ。

にもかかわらず、多くの人が図らずも消極派になってしまうのは、100%完璧な状況が整ってから行動しようと考えるからだ。たしかに完璧ならそれに越したことはないが、およそ人間が関わることに完璧はありえない。だから、それを待っていては、いつまでたっても動き出せないことになる。

では以下に、3人の人物が、それぞれの〝状況〟を前にどう行動したかという実例を示そう。

ケースその1　G・Nさんが結婚できない理由

現在30代後半でシカゴで一人暮らしをしているG・Nさんは、高学歴で職業は会計士。結婚願望が強く、恋愛、生涯の伴侶、家、子ども、キャリアとの両立のすべてを手に入れたいと思っている。

これまでにも何度も結婚が決まりかけたことはあり、あるときはあと1日で結婚というところまでいった。だが、いつも籍を入れる直前になると、相手の女性の欠点を見つけてしまうのだった（「やれやれ。あやうく間違った決断をしてしまうところだった」と言いながら）。

典型的な例を挙げよう。2年前、G・Nさんは、魅力的で感じが良く、知的な、理想の女性についに出会えたと思った。だが、彼女が絶対に正しい相手だという確信が欲しいと思っていたところ、結婚に向けての話し合いをしていたときに、この未来の花嫁候補といくつか意見のあわない点があることに気づいた。

そこで自分が本当に正しい女性を選んでいるのかを確かめるため、彼は結婚前に彼女に同意してもらいたい条件を4ページにわたる文書にまとめた。それはきちんとタイプされた契約書顔負けの代物で、生活について思いつくかぎりのことが列挙されていた。たとえば「宗教について」という項目には、どの教会にどれくらいの頻度で通い、いくら寄付するか。そして「子どもについて」のところには、子どもを何人、どのタイミングで産むかが決められていた。

その書類にはほかにも、夫婦としてどのような友人と付き合うか、妻となるべき女性にふさわしい職業、どこに住み、お金をどのように使うかにいたるまで事細かに記載されており、最後には、半ページを割いて、妻としてやめるべき習慣と身につけるべき習慣――喫煙、飲酒、化粧、娯楽などについて書かれていた。

さて、この〝契約書〟を見た彼の花嫁候補の反応は、大方の予想通りだったと言えるだろう。彼女は「常識的に言って、婚前の誓いというのは『病めるときも健やかなるときも支えあう』で十分なはずですし、私自身もそう思います。この結婚はなかったことにしましょう」という手紙とともに、この書類を送り返したのだ。

G・Nさんはこの顛末を私に語ったあと、「この書類のどこに問題があったんでしょうか？　結婚というのは大切なことですし、なるべく慎重になるに越したことはないと思うのですが」と当惑した感じでつぶやいた。

だが、彼は間違っている。結婚に限らず、どのような計画をたてるにあたっても、慎重になりすぎたり、基準を高く設定しすぎて失敗するということは十分にありうる。彼は結婚だけでなく、仕事、お金の使い方、友人関係をはじめとする、ありとあらゆることにおいて同じようなアプローチをしていた。

ある人が成功者になれるかどうかは、事前に問題が起こりうる可能性をすべて排除できるかではなく、問題が起きたときにどう対処して乗り越えるかにかかっている。完璧主義を捨てて、〝知的な妥協〟をしなければならない。さもなければいつまでたっても行動を起こせなくなる。「そのときはそのとき」という言葉はいまでも十分に通用する処世術なのだ。

ケースその2　新しい家に引っ越したJ・Mさん

行動に移すにせよ、やめるにせよ、大きな決断にはつねに葛藤がつきものだ。ここでは、行動することを選んで大きな見返りを手に入れた、ある若者の話をしよう。

20代のJ・Mさんは妻と子どもがひとりいて収入はさほど多くなく、住まいは小さなアパートという、若い人にありがちな境遇にいた。

彼も奥さんも、新築の一戸建てが欲しいと思っていた。いまよりも立地のいい、広い家に住みたかったし、子どもの遊び場も確保したかった。それに持ち家は財産にもなる。

だが頭金がネックとなり、手が出ない。そんなある日、翌月の家賃の支払いに充てる小切手を書いていた彼は、その額で十分に家のローンが払えることに気づき、もう我慢ができなくなった。すぐに妻を呼び「来週、新しい家を買おう」と言った。「いきなりどうしたの。冗談でしょ。頭金が払えないから無理だって、あなたも知ってるじゃない」

だが彼はもう覚悟を決めていた。「世の中、〝いつか〟家が欲しいと思っている夫婦はたくさんいるけど、なんだかんだで、購入に踏み切るのは半分もいない。でも、ぼくたちは買おう。どうやれば頭金が用立てられるか、いまはわからないけど、なんとかするさ」

そして翌週、本当に気に入った家が見つかった。地味だがいい家で、頭金は6000ドル。問題はそれをどう捻出するかだ。普通の方法では借りられないのはわかっていた。そうすると与信情報に傷がつき、ローンが組めなくなってしまう。

だがその気になれば方法は必ず見つかるものだ。ふと、彼はひらめいた。施工業者に6000ドルを貸してもらうことはできないだろうか。かけ合ってみると、当初、施工業者の反応は冷ややかだったが、彼は粘り強く交渉を続け、最後には首を縦に振らせることに成功した。施工業者は頭金の6000ドルを用立て、月に500ドル+利子を分割払いで返していく契約を結ぶことを約束してくれたのだ。

あとは、月に500ドルを用意するだけだ。家計のやりくりをすれば125ドルは浮かすことができそうだ。だが、まだ375ドル足りない。

そこで、もうひとつアイディアがひらめいた。翌朝、職場の社長にいまの状況を打ち明けると、社長は家を買おうとしていることを喜んでくれた。

そこで彼はこう言った。「そこで相談なんですが、施工業者と契約を結ぶには、どうしても毎月あと375ドル必要なんです。もちろん、昇給があるのは、私がそれにふさわしい働きをしていると認められたときだというのは承知してます。ただ、もっとお金を稼ぐチャンスが欲しいんです。我が社には週末に片付けてしまったほうがいい仕事もあると思います。それをやらせてもらえませんか？」

彼の誠実さと向上心に感心した社長は、週末に追加で10時間働けるように取り計らってくれた。おかげで夫妻は新しい家に引っ越すことができたのである。

ではこのケースのポイントをまとめよう。
1. 覚悟を決めたことで、やる気に火がつき、目標を果たすための手段を自然と考えるようになった。
2. 彼はこの一件で新たな自信を身につけた。今後、大きな決断を迫られたときにも、きっと行動を起こすことができるだろう。
3. この決断のおかげで、彼は妻と子どもにより良い生活環境を与えることができた。完璧な条件が整うまで新居の購入を先延ばしにしていたら、いつまでたっても自分の家を手に入れることはできなかったかもしれない。

ケースその3　起業したかったC・Dさんだが……

これは、何か大きなことを思いついても、条件が整うまで行動を先延ばしにしたらどうなるかを示す例である。

第二次世界大戦が終わったあとほどなくして、C・Dさんは税関に就職した。仕事は好きだったが、働き出してから5年が経つ頃には、職場の風通しの悪さや、拘束時間の長さ、賃金の低さ、年功序列で昇進のチャンスが限られていることなどに不満を感じはじめる。

そこで1つのアイディアを思いつく――「仕事を通じて、輸入業者として成功するための知識は十分に仕入れた。だったら、起業して低価格のギフト用品やおもちゃの輸入をはじめたらどうだろうか。自分よりも業界に精通していなくても、成功している人はたくさんいるのだから」

だが、そう思って10年。彼はいまも税関で働いている。

なぜかと言えば、独立しようとするたびに、なにかしらの事情が持ち上がったからだ。資金が足りない、不況になった、子どもが生まれた、ほかのことにお金が入り用になった、貿易制限がかかった、などなど――そのすべてが様子見や計画延期の理由となった。

だがじつのところ、彼はいつのまにか消極的になり、行動に際して完璧な条件を求めるようになっていたのだ。だが、実際には完璧などありえないので、結局は動くことができなかった。

では、こうした大きな過ちを避けるために、やるべきことを2つ紹介しよう。

1．将来、困難や障害が起こることを覚悟しておく

何をするにもリスクや問題や不確実さはつきものだ。たとえば、シカゴからロサンゼルスまで車で行きたいと思っても、回り道はしなくないし、車のトラブルはいやだし、悪天候は避けたいし、飲酒運転の車も怖いなどと、どんな危険も絶対にありえない状況にこだわったら、きっといつまでたっても出発できないだろう。たしかにロサンゼルスまでのルートを地図で調べておいたり、車の整備をしたりして可能なかぎり危険を取り除いておくのはいいことだ。だが、リスクをゼロにすることはできない。

2．問題や障害には、それが発生したときに対処する

成功者になれるかどうかは、事前にすべての危険性を排除する能力ではなく、困難な状況におちいったときに解決策を見つけだす能力にかかっている。ビジネスでも結婚でも、あるいはほかのどのような活動でも、「そのときはそのとき」という気持ちで一歩を踏み出そう。

人生では、すべての危険に備えて保険をかけることはできない。

覚悟を決めて、自分のアイディアを実現するための行動を起こそう。5、6年前に、とあるとても優秀な教授が、「数十年前に広く注目を集めた、毀誉褒貶の激しい人物の伝記を書くつもりだ」と私に話してくれた。興味をひかれる、魅力的なテーマだった。しかも教授は自分が世の中に何を発信したいのかよくわかっていたし、それを伝える技術もエネルギーもある。その本が完成すれば、自己満足だけでなく、名声もお金も得られることは間違いなかった。

そして昨年の春。教授と顔を合わせたときに何気なく、あの本はどうなりましたかと尋ねた（この質問で私は期せずして彼の古傷に触れてしまうことになった）。

教授は本を書いていなかったのだ。どう理由を説明すべきか迷ったのか、すこし間があったあと、「忙しすぎるし、果たすべき責任が多すぎて手が回らなかった」という答えが返ってきた。

ただ、じつのところ、彼は自分のアイディアを〝心の墓場〟の奥深くに埋めてしまったのだろう。湧いてくるネガティブな思考に身を任せて、本を書くのにかかるであろう膨大な労力と対価を思い浮かべ、このプロジェクトが失敗する理由にばかり目を向けてしまった。

アイディアは大切だ。それは間違いない。アイディアがなければ、何もつくれないし、改善もできない。アイディアを思いつけない人間に成功は望めない。

だが、アイディアだけでは不十分だ。ビジネスチャンスをものにしたり、業務を効率化したりするための妙案も、それを行動に移さなければ価値は生まれない。

毎日、多くの人が行動に移すのを恐れて、アイディアを無駄にしている。

そしてあとになって、〝アイディアの亡霊〟にとりつかれている。

そうならないために、ぜひ次の2つのことを胸に刻んでほしい。

まず1つ目は、アイディアを価値に変えるには行動しかないこと。どんなに良い考えも、行動に移さなければ何も得られない。

2つ目は、行動すれば心が満足するということ。かつて誰かが言っていた——この世の中でもっとも悲しい言葉は「ああしておけばよかった」だと。だが周りを見れば「7年前に事業をはじめていれば、いまごろは楽ができただろうに」とか「たぶんこうなる気がしていた。あのときどうにかしていれば」といった言葉があふれている。良いアイディアは実行に移さなかった場合、ひどい痛みとなって戻ってくる。だが実行できれば、心はおおいに満たされる。

もし何か良いアイディアを持っているなら、すぐに動きだそう。

行動によって恐れは消え、自信が湧いてくる。大切なことなのでくり返そう。行動は自信を養い、強化してくれる。逆にいかなる形であれ、行動しないという決断は、恐怖を増大させる。恐怖に打ち勝ちたいなら行動あるのみだ。先延ばしや様子見をすれば、ますます一歩を踏み出す勇気が出なくなってしまう。

以前、パラシュート部隊の教官がこんなことを言っていた。

隊員たちにとって本当に嫌なのは、ジャンプそのものではなく、飛ぶのを待っている時間です。だから私は、なるべく早く飛行機が定位置に着くようにしていました。これから起きることをあれこれ考えすぎて、パニックになった隊員を何人も知っていますから。もしそのようなことが二度続けば、その者はパラシュート隊員失格ということになってしまいます。待ち時間が長ければ長いほど、自信は失われ、恐怖がふくらんでいくんです。

専門家でさえ、待ち時間にはナーバスになる。『タイム』誌によれば、トップ・ニュースキャスターであるエドワード・R・マローですら、放送開始直前には緊張で顔に汗を浮かべているという。だが、ひとたび本番がはじまれば、不安はどこかにいってしまう。また、ベテランの俳優にも同じような経験をしている人が多く、舞台開始前の不安を癒す唯一の方法は、実際に芝居をはじめることだと口をそろえる。観客の前に出ていくことで、恐怖や不安や心配が消えてなくなるのだ。

行動は恐怖を打ち消す。ある晩、友人宅を訪れたときのこと。30分前に寝かせたはずの5歳になるその家の息子のビリーが急に泣き出した。前に見たSF映画を思い出して、緑色のモンスターが自分をさらいに部屋に入ってくるのではないかとおびえていたのだ。だが父親は面白いなぐさめ方をした。「大丈夫だから寝なさい」と言うかわりに、行動で示したのである。まず、息子の目の前で、部屋の窓がすべてしっかり閉まっていることを確かめたうえで、おもちゃの銃を手に取ってベッド横のテーブルに置き、「ビリー、いざとなったらこの銃を使えばいい」と言ったのだ。するとビリーはすっかり安心したようで、しばらくするとまた眠りに落ちていた。

世の中には、眠れないと訴える患者に、実際にはまったく薬効のない（しかし副作用の心配もない）〝薬〟を処方する医師がたくさんいる。要は、薬と呼ばれるものを飲むだけで、たいていの場合、気分が良くなるのだ。

一応断っておくが、恐怖や不安などの感情が湧いてくるのは、ごく自然なことだ。だが、その際の対処法が間違っている場合があまりに多いのである。私はこれまで多くのセールスパーソンとつきあってきたが、かなりのベテランですら、営業先に行く前に不安をまぎらわそうとして、あたりを歩き回ってみたり、コーヒーを飲んでみたりというやり方をすることがあった。だがそんなことをしても効果はない。この種の不安を――というか、どんなたぐいの不安も――克服するには、実際に行動あるのみだからだ。

電話をかけるのが怖い？　かけてしまえば怖さはなくなる。だが、先に延ばせば延ばすほど、ますますかけづらくなる。

検診を受けるために医者に行くのが不安？　行ってしまえば不安は消える。きっとなんの問題もないだろうし、仮に病気が見つかったとしても、早期に発見できたほうが良いに決まっている。だが、医者に行くのを先延ばしにしてしまえば、不安は強くなり、そのせいで本当に病気になってしまうかもしれない。

上司に問題を報告するのは気が重い？　ならばさっさと打ち明けることだ。そうすれば解決法が見つかるだろう。

自信を持って行動し、恐怖を乗り越えよう。

心のエンジンを機械的に始動させる

以前、野心を持ちながらも、まだ成功をつかめないでいる若い作家から、こう打ち明けられたことがある。

「ときには何日も、何週間も1行も書けない苦しい状態におちいることがあります。ご存じの通り、執筆というのはクリエイティブな作業なので、インスピレーションが降りてきて、心が勝手に動き出すような感じにならなきゃいけないんです」

たしかに執筆には神がかり的な要素があるのだろう。だが、私はほかの作家から、人為的にそれを乗り越え、成功のための素材を〝機械的に〟生み出す秘訣を教えてもらったことがある。


ぼくは〝マインド・フォース〟というテクニックを使っています。まず先に締め切りを決めてしまうんです。すると、心が勝手に動き出すのを待っている暇はなくなって、なんとかしてこちらから動かさなきゃいけなくなります。具体的には、机の前に座って、何も考えず機械的にペンを動かします。落書きでもなんでもいいので、思うがままに書いていきます。そうして手や指を動かしていると、何も意識しなくても、そのうちに頭が正しい方向に働きはじめるんです。

もちろん、ときには何もしなくてもアイディアが思い浮かぶこともあります。ただ、それはたまにあるボーナスみたいなもので、ほとんどの場合、良い発想というのは作業にとりかかったあとに出てきます。


何かが起こる前には、そのきっかけとなるアクションがある。それが自然の法則だ。私たちが日常的に使っている機械でも、なんのきっかけもなしにいきなり動き出すものはひとつもない。

たとえば、室温を自動的に調節してくれる空調装置だって、事前に温度の設定というアクションが必要だし、オートマの車だって、まずはギアをドライブに入れておかなければいけない。人間の心も同じで、何かを生み出す前にはギアを入れておく必要がある。

以前、訪問販売をしている会社の支店長が、部下であるセールスパーソンたちが朝から調子よく営業をはじめられるよう取り入れている方法を教えてくれた。


経験者なら誰でも知っていますが、訪問販売というのは本当に気乗りがしないものです。ベテランのセールスパーソンでも、最初の家のチャイムを押すのがつらい。その日、1日が終わるまでにとても冷たい扱いを受けるであろうことがわかっているからです。だから、朝、どうしてもだらだらしてしまう。コーヒーを何杯も飲んだり、あたりをブラブラしてみたりして最初の訪問を先延ばしにするんです。

なので私は、新しい社員が入ってくると、こう説明します。「仕事をはじめるには、とにかく行動すること。考えたり、先延ばしにしてはいけない。車を駐車場にとめる。商品のサンプルを取り出す。訪問先のドアまで歩く。チャイムを鳴らす。笑顔で『おはようございます』と言う。セールスをはじめる。すべてを淡々と、深く考えずにやりなさい。こうしていったん営業をはじめてしまえば、緊張はとける。2軒目、3軒目のチャイムを押す頃には、頭は冴え、舌も回りはじめるから」

「暖かいベッドから寒い部屋に出ていくのが、人生で一番難しい」と面白いことを言った人もいるが、これには一理ある。横になって、起きたくないと思う時間が長ければ長いほど、実際に起きるのがどんどんつらくなっていく。これは極めて単純な例だと言えるが、それでもこのつらさに打ち勝つには、何も考えずに毛布をはねのけ、ベッドから立ちあがるしかない。

何事かを成し遂げる人は、心が動き出すのを待ったりはせず、自ら心を動かす。単純な理屈だ。

これについては、以下の2つの方法を試してみてほしい。

1．単純だが面倒な仕事に、機械的に手を動かすやり方を取り入れる

機械的に手を動かすやり方で、単純だが面倒な仕事や雑用をこなしてみよう。その作業の嫌なところに目を向けるのではなく、深く考えずにとにかくはじめてしまうのだ。

おそらく多くの主婦にとって、家事のなかでもっとも面倒なのは皿洗いだろう。私の母もそうだった。だが、母はこの作業を手早く片付けて、すぐに自分のやりたいことに戻る方法をマスターしていた。

それは、テーブルから立ちあがるたびにすこしずつ皿を下げていって、その場でさっさと洗ってしまうというものだった。これなら数分で作業は終わるし、皿が積み上がることも、これから嫌な作業が待っているという気持ちになることもない。

あなたもぜひ今日から、自分がもっともやりたくないことを1つ選んで、深く考えずにいきなり

手をつけてみるという方法を試してみてほしい。これが雑用をこなすうえで、一番効果的だ。

2．集中力を要する作業に、この機械的なやり方を導入する

次に、アイディアを出す、計画をたてる、問題を解決するなど、とくに集中力を要する作業にこの機械的なやり方を導入してみよう。心が動き出すのを待つのではなく、机の前に座ってこちらから心を動かしてやるのだ。

とくに効果的なのは、紙とペンを使うことだ。いくらお金を出しても、これ以上の思考ツールは手に入らない。たとえ、豪華な内装でふかふかのカーペットが敷かれた防音のオフィスと、紙とペンの二者択一を迫られたとしても、私は間違いなく後者を選ぶだろう。問題に集中するには、紙とペンさえあれば十分だ。

アイディアを紙に書くと、自然とそこに全神経が集中する。なぜなら、人間の頭は、別のことを考えながらものを書くことはできないようになっているからだ。また、紙に書いたことは、同時に心にも書き込まれる。実際、紙に書いたほうが、より長く、より正確にものごとを覚えられることが実験によって証明されている。

この紙とペンによる思考法を身につければ、周囲の雑音に気をとられずに集中できるようになる。だから何かについて考えたいときは、文章でも図でも落書きでもなんでもいいから、とにかく書きはじめよう。心のスイッチを入れるには、それが一番だ。

＊　＊　＊

成功のための魔法の言葉は、「いますぐ」である。逆に、「明日」「来週」「あとで」「いつか」「そのうち」というのは、結局は「やらない」と同じで、失敗を呼ぶ言葉だ。「いますぐはじめよう」と言うべきところを「いつかやろう」にしてしまうせいで、多くのすばらしい夢が、結局かなうことのないまま終わってしまう。

たとえば、貯金もそうだ。蓄財にはげむのは良いことだと誰でも知っているが、みながみな、計画的に節約をし、そのお金を投資にまわしているわけではない。貯めたいと思っていても、それを実行できる人はそう多くはない。

ではここで、計画的に貯金を成功させたある若い夫婦の例を紹介しよう。当初、夫であるビルの手取りの月収が5000ドルだったところ、彼と妻のジャネットはその額を毎月ぴったり使い切っていた。2人とも貯金をしたいと思いつつ、さまざまな事情によって、なかなか一歩を踏み出せないと感じていた。「給料があがったら」「ローンの支払いに余裕が出てきたら」「一段落したら」「来月から」「来年から」などと、自分に言いきかせながら、もう何年も経っていた。

ある日、この状況に我慢がならなくなったジャネットが「ねえ、貯金したいのよね？　それとも本当はそんな気はないの？」と夫に詰め寄った。するとビルは「もちろんしたいさ。でも、いまはそんな余裕がないのは、君だってよくわかってるだろ？」と応じた。

だが、ジャネットは引き下がらなかった。「何年も前からお金を貯めようって言ってたでしょ。

無理だと思ってるからできないのよ。できる前提で考えましょう。今日、広告で見たんだけど、毎月500ドル貯めていけば15年で9万ドルになって、利息が3万3000ドルもつくらしいの。毎月残ったお金から貯めるんじゃなくて、まずは貯める分を引いて、残りで家計をやりくりしたほうが簡単だって。本当にやる気があるなら、まずは給料の1割を貯金にまわしましょう。月の終わりにはクラッカーやミルクでしのぐことになるかもしれないけど、それくらいはしょうがないわ」

そうして2人は貯金をはじめた。しばらくつらい日々が続いたが、数カ月が経つ頃には2人は新しい予算でやりくりするのに慣れた。いまでは、以前なら使ってしまっていたお金を貯金にまわすのが楽しみになっている。

もしあなたが友だちに手紙を出したいと思っているなら、いますぐに書こう。仕事に役立ちそうなアイディアを思いついたのであれば、いますぐに提案しよう。ベンジャミン・フランクリンは「今日できることを明日に延ばすな」と言った。この言葉をぜひ実践しよう。

「いますぐ」という言葉は、ものごとを成し遂げる。だが、「いつか」や「そのうち」という言葉は、たいていは「やらない」というのと同じだ。それを心に刻もう。

＊　＊　＊

かつて仕事上の付き合いがあった経営者である、古い友だちのもとを訪ねたときのこと。彼女はちょうど自分の会社の幹部たちとの会議から戻ってきたところだったのだが、一目見ただけで何か悩みを抱えているのがわかった。すると彼女はがっかりした様子で、こう話しはじめた。

あのね。近々、会社の方針を転換する予定なんだけど、今日はその件について部下たちの意見を聞きたいと思って会議を開いたの。でも、ぜんぜんダメだった。6人も呼んだのに、話し合いにすこしでも貢献してくれたのは1人きり。ほかにも一応2人が発言したけど、私が言った内容をそのままくり返しただけ。まるで人形でも相手にしてるみたいで、みんなが何を考えているのかぜんぜんわからなかった。

普通はさ、自分の意見をちゃんと言葉にしてくれると思うでしょ？　だってこれは彼ら自身に直接関わってくることなのよ。

この会議で彼女はまったく有益な助言がもらえなかった。だが、会議が終わったあとのホールで、部下たちが、「こう言おうと思ったんだけど」「どうして誰かがああ言ってくれなかったんだろう」「あれには反対だ」「本当はこうすべきだろう」などと言葉を交わしていた可能性は十分ある。

会議中にはまったく口を開かないのに、終わったあとに急にいきいきとしてしゃべりだす人というのはよくいる。しかしそのタイミングで意見を言っても、もはや手遅れで、なんの意味もない。

経営者というのは部下の意見を欲しがるものだ。そこで気後れして自分を出せないようでは、評価を下げることになる。

〝口に出す〟習慣をつけよう。意見を口にするたびに、あなたは強くなれる。建設的なアイディアを、ぜひ人前で披露しよう。

たとえば、多くの大学生が、テストに向けて一夜漬けを計画することは、あなたもご存じだろう。では、ジョーという学生を例に、テスト前日の夜にありがちなパターンを見てみよう。

ジョーは夜7時から勉強をはじめるつもりだった。でもディナーが胃にもたれていたので、腹ごなしがてらすこしだけテレビを見ることにした。だが、思ったより番組が面白く、すこしのつもりが1時間になってしまう。8時になり、いったんは机の前に座ったが、ガールフレンドに電話をする約束だったのを思い出してすぐに席を立つ。その日はまだ一言も言葉を交わしていなかった彼女との電話で40分、続けてかかってきたほかの電話に対応するのにさらに20分を要した。机に戻る途中に、娯楽室に寄ってピンポンをはじめてしまい、さらに1時間が経過。汗をかいたのでシャワーを浴びる。運動とシャワーでお腹が空いたので、おやつを食べる。

そうこうしているうちに、やる気まんまんだったはずの夜が更けていく。午前1時になってようやく教科書を開いたが、眠すぎて頭に入ってこない。もうお手上げだ。だが翌日、彼は教授にこう言うのだった。「どうかお手柔らかにお願いします。昨日はこのテストのために夜の2時まで勉強したんですよ」

ジョーが行動できなかったのは、動き出す前の準備に時間をかけすぎてしまったからだ。こうした失敗をするのは学生だけではない。セールスパーソンも経営者も専門家も主婦もみな、仕事をはじめる前に勢いをつけるために、オフィスでおしゃべりをしたり、コーヒーを飲んだり、鉛筆を削ったり、何かを読んだり、雑用をしたり、机を片付けたり、テレビを見たりといった、逃避行動に走ってしまう。

こうした悪癖を絶つには「作業はいますぐはじめられる。先延ばしをしてもいいことはない。〝準備〟に時間とエネルギーを使うくらいなら、やるべきことにとりかかろう」と自分に言いきかせればいい。

あるとき、とある工作機械メーカーの重役が、営業部門の管理職向けの講演会で次のように語っていた。

われわれの業界で一番欲しいのは、優れたアイディアを持っていて、しかもそれを自ら実行に移せる人材です。製造にせよマーケティングにせよ、まだまだ改善の余地があります。現時点でもそれなりにうまくやれているという自負ありますが、進歩を求める企業の例に漏れず、我が社も新しい商品をつくり、新しい市場を開拓し、より効率的に仕事を進める方法をつねに模索しつづけています。それにはイニシアティブをとって、チームをひっぱっていってくれる人材が必要なんです。

イニシアティブというのは、要は、誰に言われなくてもやるべきことを自発的にやるということであり、リーダーになるうえでとくに大切な資質だ。イニシアティブのとれる人は、どんな業界や職種でも高給取りになれる。

中堅の製薬会社でマーケティングリサーチ部門の部長をしている人が、どのようにしてその地位まで登り詰めたか話してくれたことがある。これはイニシアティブの力を知るうえで格好の教材だ。

５年前にあるアイディアを思いつきました。当時、卸売業者を相手に営業回りをしていた私は、最終的に薬を買ってもらいたいお客さんに関する情報が足りていないことに気づいたんです。そこで、市場調査が必要だとあちこちで訴えたんですが、経営陣が必要性を感じていなかったため、みな最初は耳を貸してくれませんでした。

それでも絶対に我が社で市場調査をすべきだと確信していたので、思いきったことをしてみました。会社に許可をもらって、『製薬マーケティングの実態』という月報を発行する準備をはじめたんです。思いつくかぎりのところから情報を集めているうちに、経営陣やほかのセールスパーソンたちもじょじょに興味を持ってくれるようになりました。そしてこの試みをはじめてから1年後には、営業回りをやめて、このプロジェクトに専念するよう会社から命じられたんです。

あとはトントン拍子でした。いまでは秘書と２人のアシスタントをつけてもらい、５年前の３倍ちかい給料をいただいてます。

ではここで、イニシアティブを身につけるために心がけるべきことを２つ紹介しよう。

1. 何かをやるべきだと思ったらすぐにそれに着手する

私の家からさほど遠くないところにあるとある地域は、計画の３分の２くらい進んだところで、すっかり開発がとまってしまった。周りの人のことを考えない自分勝手な家族が何組かやってきたのを嫌がり、もともと住んでいた優しくて繊細な人たちが家を売ってほかの土地に引っ越してしまったからだ。よくあることだが、繊細な人たちは自分勝手な人たちのがさつなところを気にして、避けるようになる。だが、ハリーという住人だけは違った。彼はこの街の環境を改善すべく、覚悟を決めて立ちあがった。

ハリーはまず、友人数人に声をかけ「ここは将来性のある土地だが、いまなんとかしなければ、ろくでもないところになってしまう」と訴えた。その熱意と行動力はみなを動かした。すぐに空き地の清掃がはじまり、ガーデンクラブが結成され、大規模な植樹プロジェクトも動き出した。子どもたちのための遊び場もつくられ、市民プールも建造された。あの自分勝手でがさつだった人たちも、熱心な支援者となった。この地域全体に新しい命が吹き込まれ、輝きはじめたのだ。いまでは、車でこの地域をドライブしてみると、とてもいい気分になる。たった1人の改革者がこれほど成果をあげられるということを教えてくれるからだ。

もし、勤めている会社で、新しい部署を開設したり、新しいプロジェクトをはじめたりして拡大を目指すべきだとあなたが感じているのであれば、ぜひ手をあげて改革者になろう。通っている教会を建て替えたり、子どもの学校により良い設備を入れるべきと思うなら、イニシアティブをとって、ぜひそれを実現させよう。

何事も最初に声をあげるのは1人だ。だが、その改革のアイディアが良いものであれば、すぐに多くの人が手を貸してくれる。

改革者として、積極的に改革を進めるのだ。

2. 自らすすんで手をあげる

きっと誰でも、何かに志願したいと思いつつも、結局は手をあげなかった経験があるだろう。なぜかと言えば不安だったからだ。これは、その仕事をやりとげる自信がないという不安ではなく、周りの人からどう思われるかという不安だ。笑われたり、でしゃばりだとか点数稼ぎだとか思われるのを怖がるせいで、多くの人がためらい、一歩を踏み出せない。

たしかに周りの人たちから受け入れられ、認められるような行動をとりたいと思うのは人間として当然だ。だが、そんなときはこう自分に問いかけてみてほしい。「嫉妬にかられて人を笑いものにするような人たちと、実際に行動してものごとを前に進めていく人たち、どちらの仲間になりたいのか」。答えは言うまでもないだろう。

最初に声をあげれば目立つし、注目も集まる。そしてなにより、自らすすんで仕事を引き受けることで、際立った資質と向上心を示すことができる。ぜひ、特別な機会があったときにはすすんで志願してほしい。

会社でも軍隊でも、どんな組織でもいいので、あなたが知っているリーダーたちのことを思い浮かべてほしい。彼らは、積極派だろうか？　それとも消極派だろうか？

まず間違いなく、積極派であり、行動派なはずだ。ものごとを傍観したり、先延ばしにしたり、受動的でイニシアティブをとらない者は、リーダーにはなれない。逆に、何をすべきかを考え、率先して行動する者には、ついていきたくなるものだ。

〝行動する者〟は、みなの信頼を集める。「あの人はやるべきことをちゃんとわかっている」と思うからだ。

逆に「人の邪魔にはならないが、自ら行動はしない」「やるべきことを言われるまで待っている」という理由で誰かが褒められているのを、私は見たことがない。

きっとあなたも見たことがないはずだ。

本章のまとめ——行動する癖をつける

1. 積極的に行動を起こそう。やらない人よりもやる人になること。
2. 完璧な条件がそろうまで待ってはいけない。そんなタイミングは決してこない。問題や障害が起きることは覚悟のうえで行動を開始し、実際に起きたらその都度解決すればいい。
3. アイディアは、思いついただけでは意味がない。実行に移してこそ価値を持つ。
4. 行動を起こすことで不安を克服し、自信を身につけよう。嫌なことでも手をつければ、不安は消える。とにかくやってみよう。
5. 心のエンジンを機械的に始動させよう。心があなたを動かしてくれるのを待つのではなく、まず体を動かし、作業を続けることで、こちらから心を動かす。
6. 何事も「いますぐ」を基準にしよう。「明日」「来週」「あとで」というのは、結局は「やらない」と同じで、失敗につながる言葉だ。「いますぐにはじめる」人間になろう。

7. やるべきことにさっさと手をつけよう。準備に時間を使う必要はない。そんな暇があるならすぐに動きだそう。

8. イニシアティブをとって、改革者として新しいことをはじめよう。声をあげて、能力と向上心をアピールすること。

さあ、ギアを入れて出発しよう!

11

敗北を勝利に変えるには

HOW TO TURN DEFEAT INTO VICTORY

ソーシャルワーカーなら知っていることだが、スラム街に身を落とした人も千差万別であり、年齢、宗教、学歴などはそれぞれ大きく異なっている。驚くほど若い人もいれば、お年寄りもいる。大学を卒業している人もいれば、正式な教育をほとんど受けていない人もいる。既婚者もいれば、独身もいる。だがすべての人に共通しているのは、叩きのめされ、敗北し、打ちひしがれているということだ。全員が全員、人生のなかで悲劇的な状況を経験している。そしてみな、自分を破滅に追いやったその出来事——個人的なワーテルローの戦い——について熱心に語りたがる。

「妻に逃げられた」「すべてを失い、ほかにいくところがなかった」「いくつかやらかしてしまったせいで、社会からのけ者にされて、ここまで落ちてきた」などなど。さながら悲劇の見本市のようだ。

次に、スラム街からアメリカの平均的な住宅街に視線を移してみると、暮らしぶりはあきらかに違っている。だが、この〝普通の人たち〟も、スラム街の住人が失敗の理由として語ったのと本質的には同じことを、自らの凡庸さの理由として持ち出すのである。彼らも内心、敗北感を抱えていて、トラウマになるような状況で負った心の傷のせいで、必要以上に慎重になっている。勝ち組としてのスリリングな生き方をあきらめて、不満を抱えながらものらりくらりと生き、〝負けた〟と思いながら、そもそも凡庸な人生を送る運命だったと、必死に自分を納得させようとしている。

つまり、彼らも負けを認めたという点ではスラム街の住人と同じなのだ。ただ、その負け方がそれなりに〝きれい〟で、社会的に受け入れられるものだったにすぎない。

さて、さらに上に目を向けて、成功者の世界を見てみよう。全体としての人数はぐっと減るが、ここにもさまざまなバックグラウンドを持った人々が集まっている。企業の役員、宗教指導者、政府高官、その他あらゆる分野のトップに収まっている人のなかには、裕福な家庭の子息や令嬢だけでなく、貧しくて破綻しているような家庭の出の人もいれば、実家が農家だったり、スラム街で生まれ育ったという人もいる。つまり、社会の各分野をけん引している彼らも、その人生の過程でさまざまな困難を経験してきているのである。

スラム街の住人と平凡な人と成功者。この3つの層のあいだで、年齢、国籍、知性、出自をはじめとする、ありとあらゆる要素を比べても、さほど大きな違いは見つからない。しかし、ただ1つだけ例外がある。それは、「負けたときにどのような反応をするか」だ。

何者かに打ちのめされたとき、スラム街の住人は立ちあがることができなかった。ただその場に倒れ、つばを吐いただけだ。平凡な人は膝立ちにはなったが、そのまま這って逃げ、相手の姿が見えなくなってから、もう二度と殴られないように走って逃げだした。

だが成功者は違った。倒されても起き上がり、その一件から教訓を得たあとは、きれいさっぱり忘れて、前へと進んだのだ。

私の親友の1人に、経営コンサルタントとして大成功を収めた男がいるが、彼のオフィスは活気があって、本当にすばらしい。見事な備品やカーペットに、忙しく働く社員たち、そして大物の顧客——そのすべてが、彼の会社の繁栄を物語っている。

ひねくれた人はこの光景を見て「悪いことでもしないかぎりこんなに金は稼げないだろう」と言うかもしれない。だが、それは誤りだ。彼は詐欺師ではないし、じつは天才でもなければ、財産があったわけでも、運が良かったわけでもない。**すべてはその、負けを負けと思わない不屈の精神によるものだ**（〝すべて〟という言葉を軽々しく使うのはためらわれるが、この場合はそうとしか言いようがない）。

この会社を軌道に乗せるまでには、1人の男の、戦いにつぐ戦いの歴史があった——創業から半年で10年分の貯金を失い、アパートの家賃が払えなくなったため、数カ月も会社の事務所で寝泊まりをした。自分の道を追求するために実入りのいい仕事を幾度となくあきらめ、見込み客から1つの契約を取るために100回は断られた。

成功をつかむまで、7年間も信じられないほど厳しい状況が続いた。だが、彼は一度として愚痴をこぼさず、かわりにこう言っていた——「デイヴ、ぼくはいま勉強をしているところなんだ。この業界は競争が激しいし、目に見えないものを売るのは大変だ。だからいまその方法を学んでいるのさ」

そして、最後には勝利を収めた。

あるとき私は、「君はこの逆境で多くのものを失ったんじゃないか」と言ったことがある。だが、彼の答えはこうだった。「いや、何も失ってなんかいないよ。むしろ得たものばかりだ」

『フーズ・フー・イン・アメリカ（Who's Who in America）』〔各分野で成功を収めた人物の名前と経歴を紹介する書籍〕に載っている人物について調べてみると、その人生のなかで、何度も苦しい時期を経験している場合がほとんどだ。成功者のなかでもえりすぐりのエリートである彼らも、失敗や挫折、逆境や不運に見舞われているのだ。

偉人の伝記や自伝を見ても、何度も挫折を味わっているのがわかる。

あるいは、あなたの会社の社長や、住んでいる街の市長など、成功者だと思う人の経歴を調べてみればいい。きっと、過去に大きな壁を乗り越えてきたことがわかるはずだ。

つまり、逆境や苦難に見舞われることなく、高いレベルでの成功を勝ち取ることなど不可能なのだ。だが、そうした失敗はうまく使えば前に進む力になる。では、具体的にはどうすればいいのか見てみよう。

最新の統計によると、民間の航空会社における飛行機の死亡事故の確率は、飛行距離160億キロにつき1件にまで下がっているという。空の旅は過去に比べて飛躍的に安全になっているわけだ。残念ながらゼロにはなっていないものの、事故が起きると民間航空委員会が原因をつきとめるために、ただちに現場に駆けつける。数キロ先まで飛び散った金属片を集めてつなぎ合わせ、専門家が力をあわせて何が起きたのかを推測し、生存者や目撃者に事情を聞く。こうして「何が原因で墜落したのか」という問いに答えが出るまで、何週間も、ときには何カ月も調査を続ける。

そしてひとたび原因が究明されると、同じような事故を二度と起こさないための措置がただちに取られる。墜落が飛行機の構造的な欠陥に起因していたのであれば、同じ機種の飛行機はその部分をそっくりつくりかえなければならない。あるいはある機器に不具合が見つかれば、それを修正する必要がある。実際、こうした事件後の調査の結果として、数百種類にもおよぶ新たな安全装置が飛行機に搭載されてきた。

つまり、民間航空委員会はより安全な空の旅を実現するために、事故の原因をつきとめるべく努力を重ねていて、それが確実に実を結んでいるわけだ。

同じく、医師は失敗から学ぶことで、患者を健康にし、長寿へと導く道を切り開く。患者が謎の死をとげたとき、医師は原因をつきとめるために遺体を解剖する。人体の働きについてより多くを知ることで、ほかの人の命を救うために。

私の友人の営業部長は、月に一度、営業会議の時間を、過去に大きな契約を逃がした理由をつきとめるために使っている。なぜそのとき契約がとれなかったのかを再度シミュレーションし、慎重に検討する。これにより、担当のセールスパーソンは、同じような失敗を避ける方法を学ぶことができる。

負け星よりも勝ち星のほうが多いアメフトチームのコーチほど、各試合で選手が犯したミスを詳細に検討する。選手に自分の悪い動きを見せるために、試合を録画するコーチもいる。目的はもちろん、次のゲームでよりよいプレーをしてもらうことだ。

このように、民間航空委員会の職員、成果を上げている営業部長、医師、アメフトのコーチをはじめとしたあらゆる分野のプロフェッショナルが、「**すべての負けからなにかしらの学びを得る**」という成功法則に従っている。

とはいえ一般的には、人は失敗に見舞われると感情的になって、そこから学びを得るのに失敗しがちだと言えるだろう。

大学の教授は、落第したときの反応によって学生の将来性がわかることを知っている。数年前にデトロイトのウェイン州立大学で講義をしていたとき、私は卒業をひかえていた4年生に落第点をつけざるをえなくなったことがあった。その学生にとってはかなりの痛手だろう。卒業するつもりだったのができなくなるというのは、とても恥ずかしいことだ。だが彼には、講義を再履修して単位を取って卒業するか、学位をあきらめて大学を辞めるかの2つに1つしかなかった。

落第を知ったら、きっとこの学生は失望するだけでなく、怒り出すのではないかと私は思っていたが、やはりその通りになった。成績が合格の基準をあきらかに下回っていたと説明すると、彼は自分の努力不足を認めつつも、「ですが、ほかの講義ではすくなくとも平均以上の成績をとっています。それは考慮してもらえないんですか?」と食い下がってきた。

私は、成績は講座ごとにつけるものだからそれは無理だと答え、採点ミスでもないかぎり、一度つけた成績の変更は大学の規則によってかたく禁じられていると告げた。

すると、どうやっても落第はくつがえらないことを悟った彼は怒りだした。「先生。こんな講義なんてとらなくたって、この街で大成功した人物を50人はあげることができますよ。いや、その人たちはこの講義の存在すら知らないでしょう。なのに、なんでこんな大ごとにするんですか？　ちょっと悪い点数をとったからって、どうして学位をとれないなんてことになるんです？」と言い、さらに「やれやれ、教授っていう人種はどうしてこうやってものごとの上っ面だけを見て判断するんだろう」と捨てぜりふを吐いた。

この言葉をぶつけられた私は、1分ちかく沈黙した（誰かに〝口撃〟されたときは、こちらから口を開く前に長く時間をとることが、言い争いを防ぐのに良い方法なのを知っていたからだ）。

それから、彼をこう諭した。「たしかに君の言うことは正しい。この講義で扱う内容をぜんぜん知らなくても、大成功を収めている人はたくさんいるし、もしかしたら君だってそうかもしれない。長い目で見れば、ここで得られる知識が君の人生を左右することはないだろう。でも、君のこの講義への向き合い方はそうでもないかもしれないよ」

「それはどういう意味ですか」と彼は聞いた。

「評価というのは、いつも今回と同じように下されるということさ。学校の外でも、君は君のやった仕事によって評価されるんだ。手抜きの仕事をしていれば出世はできないし、給料もあがらない」

ここで私はまた間を置いて、彼が話を飲み込むのを待ってから、こう言った。

「1つ提案をしてもいいかな？　君はいまきっとすごくがっかりしているだろう。気持ちはわかるし、いま君が私に食ってかかったこともぜんぜん気にしていない。でもね。ぜひこの経験を前向きにとらえてほしいんだ。ここには『結果を出さないかぎり、望むものは手に入らない』という、とても大切な教訓が隠れている。ぜひこれを胸に刻んでほしい。そうすれば5年後には、この学校に通った時間のなかでも、もっとも有益な学びになるはずだから」

数日後、その学生が私の講義を再履修することを決めたのを知ったときはうれしかった。そして、今度はすばらしい成績で単位をとった彼は、私に電話をかけてきて、あのときの会話について感謝を伝えてくれた。

「先生。一度目のときに落第して、ぼくは学びました。変な言い方になりますが、いまでは落第してよかったと思っています」

私たちは敗北を勝利に変えることができる。負けから教訓を見つけて、将来に活かそう。そうすれば、過去の挫折も良い思い出になる。

映画ファンであれば、ライオネル・バリモアという名優のことは忘れられないはずだ。1936年にバリモアは腰の骨を折り、生涯治ることのない重傷を負う。もう終わりだと誰もが思った。だが彼はあきらめることなく、この苦境をバネにさらに偉大な俳優としての道を切り開いた。その後の18年間にわたって、痛みに耐え、車椅子に乗ったまま多くの映画に出演しつづけたのである。

1945年3月15日、フランス。戦場を行進していたW・コルビン・ウイリアムズは、前を走る戦車が地雷を踏んで爆発し、そのせいで失明してしまった。

だが彼は、光を失っても、牧師とカウンセラーになるという夢をあきらめなかった。のちに大学を優秀な成績で卒業したとき、こんな言葉を残している。「目が見えないことは自分のキャリアの上での財産になるでしょう。人を見た目で判断せずに、人生のやり直しを手伝えるからです。見えないからこそ、外見だけで人を切り捨てるようなことはなくなります。私は誰もが安心して本心を打ち明けられるような人間でいたいと思います」

彼は、ひどい痛手を被りながらもそれを強みに変えた、生きたお手本と言えるだろう。

何事も、〝負け〟かどうかは心の持ちようひとつで決まる。

私には株式投資でひと財産築いた友人がいるが、彼は、実際に株を買うときには、自身の過去の経験に照らして慎重に判断を下している。あるとき彼は私にこう言った。「15年前に投資をはじめた頃は、本当に何度も痛い目にあったよ。素人にありがちだけど、すぐにお金持ちになろうとして、逆にお金を失ったのさ。でもぼくはあきらめなかった。この国の経済が底堅いのはわかっていたし、考え抜いた銘柄への投資は、長い目で見れば最高のリターンをもたらしてくれるのもわかっていた。だから最初の頃の失敗は授業料だと思ってるよ」

その一方で、一度か二度投資に失敗しただけで株がすっかり嫌いになってしまう人もたくさんいる。彼らは自分の失敗を分析して再挑戦するのではなく、株式投資は遅かれ早かれ全員が損をする危険なギャンブルである、という誤った結論に飛びついてしまう。

ぜひ、いまここで、すべての失敗から教訓を引き出すという覚悟を決めてほしい。今度、仕事や家庭でうまくいかないことがあったときには、落ち着いてその原因を探ってみよう。そうすれば、同じ失敗をくり返さずにすむ。
苦い失敗も、そこから学ぶことができれば、値千金の経験となる。

＊　＊　＊

人間は自分の手柄には敏感で、勝利をあげたら、すぐさまそれを世間に知らせたくなる性質がある。ほかの人から「ああ、あの人はこんなすごいことをやったんだよ」と言われたいと思うのは、本能だと言っていい。

だが同時に、人間は失敗したときには誰かのせいにしたがる生き物でもある。商品が売れなければ、セールスパーソンはそれを客のせいにするし、会社がうまくいかなくなれば、役員はそれを社員やほかの幹部のせいにする。そして、家庭内で不和や問題があれば、夫婦はお互いに責任を押しつけあう。これも本能だと言える。

たしかに、いまのこの複雑な世の中では、他人に足をひっぱられることもあるだろう。ただ、自ら自分の足をひっぱっていることのほうがそれよりも圧倒的に多い。私たちが負けるのは、たいていは自分の能力不足や不手際のせいなのだ。

そこで、成功を手に入れるためにこう考えよう。まずは、自分をなるべく完璧な状態に近づけようという志を持つこと。自分をガラス張りにして、第三者の冷静な視点から評価する。そうして、これまで自覚していなかった弱点を探し、もし見つけたら、修正すべく行動を起こす。世の中には自分という存在に慣れすぎてしまっていて、改善すべき点に気づけないでいる人があまりに多いからだ。

メトロポリタン・オペラの偉大なるスター、リーゼ・スティーヴンスは、1955年7月発行の『リーダーズ・ダイジェスト』で、人生で最悪の瞬間に最高の学びを得たと語っている。

スティーヴンスはキャリアの初期に、メトロポリタン・オペラ・オーディションオブザエアで落選している。彼女はこの負けに憤慨した。「声はほかの女の子より良かった。審査がおかしかったか、勝つためのコネがなかっただけ。誰かにそう言ってもらいたかったわ」

だが、スティーヴンスの師匠は彼女を甘やかしはしなかった。そのかわりに「自分の欠点に向き合う勇気を持ちなさい」と言葉をかけた。

「私は自分を悲劇のヒロインだと思いたかった。でも、その言葉が胸に残って、その日はよく眠れず、自分の欠点に目を向けざるをえなかった。そして暗い部屋で横になったまま『どうして落ちたのかしら』『次に勝つにはどうしたらいい？』と考えているうちに、自分の声の音域はまだ狭いし、セリフも完璧にしなきゃいけないし、もっといろいろな役ができるようにならなきゃいけない、と気づいたの」

さらに、こうして自分の欠点と向き合ったことで、舞台で成功できただけでなく、友人も増え、人として成長できた、と彼女は言っている。

反省は建設的な行為であり、成功に必要な強さと能力を身につけるのに役立つ。逆に、他人のせいにするのは、破壊的な行為だと言える。誰かが間違っていることを〝証明〟したとしても、得るものは何もない。

建設的に自己批判をして、自分の欠点から目をそむけないようにすること。本物のプロフェッショナルを見習おう。彼らは自分のウイークポイントを決してそのままにはしない。欠点を見つけて修正しつづけることが、彼らをプロたらしめているのだ。

ただし当然だが、欠点を見つけたからといって「やっぱり自分は負け犬なんだ」と思ってはいけない。

「これを克服すれば、また一歩成功に近づける」と考えよう。

偉大な政治家であるオーヴィル・ハバードは「負け犬とは、失敗をしたときにその経験を活かせない人間のことだ」と言ったことがある。

人はしばしば、自分の失敗を運のせいにする。「まあ、ボールというのはそういうふうに跳ねるものだ〔that's the way the ball bounces：「世の中こんなもんだ」という意味の慣用句〕」と言って、忘れようとする。だが、そこで立ち止まって考えてほしい。ボールがそのように跳ねたのにはちゃんと理由がある――つまり、「どのようなボールを」「どんな壁に向かって」「どうやって投げたか」だ。ボールの跳ね方を決めるのは運ではなく、物理法則である。

仮に民間航空委員会が「事故が起きたのは残念ですが、たまにはこういうこともあるでしょう」という報告書を書いたらどうなるか。きっと組織の再編を迫られることになるだろう。

あるいは医者が患者の家族に「申し訳ないですが、何が原因かまったくわかりません。でもまあ、こういう症状は珍しくありませんよ」と言えば、きっとその家族は二度とその医者にかかることはあるまい。

こうした「世の中そんなものだ」という態度では何も学べない。これでは、次回、似たような状況に直面したときに、同じミスをくり返さないための準備がまったくできない。アメフトのコーチが負け試合を「まあ、こんなもんだ。気にするな」で終わらせてしまえば、そのチームは次の試合でもきっと同じミスを犯すだろう。

ミシガン州ディアボーンで17年ものあいだ市長を務めたオーヴィル・ハバードは、この国でもっとも個性的で、かつ尊敬を集める政治家の1人である。

だが、ディアボーン市長になる前の10年間を振り返ってみると、ハバードは「運の悪さ」を理由に政治の世界から足を洗っていても決しておかしくなかった。

市長として常勝を重ねる前、彼は〝不運〟にも市長選に3回、上院議員選挙に3回、下院議員選挙にも1回落選している。

だがハバードはこうした数々の挫折を、政治を勉強する機会ととらえ、そこから学びを得た。そしていままでは、頭脳明晰な地方の首長として揺るぎない地位を築いている。

だからあなたも、失敗をしたら不運を嘆くのではなく、理由をよく分析しよう。負けから学ぶのだ。自分の凡庸さを運の悪さのせいにする人は多いが、それは周りの人の同情を引こうとする、子どものように幼稚な態度だ。それを自覚しなければ、大きくて強い自立した大人には、決してなれないだろう。

運を言い訳にしてはいけない。そんなことをしても目指すべき場所にはたどり着けないのだから。

最近、作家であり、文芸コンサルタントや批評家としても活動している友人が、作家として成功するための条件についてこう語っていた。

＊　＊　＊

作家志望者の多くは、書くことに対して真剣さが足りない。すこしはやってみるものの、実際にかかる労力の大きさを知ると、すぐにギブアップする。ありもしない近道ばかり探しているこうした人たちは、そもそも問題外だ。

ただ、根気さえあればなんとかなるというものでもない。じつのところ、それだけでは足りない。

ぼくがいま担当している作家志望者は、もう62本も短編を書いたのに、まだ1本も出版できていない。彼に「作家になりたい」という覚悟があるのは間違いない。でも問題は、何を書いてもだいたい同じやり方をしてしまうことだ。自分のなかでストーリーの型のようなものがかっちりと決まってしまっていて、プロットやキャラクターや文体の〝実験〟をしない。だからいまぼくは、彼に新しいアプローチやテクニックを試させようとしている。能力のある人だから、新しい試みを取り入れればきっと売れっ子になれるはずだ。でも、そうしないかぎり、不採用通知を受け取りつづけることになるだろうね。

この意見は正しい。成功にはたしかに根気が必要だが、それは条件の1つにすぎない。何度も何度も、粘りに粘って挑戦を続けてもうまくいかないときは、そこに新しい試みを組み合わせなければならない。

エジソンはアメリカ史上もっとも執念深い科学者と言われており、電球を発明するまでに何千回も実験をくり返したとされる。ただ、注意してほしいのは、彼はつねに条件を変えながら実験をしつづけたということだ。エジソンは電球を発明するという目標は変えなかった。だが、その努力が報われたのは、粘り強さと新しい試みを組み合わせたからだ。

ただ同じことをくり返すだけでは、勝利はおぼつかない。そこに実験という要素が加わったときに成功が手に入るのだ。

最近私は、石油の採掘に関する記事を読んだのだが、企業は実際に採掘をはじめる前に、科学的な手法を駆使して岩の組成を丁寧に調べるそうだ。それでも、実際に石油が出るのは8回に1回程度だという。そのため、1つの穴をものすごく深くするのではなく、そこそこのところまで掘って「うまくいきそうにない」と判断したら次に移るというやり方で石油を探しつづけている、とその記事にはあった。

野心があり、驚くべき粘り強さを見せながらも、新しいアプローチを試さないせいで成功に至らない人が大勢いる。目標にかじりつくのはいい。そこは1ミリもぶれてはならない。だが、頭を壁に打ちつけるようなやり方ではダメだ。もしいまの方法で結果が出ていないのなら、新しいアプローチを試してみよう。

食らいついたら離さないブルドッグのような粘り強さのある人は、成功には欠かせない資質の片方を持っていることになる。ここで、成功に必須のもう片方の資質である、〝実験力〟を養うための方法を2つ紹介しよう。

1.「必ず方法はある」と自分に言いきかせる

すべての思考には〝磁力〟がある。「自分は負けた。この問題に打ち勝つ方法はない」と考えた瞬間、あっという間にネガティブな思考が集まってきて、その判断が正しいことを裏づけようとする。そして本当に負けが決まってしまう。

逆に、「この問題を解決する方法が必ずあるはずだ」と信じれば、ポジティブな思考が次々と湧いてきて、解決策を探すのを手伝ってくれる。

大切なのは、なんとかなると信じることだ。

家庭問題専門のカウンセラーいわく、夫婦のすくなくとも片方（できれば両方）が「幸せな生活を取り戻せる」と思えるまでは、問題は解決しないという。

心理学者やソーシャルワーカーいわく、アルコール依存症の患者は、自ら酒を断てると信じられないかぎり、中毒から抜け出すことはできないという。

今年だけでも、この国では数千もの新しい会社が生まれている。だが5年後に事業を続けているのはそのなかの一握りにすぎない。失敗した社長の多くはきっと、「競争が激しすぎてどうしようもなかった」と言うだろう。だが、真の問題は、激しい競争という壁にぶつかったときに、「これではどうしようもない」と思い込んでしまうところにある。

逆に、「必ず道はある」と信じられれば、「やめよう、退却しよう」というネガティブなエネルギーは、自然と「続けよう、前に進もう」というポジティブなエネルギーに変わる。

問題や困難が本当に解決不能になるのは、あなたがそう思ったときだけだ。解決できると思えば、方法は自然と見つかる。「どうしようもない」という言葉は、口にしてもいけないし、思い浮かべてもいけない。断固拒否しよう。

2. いったん離れてから再スタートする

長いあいだ問題にかかりきりになったせいで、新しい解決策やアプローチが思い浮かばなくなることはよくある。

友人のエンジニアは、数週間前に、アルミニウムを使ったまったく新しい建物（実際それは、既存の建築物やデザイン上のアイディアとは似ても似つかないものだった）の設計を依頼された。数日前に会ったときに例の建物はどうなったのかと聞いてみると、こんな答えが返ってきた。

いまのところ、あんまり進んでないね。たぶん、この夏、庭で過ごす時間が足りなかったんだと思う。解決に時間のかかりそうな設計上の難題を抱えているときは、いったん仕事から離れて新しいアイディアを吸収する必要がある。
木陰に座って芝生に水やりをしていると、驚くほどたくさん設計のアイディアが浮かんでくるんだ。

アイゼンハワー大統領はかつて記者会見で、「どうしてそんなに週末に休暇をとるのか」と聞かれたとき、次のように答えた。「ゼネラルモーターズの社長だろうとアメリカの大統領だろうと、ただ机の前に座って書類の束のなかに顔をつっこんでいるだけで最高の仕事ができる人間はいない。大統領たるもの、取るに足りない雑事からは心を解放する必要がある。そのおかげで、基本的な原理原則に立ち返り、事実に立脚しつつ、自分の頭で考えて、明確でよりよい判断ができるのだから」。これは創造力を発揮したいと思っている人なら誰もが傾聴すべき意見だろう。

かつての仕事仲間で、月に一度は3日続けて休みをとって、奥さんと一緒に郊外に出かけるのを習慣にしている人がいる。彼は、そうしていったん仕事から離れてから再スタートをすることで、頭の回転が良くなり、結果的にクライアントにも満足してもらえることを知っているのだ。

何かに取り組んでいて問題が起きたとき、そのプロジェクト全体を放り出してはいけない。そのかわり、いったん離れて心をリフレッシュさせよう。音楽をかけるとか、散歩をするとか、昼寝をするとか、ちょっとしたことでいい。そのあと戻ってみると、自然と解決策が浮かんでくるというのはよくあることだ。

また、難しい状況におちいったときは、ものごとの良い側面に目を向けてみるといい。ある若者は仕事を失ったときにこんなふうに考えたそうだ。

私は大手の信用調査会社に勤めていたのですが、急に退職を命じられました。不況の波が押し寄せ、会社は〝使えない〟と判断した社員の解雇に踏み切ったんです。

正直、客観的に見るとそれほど給料が良かったわけではなかった。ただ、私としては十分もらっている思っていました。なので、解雇を告げられてからの数時間はひどく落ち込みました。でも逆にチャンスだと思うことにしたんです。その仕事がそんなに好きなわけではなかったし、そのまま会社にとどまっていてもたいして成功は望めません。でも、いまなら何か好きなことを見つけられるかもしれない。実際、ほどなくして、前よりも自分にあった、しかもはるかに給料のいい仕事に就くことができました。信用調査会社をくびになったのは、人生最高の転機になったんです。

どんな状況であっても、見方ひとつで見えるものは変わってくる——それを忘れないでほしい。ものごとの良い面に目を向けて、逆境に打ち勝とう。明確なビジョンさえあれば、すべてが良い方向に働くのだ。

本章のまとめ――負けを勝ちに変える5つのポイント

失敗、挫折、苦境など、落胆してしまうような状況にどのような態度で対応するかが、勝利と敗北の違いを分ける。

負けを勝ちに変えるための5つのポイントを以下にまとめよう。

1. 失敗を分析して成功への道を切り開こう。負けから学び、次に勝つために活かすこと。
2. 勇気を持って、建設的な自己批判をすること。自分の弱いところや欠点を見つけて、修正する。そうすることでプロになれる。
3. 運のせいにするのはやめる。失敗したら何が悪かったのかわかるまで調べよう。運のせいにしても目的地には一歩も近づかないのを忘れないように。
4. 粘り強さと実験性を組み合わせること。目標がぶれてはいけないが、無理やり壁に頭を打ちつけるようなやり方ではダメだ。新しい方法を取り入れて、おおいに実験しよう。
5. どんな状況でも必ず良い面はある。そこに目を向けて、逆境に打ち勝とう。

12

目標を成長に活かす

USE GOALS TO HELP YOU GROW

さまざまな発明や、医学上の発見、技術的な進歩、事業の成功——人類の進歩はどんなものであれ、最初にまず頭のなかに思い描かれ、それから現実のものとなった。地球の周りをまわる人工衛星が発明されたのは、偶然ではなく、その昔、科学者たちが「宇宙に乗り出す」という目標をたてたからだ。

目標とはゴールであり、目的である。目標はたんなる〝夢〟以上のものであり、それを達成するための行動とセットだ。「いつかできたらいいな」というぼんやりとしたものではなく、「自分はいま、そこに向かって努力している」という実感が伴っていなければならない。

逆に言えば、目標がなければ何も起こらないし、進歩もない。目標のない人生というのはただ流されているだけだ。どこに向かっているのかもわからないまま、ふらふらとさまよい、どこにもたどり着くことはできない。

生きていくのに空気が不可欠なように、成功するには目標がどうしても必要だ。目指すべきものもないままに偶然成功できると考えるのは、空気なしでも生きていけると言っているようなものだ。だから、まずは自分の目指すゴールの場所をはっきりさせておこう。

デイヴ・マホーニーは広告代理店の郵便室係という低賃金の仕事から、27歳にして副社長にまで出世し、33歳のときにグッドヒューマーカンパニーの社長となった人物だ。彼は目標について「大切なのは、過去にどこにいたかでも、現在どこにいるかでもなく、将来どこまで行きたいのかだ」と語っている。

大切なことなのでもう一度くり返そう――「**大切なのは、過去にどこにいたかでも、現在どこにいるかでもなく、将来どこまで行きたいのかだ**」

先進的な企業は、会社全体として10年15年先を見据えた目標をたてる。そうした企業を率いる経営者は「10年後の会社をどうしたいのか」を考え、それにあわせた努力をする。新しい工場は、現在のニーズではなく、5年後10年後のニーズを見越したキャパシティで建てられるし、10年以上先に発売される商品のために研究開発をおこなっていく。

つまり、時代の先をゆく企業は、未来を運任せにはしないものなのだ。

こうした企業の姿勢からは貴重な学びを得ることができる。個人であっても、すくなくとも10年後の計画はたてることができるし、立てるべきだ。いますぐ、自分の10年後のあるべき姿を想像してみよう。これはとても重要だ。未来の計画をおろそかにする会社が、ありきたりの会社になってしまうように（それもそもも生き残れたらの話だが）、長期的な目標のない人は、間違いなく人生の迷子になってしまう。人は、目標なしには成長できないのだから。

では、成功に長期的な目標が不可欠であることを示す例を紹介しよう。先週、1人の青年がキャリアに関する悩みを相談するために私のもとを訪れた。4年前に大学を卒業し、現在独身だという彼は、礼儀正しく知的な印象だった。

いまの仕事や、学歴、個人的な適性などその他もろもろについてしばらく話を聞いたあと、私は彼に「それで、君は転職について相談しにきたんだよね。どんな仕事を探してるの？」と尋ねた。するとこんな答えが返ってきた。「ええ、まさにそれについて先生の知恵をお借りしたくて。自分が何をしたいかわからないんです」

たしかにこうした悩みを持つ人は多い。ただ彼の場合、何社か候補となりそうな会社を紹介してあげるだけではなんの解決にもならないことに私はすぐに気づいた。勤め先を選ぶにあたって、トライアンドエラーというのは良い方法ではない。何十という会社のなかから、偶然正しい選択を引き当てる確率は、文字通り数十分の一だからだ。どこかのポジションを狙って動き出す前に、まずは自分が求めるものを明確にすべきだと思った。

そこで私は「まずは君自身のキャリア観について考えてみよう。いまから10年後、君はどうなっていたいのかな？　説明してみてほしい」と促した。

すると彼はしばらく考えてからこう言った。「そうですね。ありふれた答えかもしれませんが、いい給料をもらえる仕事について、いい家に住みたいです。ただ、正直に言って、あまり深く考えたことはありません」

私は、それはよくあることだと応じたうえで、しかしそれでは空港のカウンターで、ただ「チケットをください」とだけ言っているようなもので、行き先を伝えなければチケットは買えないと諭した。「だから、何を目指しているのかを教えてもらわなければ私も手助けのしようがないし、それは君にしかわからないんだよ」

この言葉は、彼の心に刺さったようだった。それから2時間のあいだ、私たちは、さまざまな職業のメリットやデメリットについてではなく、どのようにして目標を設定すべきかについて話し合った。おそらく彼はこのとき、キャリアについて考えるうえでもっとも重要なこと——つまり、**スタートする前に、自分がどこを目指しているのかをはっきりさせること**——を学べたのではないかと思う。

10年後の自分はどうなっているか？

先進的な企業と同じように、先を見据えた計画をたてる。ある意味であなたは事業をやっているようなものだ。自分の才能や技術、能力は〝商品〟であり、それをなるべく高く売れるように磨いていく。そのためには、未来をおりこんだ計画が必要となる。

ここではそのための2つのステップを示そう。

まずは、自分の未来を、仕事、家庭、社交の3つの項目に分けてイメージする。これにより、混乱や矛盾を防ぎ、全体像が見えやすくなる。

次に、「人生で何を達成したいのか？」「どのような人間でありたいのか？」「自分を満足させるためには何が必要なのか？」という問いに、はっきりとした正確な答えを出す。

表12－1にその計画をたてるための〝プランニングガイド〟を載せるので、参考にしてほしい。

数年前、まだ幼かった息子が、愛犬の〝ピーナッツ〟――雑種だがとても賢い、息子の自慢の遊び相手――のために犬小屋をつくろうと言いだした。その熱意と根気に負け、私も一緒に、ピーナッツが自分のすみかと思ってくれるような小屋をつくることになった。だが残念ながら、2人とも大工としての能力はほとんどゼロで、できたのはひどい代物だった。

そのあとすぐに我が家を訪れた友人がその小屋を見て、「あの木に刺さっているものはなに？もしかして犬小屋……じゃないよね？」と聞いた。私が「そうだ」と答えると、彼はいくつかその小屋のまずいところを指摘したあと、こう言った。「だいたい、どうして先に計画をたてなかったんだい。いまどき設計図もなしに犬小屋をつくる人はいないよ」

当然、未来にも設計図が必要だ。ただ、自分の未来を思い描くときには、小さくまとまらないよう注意しよう。この世の中では、人間の器は抱く夢の大きさで決まる。自分が目指した以上のことを成し遂げる人はいないのだ。夢は大きく持とう。

以下に、以前、私の研修の受講者が書いたライフプランを一字一句そのまま引用する。とくに、「家庭」部門について、とても詳細にイメージしているのに注目してほしい。このプランを書く彼の目には、きっと自分の未来の姿が映っていたに違いない。

表12－1　10年間のプランニングガイド

A．「仕事」についてはこれから10年間で……

1．どこまで収入をあげたい？
2．引き受けるべきの責任の大きさは？
3．どれくらいの権力を持ちたい？
4．仕事にどれだけ名声を期待する？

B．「家庭」についてはこれから10年間で……

1．家族とともにどの程度の水準の生活を送りたい？
2．どんな家に住みたい？
3．どんな休暇を過ごしたい？
4．子どもがひとり立ちするまで、どの程度経済的な支援をするつもり？

C．「社交」についてはこれから10年間で……

1．どのような友だちとつきあいたい？
2．どんなグループに属したい？
3．コミュニティのなかでリーダーとしてどのような地位につきたい？
4．自分のなかでどんな考え方を大切にしたい？

自己所有の土地に、白い柱のあるクラシカルな2階建ての、南部の邸宅風の家が欲しい。敷地はフェンスで囲み、なかに池を1つか2つつくって、妻とともに趣味である釣りを楽しむ。家の裏手には愛犬のドーベルマンの犬小屋を建て、家の前には、ずっと憧れていた両脇に木が立ち並ぶドライブウェイ〔門から庭を通って建物の入り口へとつづく私道〕が、曲がりくねりながら伸びている。

家はたんに寝起きするだけの場所ではない。私は家をそれ以上のものにするためにできるかぎりのことをしようと思う。もちろん、神をなおざりにするつもりはなく、1年を通じて教会での活動のための時間をちゃんと確保するつもりだ。

いまから10年後には、家族で世界一

周の船旅に出かけたい。結婚などで家族が方々に散らばってしまう前に、ぜひ実現させようと思っている。一気に世界一周する時間がとれなければ、4、5回に分けて、毎年世界のいろいろな場所を訪れてもいい。当然、こうした〝家庭部門〟の計画を実現できるかどうかは、私の〝仕事部門〟がどれだけうまくいくかにかかってくる。だから、気を引き締めていかなければ。

このプランが書かれたのは5年前で、当時この人は小さな雑貨店を2つ経営していた。だが、いまや店舗は5つとなり、17エーカーの土地も購入した。彼は自分のゴールに照準をあわせつつ、確実に前進しているのだ。

さて、「仕事」「家庭」「社交」という3つの項目は、人生のなかで深くつながっており、それぞれ影響を与えあう関係にある。ただ、なかでももっとも影響力が大きいのは「仕事」だ。いまから数千年前、人類がまだ狩猟を生業《なりわい》として洞窟に住んでいた頃、もっとも幸せな生活を送り、仲間たちからもっとも尊敬を集めていたのは、狩人として――つまり仕事のうえで――成功した人だった。この法則は、現代にもあてはまる。家族にどれほどの水準の生活を提供できるか、あるいは社会や地域の人からどれほどの尊敬を集められるかは、仕事における成功に大きくかかっている。

すこし前にマッキンゼー財団が、「分野を問わず、重要な地位に就くために必要な資質」をつきとめるため、経営研究の一環として大規模な調査を実施した。質問に答えたのは民間企業や政府機関、大学や宗教団体のリーダーたちだ。そして、質問の形を変えて何度くり返し尋ねても、得られる結論はつねに同じだった。重要な地位に就くためにもっとも重要なのは、「**上に行きたいという強い願望**」だったのである。

前にもとりあげた百貨店の経営者、ジョン・ワナメーカーはこう言っている。「人は、仕事の大義にその身をすべて捧げるまでは、たいしたことは成し遂げられない」

願望・欲求はうまく使えば成功を導く力になる。逆に、それを押し殺して、自分の一番やりたいことをしなければ、平凡な人生が待っている。

この点について考えるとき、私は、学生新聞で記者としてすばらしい働きをしていたダンという学生とのことを思い出す。彼は有能で、ジャーナリストの世界で十分に活躍できそうだった。しかし卒業が間近になった頃、「ダン。卒業したらどうするつもりだい？　ジャーナリズムの道に進むのか？」と聞いたところ、彼はこう答えたのだ。「とんでもない！　たしかに記事を書くのも取材するのも好きですし、学生新聞の仕事はとても楽しかったです。でもジャーナリストなんて世の中にいくらでもいるじゃないですか。ぼくは別の道を行きます。貧乏はごめんなんです」

それから5年間、ダンとは音信不通だった。だがある日の夜、ニューオリンズで彼と再会した。ダンはある電機メーカーの人事部長補佐として働いていたが、すぐにその仕事への不満を漏らしはじめた。「それなりに給料はもらってますし、安定しているので、悪い会社じゃありません。でも、仕事に身が入らないんです。いまになって、どうして卒業したときに出版社か新聞社を選ばなかったんだろうと思っています」

その態度には、仕事に興味が持てず退屈していることがありありと表れていて、口から出てくるのは皮肉ばかりだった。彼はきっと、いまの仕事を辞めて、ジャーナリズムの世界に飛び込まないかぎり、大きな成功を手にすることはできないだろう。成功には全身全霊をかけた努力が必要であり、自分が心からやりたいことでなければそれは不可能だからだ。

もしダンが就職するときに自分の欲求に従っていたら、ジャーナリズムの世界で頭角を現していたに違いない。それに長い目で見れば、いまよりもはるかに多くのお金と充実感を得ていただろう。やりたくないことをやめ、やりたいことをはじめれば、10年落ちの中古車に500馬力のエンジンを積んだかのようにパワーアップする。

人は誰もが願望・欲求を持っているし、自分のやりたいことを夢見る。だが、ほとんどの人は欲求に身をゆだねるかわりに、それを押し殺してしまう。この〝夢殺し〟には以下の5つの破壊兵器が使われる。危険なので、すぐに壊して、捨ててしまおう。

1. 自分を卑下する心

あなたも誰かがこんなセリフを口にするのを、何度も耳にしたことがあるだろう。「医者（会社の幹部、社長、芸術家）になりたいんだけど、ぼくには無理だ」「頭が悪いから」「学歴も経験もないから」「やってもムダ」。こうして多くの若者たちが自分を卑下して、夢を台無しにしている。

2. 〝安全病〟

「ここにいれば安全だから」という人は、安全という言葉を盾に夢をあきらめている。

3. 競争が激しすぎる、という言い訳

「この業界には人が多すぎる」「もうひしめきあっているような状態だ」といった言葉は、夢をあきらめるときの常とう句だ。

4. 親の言いなり

これまで、それこそ何百人もの若者たちが、仕事を選ぶにあたって「本当はほかの道に進みたいけど、親の意見に従わざるをえない」と言うのを耳にしてきた。だが、思うに世の中の親の大半は、自分の子どもに「絶対にこうしなければならない」と〝命令〟することはまずないのではないか。まともな親であれば、「成功して、良い人生を送ってほしい」と思っているはずだ。だから、自分が親のすすめとは違う道に進みたい理由を丁寧に説明して、それをちゃんと聞いてもらえば、大きなすれ違いは起こらないはずだ。親だってあなたの仕事の成功を望んでいるという点では同じなのだから。

5. 養うべき家族がいるから、という言い訳

「5年前に転職できていたら良かったけど、いまはもう家族がいるから無理だ」というような言

い方も、夢をあきらめるための言い訳だ。

こうした夢を殺す〝破壊兵器〟はいますぐに捨ててしまおう。自分の好きなことをしているときしか能力を最大限に使うことはできないし、全力で前に進むこともできないのを忘れないように。自分の欲求に素直になれば、熱意とエネルギーが湧いてきて、心も体も元気になる。

そして、自分のやりたいことを追求するのに遅すぎるということはない。

多くの成功者の労働時間は週に40時間をゆうに超えている。それでも、働き過ぎを嘆く声は聞こえてこない。つねに目標を見据えているので、疲れを感じないのだ。

つまり、正しい目標を設定し、それに向かって努力をする覚悟を決めると、普段の何倍ものエネルギーが湧いてくる。日常に退屈を感じている人は多いが、このルールに従えば、きっとその状態から抜け出すことができる。目的があれば退屈は消える。それどころか、慢性的な病気さえ治ってしまうことがある。

目標の持つ力についてさらに掘り下げてみよう。自分の欲求に身を任せ、目標のことで頭がいっぱいになると、それを達成するための体力やエネルギー、熱意が湧いてくるのは先ほど言った通りだ。だが、もうひとつ、同じくらい重要なのは、目標にまっすぐに向かうための「自動制御装置」が手に入ることだ。

心に深く刻まれた目標の一番すばらしいところは、あなたがそこに到達するために進むべき軌道から外れないようにしてくれることだ。比喩ではなく、本当にそうなる。なぜかと言えば、目標に完全に身をゆだねると、その目標自体が潜在意識に組み込まれるからだ。潜在意識はつねに安定している。一方、普段おもてに出ている顕在《けんざい》意識は、潜在意識と考えが一致していないかぎり、安定しない。つまり、自分が潜在的に考えていることと異なる行動をとろうとすると、人はためらい、混乱し、優柔不断になる。逆に言えば、目標が潜在意識にまで染みこんでしまえば、あなたは周囲の状況に自然と正しく反応するようになる。そのとき、心からは雑音が消え、クリアでストレートな思考が可能になる。

では、話をわかりやすくするために、2人の典型的な人物——トムとジャック——を想定してみよう。2人は架空の存在だが、あなたはこのあとを読み進めていくうちに、同じような人が身の回りにもいることに気づくはずだ。2人は能力も性格もまったく同じだが、ただひとつ、トムにはしっかりとした目標があり、ジャックにはないという点で異なっている。トムは未来の自分がどうなりたいかについて確固たるイメージを持っていて、10年後、自分が会社の副社長になっている姿を思い描いている。

トムは目標に身をゆだねているため、潜在意識からつねに「こうしなさい」「それはダメだ。そんなことをしても目的地には近づけない」などのシグナルを受け取る。つまりその目標自体が「君は私を実現したいんだろう。なら、こうしなければならないよ」とつねに語りかけてくるわけだ。

〝目標〟は、ばくぜんとした一般論でトムを動かそうとするわけではなく、ありとあらゆることについて具体的な指示を与える。たとえばスーツを買うときには、どれを選ぶべきかを教えてくれる。同様に、仕事で次の段階に進むにはどうすればいいか、会議で何を言うべきか、問題にどう対処すべきか、どんな本を読むべきか、どのような立場をとるべきか、などを決めるときにも助言してくれる。成功へのコースから外れそうになったときも、潜在意識に組み込まれた自動制御装置が警告を発し、どうすれば正しい道に戻れるかを教えてくれる。こうしてトムは、目標を持つことによって、自分の人生に影響をおよぼすありとあらゆる要素に敏感に反応することができる。

一方、ジャックには目標がないので、方向を指し示してくれる自動制御装置も持っていない。そのため、簡単に道に迷ってしまうし、行動には成功への意思が反映されていない。さしたる基準もないまま、その場その場で何をすべきかを判断するので選択に一貫性がなく、平凡な人生につながる道をふらふらとさまよっている。

さて、いまの部分をぜひもう一度読み返すことをおすすめする。そして内容を心に染みこませたうえで、自分の周りを見回し、大きな成功を収めた人たちを思い浮かべてほしい。1人の例外もなく、目標達成のために全力を尽くしていて、目標と一体化した人生を送っているはずだ。

あなたもぜひ、目標に身も心も捧げよう。そして、それを達成するのに必要な自動制御装置を授けてもらうのだ。

＊　＊　＊

土曜日の朝に目をさましたとき、なんの課題も計画も思い浮かばず、やるべきことを記したメモもないという状況を誰もが経験したことがあるだろう。そんな日はほとんど何もできず、ただ、だらだらと時間を過ごして気づけば1日が終わっている。ちゃんと計画をたてておけば、何かを成し遂げることができたというのに。

ありがちな失敗ではあるが、ここからは「何かを達成したいなら、計画をたてる必要がある」という大切な教訓を引き出すことができる。

第二次世界大戦がはじまる前、我が国の科学者たちは原子が持つ潜在的な力に気づいていた。ただ、原子を分裂させてそのすさまじい威力を解き放つ方法について、詳しいことはまだわかっていなかった。だが、アメリカが戦争に突入すると、先見の明のある科学者たちが核分裂を用いた爆弾の持ちうる破壊力に目をつけ、原子爆弾の開発という目標に的をしぼった特別プロジェクトが始動。その結果は歴史が証明している。この国を挙げての努力は、たった数年で報われた。開発に成功した原爆が投下され、戦争は終わったのである。だが、この一点突破のプロジェクトがなければ、核分裂の技術の完成は10年——あるいは、もっと遅れていただろう。

何かを成し遂げるには、目標が必要なのだ。

たとえば、生産部門の部長が、目標となる期日やスケジュールを設定しなかったり守らなかったりすれば、いくらすばらしい生産システムがあっても意味がない。また、営業部長は、ほどよいノルマを与えることで部下たちの売り上げがあがることを承知しているし、大学の教授は締め切りがあるからこそ学生がレポートを書けるのを知っている。

成功を目指して進んでいくときは、明確な目標と締め切りを決め、自分にノルマを課そう。あなたが達成できるのは、そのために計画をたてたことだけなのだから。

＊＊＊

長寿研究の専門家である、チューレン大学医学部のジョージ・E・バーチ博士によると、人の寿命を左右する要素は、体重、遺伝、食事、精神的なストレス、個々の習慣など、多岐にわたる。ただ、博士いわく「もし寿命を縮めたければ、一番簡単なのは、仕事をリタイアしたあとに何もしないことです。人間誰しも、生きていくには好奇心を持ちつづける必要があるんです」という。

定年をはじまりととらえるか終わりととらえるかはその人しだいだ。リタイアしたら、「食べて寝て、あとはブラブラして過ごそう」という考え方は、自ら毒を飲んでいるようなものだ。定年を目標ある生活の終わりと考える人は、それがそのまま、人生の終わりを意味することにやがて気づくだろう。生きがいも目標もなければ、人はすぐに弱ってしまう。

それとは逆の、賢いリタイアの方法は「すぐに新しい舞台に立って、やるべきことを開始する」ことで、私の親友であるルー・ゴードンはその典型だ。数年前、彼はアトランタ最大手の銀行の副頭取をリタイアしたその日に、新たなスタートをきった。ビジネスコンサルタントとして独立し、すさまじい勢いで仕事をこなしはじめたのである。

60歳を過ぎたいまも、彼は多くのクライアントを抱え、講演者として国中を飛び回っている。また、それ以外にも、設立して日は浅いが急成長中のパイ・シグマ・イプシロン――プロのセールスパーソンや営業部門の幹部のための同業者クラブ――の運営支援に力を入れている。ルーは会うたびに若くなっているかのようで、その心はまるで30代の若者だ。ルーは、本当の意味での引退はしないと覚悟を決め、人生を謳歌している。彼より若い人を含めても、これほど充実した時間を過ごしている人間を私はほとんど見たことがない。ルー・ゴードン一家は、奥さんも含めて、歳をとったからといって、愚痴をこぼしたりは決してしないのだ。

明確で強烈な目標は、ほかに頼るものがないときにも人を生かす力になる。大学時代の友人のお母さんは、息子がまだ2歳だったときにガンになった。その3カ月前には夫を亡くしていたうえに、医師からは治る見込みはほとんどないと言われた。だが、彼女はあきらめなかった。2歳の息子を大学まで出そうと決心し、夫の残した小さな店の経営を引き継いだ。その後も何度も手術を受けなければならず、そのたびに医師からは「余命はあと数カ月です」と告げられた。

ガンは完治することはなかった。だがその「あと数カ月」はついに20年にまで延びた。そして息子が大学を卒業するのを見届けてから1カ月半後、彼女は天国へと旅立った。

目標を達成したいという燃えるような思いは、確実にせまっていた死を20年も食い止めるほどの力を持っていたのだ。

長生きするためにも目標を持とう。「何かを成し遂げたい」という強い思いは、この世の中のどんな薬よりも、あなたを長生きさせてくれる（医者だってこれには同意するはずだ）。

＊　＊　＊

大きな成功を成し遂げようと決意した人は、そこにたどり着くには**一歩ずつ前に進んでいくしかない**ことを知る。家は1つずつレンガを積んでいくことで完成する。サッカーの試合で勝つには1

つ1つプレーを積み重ねていく必要があるし、デパートを大きくするには1人ずつ新しいお客さんを獲得していかなければならない。大きな成果というのは、どれも小さな成果の積み重ねでできている。

作家としても記者としても有名なエリック・セヴァライドは、1957年4月発行の『リーダーズ・ダイジェスト』で、自分がこれまでに得た最高の教訓は〝ネクスト・ワン・マイルの法則〟だったと語っている。以下にその一部を引用しよう。

第二次世界大戦のさなか、ビルマとインドの国境に広がる山岳地帯で、私は数名の隊員とともに、故障した輸送機からパラシュートでジャングルに飛び降りるはめになった。救援隊が来るには数週間はかかる場所だったので、われわれはインドを目指して行進を開始した。8月のうだるような暑さとモンスーンの雨のなか、多くの山を越えて140マイルも歩かなければならないという、苦難に満ちた長い道のりだった。

行進をはじめて最初の1時間で足がひどく痛みだし、その日の夜には両足のブーツの金具にあたった部分に50セント硬貨ほどもある水ぶくれができていた。痛む足を引きずってあと140マイル？　私よりもくたびれている者もいるというのに、本当にそんな距離を歩けるのだろうか。正直に言って、みな、絶対に不可能だと思った。それでも次の峠まで、あるいは次の友好的な村までなら行けるかもしれない。というか、そうするしかないのだった……

のちに、仕事を辞め、定期収入を手放して、25万ワードの本を書きはじめたときも、私はそのプロジェクトの全体像を思い浮かべることに耐えられなかった。もしそうしていたら、いまでもライターとして誇りの源になっているこの本を、書き上げることはできなかったに違いない。そのかわり私はとにかく、次の章はおろか、次のページのことも考えず、とにかくその段落と次の段落にだけ集中することにした。そうして半年のあいだ、ただひたすら、１つ１つ文章を積み上げていったのだ。すると気づくと本は完成していた。

そしていまから数年前。私は日刊紙の連載とテレビ番組用の原稿執筆、収録を引き受け、結果的に２０００本ものスクリプトを書くことになった。だが、最初から２０００本書くという契約だったら、仕事の量におじけづいて契約しなかったはずだ。私はただ、１本書いたらまた１本と、積み重ねてきたにすぎない。

このエリック・セヴァライドの〝ネクスト・ワン・マイルの法則〟はあなたにも有効なはずだ。一歩ずつ前に進めるというのは、どんな目標にでも使えるすぐれた方法である。たとえば、喫煙者の友人いわく、〝次の1時間我慢する〟のが、ほかのどの方法よりも効果のある、最高の禁煙法だという。つまり、二度と吸わないと誓いをたてていきなり究極のゴールを目指すのではなく、とりあえず1時間だけ我慢する。そして時間がきたら、またもう1時間我慢するという誓いをたてる。吸いたい気持ちが弱くなってきたら、単位を2時間、1日と伸ばしていく。すると最後には目的を達成できる。一気に禁煙を達成しようしても、精神的な負荷が大きすぎて失敗する。「1時間だけ吸わない」のは簡単だが、「二度と吸わない」というのはとても難しい。

どんな目的も、達成するには一歩一歩の積み重ねが必要だ。管理職になったのであれば、任せられた仕事は、たとえそれがどんなにささいなことでも、さらに上を目指すための重要なステップだと考えるべきだし、セールスパーソンなら1つ1つ契約をとることで管理職への道がひらける。同じく、牧師は説教のたびに、教師は授業のたびに、科学者は実験のたびに、経営者は会議のたびに、大きな目標に向かって一歩ずつ前進する。

ときには、誰かが一気に成功を手に入れたように見えることもある。だが、その人の過去の経歴を調べてみれば、十分に基礎づくりをしていたことがわかるだろう。あるいは成功したと思ったらあっという間に凋落していく人もいるが、その場合は基礎のない偽物だったということだ。

美しい建物が、1つ1つはなんということもない石を積み上げてつくられるように、成功者の人生もまた、ささいなことの積み重ねでできている。

だからあなたもぜひ、次の仕事を──たとえそれがどれだけささいなものに見えても──しっかりとこなすことで、最終的な目的地に向けての第一歩としてほしい。また**何をすべきかわからないときは、「これは自分の目的地に向かう役に立つのか」という問いを判断の基準にすればいい。**もしその答えが「ノー」なら手を引き、「イエス」なら前に突き進もう。

1カ月の改善プラン

私たちは一足飛びに成功することはできず、一歩一歩進むしかない。とても単純な話だ。毎月、達成すべきノルマを決めるのも賢いやり方だろう。

まずは、より効率よく前に進むために、具体的に何をすればいいか考えてみることだ。以下のフォーム（表12－2）の各項目の下に、今後1カ月のあいだにやるべきことを書き込もう。そして1カ月が経ったら、進捗状況を確認して、次の1カ月の目標を設定する。つねに小さな目標に取り組みつづけることで、大きな目標に向かう道のりがはっきりしてくるはずだ。

今度、あなたから見て、落ち着いていて身なりがよく頭脳明晰で有能だと思う人物と出会ったら、その人も生まれつきそうだったわけではないことを思い出してほしい。意識的な努力と日々の改善の積み重ねによって、いまのその姿があるのだ。新しいポジティブな習慣を身につけて、ネガティブな悪癖を取り去るには、毎日すこしずつ努力する必要がある。

ぜひ、いますぐに1カ月の改善プランをたてよう。

こういう話をすると、「目標に向かって努力するのが大事なのはわかるけど、そうそう計画通りにいくものじゃない」と反論する人がいる。

たしかに自分ではどうしようもない事情で、目標達成への道のりが変わってくることはままある。家族が大きな病気になったり、亡くなったり、ぜひやろうと思っていた仕事がキャンセルになってしまったり、予想外の事故が起きたり――。

だから、人生では「**ときには回り道をする必要がある**」ことを覚悟しておくべきだ。道を車で走っていて「通行止め」の看板があったからといって、そこで車を止めてキャンプをしたり、回れ右

表12－2　１カ月の改善プラン

いまから〈　　〉までのあいだに、私は……

A．以下の習慣を断ち切る（案）

1．ものごとを先延ばしにすること。
2．否定的な言葉を口にすること。
3．１日に１時間以上テレビを見ること。
4．人の噂話をすること。

B．以下の習慣を身につける（案）

1．朝、身だしなみをしっかり確認する。
2．毎晩、次の日の計画をたてる。
3．機会があればできるかぎり人を褒める。

C．以下の方法で、会社にもっと貢献する（案）

1．部下の育成をもっとうまくやる。
2．会社の組織や事業、顧客についてより深く知る。
3．業務をより効率的にするために、具体的な提案を３つする。

D．以下の方法で、家庭にもっと貢献する（案）

1．普段、当たり前だと思っている妻のちょっとした行動に感謝の気持ちを示す。
2．週に一度は、家族みんなで何か特別なことをする。
3．毎日１時間、家族のことに専念する時間をとる。

E．以下の方法で自分の心を研ぎ澄ます（案）

1．毎週２時間は業界の専門誌を読む。
2．自己啓発書を１冊読破する。
3．新しい友人を４人つくる。
4．毎日30分、誰にも邪魔されないところで静かに考える時間をとる。

をして家に帰ったりはしないはずだ。それはただ、その道は使えないという意味でしかない。目的地につながるほかの道を探せばいいだけだ。

たとえば軍の司令官のやり方を見てみよう。彼らは目標を達成するためのマスタープランをたてるとき、同時にいくつか代替案もつくる。そして不測の事態が起きてプランAが不可能になったら、すぐにプランBに切り替える。たとえ着陸予定の空港が封鎖されても飛行機に安心して乗っていられるのは、ほかに着陸できる空港があるうえに、そこまで飛べるだけの燃料を積んでいるのがわかっているからだ。

大きな成功を収めた人物で、回り道をしたことがない人はまずいない。

ある道が通れないからといって、目的地を変える必要はない。違う道を通ってそこまで行けばいいだけだ。

＊　＊　＊

「ああ、あのとき○○社の株を買っておけばよかった。そうすればいまごろ大金持ちだったのに……」。あなたもきっと、誰かがこんなふうに嘆くのを聞いたことがあるのではないか。

一般に投資と言うと、株や債権、不動産などの購入をイメージするだろう。だが、人生でもっとも重要でもっとも見返りが大きい投資は、自己投資――つまり、考える力を鍛え、能力を高めることにお金を投じることである。

先進的な企業は、いまから5年後にどれだけ発展できるかは、5年後に何をするかではなく、今年何をするか、何に投資するかで決まることを知っている。将来の利益の源になるのは、投資しかありえない。

これは企業だけに限らない。数年後に普通以上の収入（利益）を得るには、私たちも自分自身に投資する必要がある。目標の達成に投資は不可欠なのだ。

それでは数年後にばっちり利益があがる、確実な自己投資を2つ紹介しよう。

1．教育に投資する

真の教育は、まさにもっとも確実な自己投資と言える。ただ、まずは教育とはどういうものなのか、よく考えてみよう。一部には、教育というものを、学校に通った年数やもらった卒業証書やった学位の数で評価しようとする風潮があるようだ。だが、こうして〝定量的に測れる〟教育を受けたからといって、それが必ずしも成功につながるわけではない。ゼネラル・エレクトリックの会長であるラルフ・J・コーディナーは、企業のトップの立場から、教育に対して次のような見解を述べている。

我が社の歴代の社長でももっとも優秀だったウィルソンとコフィンは、ともに大学を出ていない。また、いまの役員のなかには博士号を持っている者も何人かいるが、全41人中12人は大卒ではない。われわれが注目するのはその人の能力であって、卒業証書ではないのだ。

卒業証書や学位は就職活動のときには役に立つかもしれない。だが、出世を約束してくれるわけではない。「会社が注目するのはあなたの能力であって、卒業証書ではない」からだ。

また、教育を、その人の頭のなかにある知識の量だと考える人たちもいる。しかし、ただ情報だけを詰め込んでも、自分のしたいことを実現する役には立たないだろう。現在では、情報は紙やコンピュータに記録しておけばよいという場面も増えてきた。コンピュータでも代替可能なことしかできないようでは、その人は将来、困った立場に置かれることになるだろう。

では、投資する価値のある真の教育とは何か？　それは、考える力を育て、発達させるようなものをいう。つまり、ある人が真の意味で教育を受けているかどうかは、どれだけものごとを深く考えられるかによって測られる。

逆に言えば、考える力を伸ばすものはすべてが教育であり、それはさまざまな形をとりうる。ただ、多くの人にとってもっとも効率よく教育を受ける方法は、やはり大学にいくことだろう。大学は教育の専門機関だからだ。

あなたがしばらく大学に足を踏み入れていないのなら、行ってみたらきっと驚くはずだ。いまでは幅広いコースが提供されているし、仕事が終わったあとに通っている社会人もたくさんいる。彼らは決して見栄のためではなく、本物の向学心を持って大学に来ており、すでに会社では責任ある立場にある人も多い。私が最近講師を務めた25名の夜間クラスには、12店舗を持つ小売チェーンのオーナーが1人、全国規模の食品チェーンのバイヤーが2人、工学部卒のエンジニアが4人、空軍大佐が1人いて、そのほかにも同じような立場の人が何人もいた。

最近では夜間コースで学位をとる人が増えているが、それ自体はつまるところ紙切れでしかなく、彼らのモチベーションはそこにはない。真の目的は、考える力を伸ばすことであり、それこそが将来確実な見返りをもたらしてくれる投資だと言える。

ここに〝外れ〟はない。教育というのは本当にコストパフォーマンスが良いのだ。ちょっとお金を出せば、週に1回1年間大学に通うことができる。そのコストはあなたの総収入の何パーセントにあたるのだろう？　未来のために、そのくらいの投資は惜しむべきではないのではないか？

いますぐにでも、大学に通うという投資をはじめてみてはどうだろう。週1回の通学をずっと続けるのだ。そうすれば、あなたはつねに進歩的で若々しい感覚を保ったまま、アンテナを張って生きていける。興味のある分野の最新情報をつねに仕入れられるだけでなく、同じように上を目指している仲間たちとともに時間を過ごすことができるのだ。

2. 着想のきっかけとなるもの（アイディア・スターター）に投資する

教育は考える力を養い、伸ばし、新しい状況に対応したり問題を解決したりするための訓練の場を与えてくれる。アイディア・スターターもこれと同じような役割を果たす。あなたの心をうるおし、考えるための材料を与えてくれるのだ。

では、アイディア・スターターを手に入れるにはどうすればいいのか？　方法はいろいろあるが、良質なアイディアの素を安定して仕入れたいなら、毎月すくなくとも、好奇心を刺激してくれるような本を1冊は購入し、着想を促すような雑誌や学術誌を2冊定期購読することをおすすめする。

すこしのお金とわずかな時間で、各分野の最高の知性に触れることができる。

ある日私は、ランチのときにこんな会話を耳にした。隣に座っていたグループのなかの1人が「でも、お金がかかりすぎるでしょ。毎日『ウォール・ストリート・ジャーナル』を読むなんて無理だよ」と言った。すると、そのなかであきらかに一番成功しているであろう人物がこう返した。「そうかな。ぼくは〝読まないなんて無理〟だと思うけど」

ここでも見習うべきは成功者のほうだ。あなたも、すぐにでも自分への投資をはじめよう。

本章のまとめ——すぐに行動を起こそう

さて、以下に本章で解説した成功の法則を簡単にまとめるので、ぜひ実行に移してほしい。

1. 目的を明確にして、自分の10年後の姿を思い描く。
2. 10年間の計画を書き出す。大切な人生を運任せにしてはいけない。「仕事」「家庭」「社交」の3つに分けて、それぞれの分野で何を成し遂げたいかを紙に書き出してみよう。
3. 自分の欲求に素直になる。より活力が湧いてくるような、ものごとを成し遂げられるような、生きることの本当の楽しさを見つけられるような目標をたてよう。
4. 大きな目標を〝自動制御装置〟にしよう。目標が無意識にまで染みこみ、自身と一体化すれば、それを達成するための正しい判断が自然とできるようになる。
5. 目標に向かって一歩ずつ小さな成果を積み上げていく。どんなに小さなことでも、それは目標を果たすための大切な一歩だと考えよう。

6. 1カ月単位で目標をたてる。日々の努力はいずれ実を結ぶ。

7. 回り道は覚悟しておく。ある道がふさがっていても、違う道を行けばいいだけだ。目標をあきらめる必要はない。

8. 自分に投資する。これは、考える力を高める機会をお金で買うということだ。教育とアイディア・スターターにお金を投じよう。

13

リーダーの考え方

HOW TO THINK LIKE A LEADER

前にも述べたが、高い地位に昇るにあたって、あなたは上から〝引き上げられる〟のではなく、ともに働いている同僚や部下たちによって〝持ち上げられる〟のだということを、もう一度思い出してほしい。

大きな成功を成し遂げるには、周りの人の支持を集め、協力をとりつける必要がある。それにはリーダーとしての資質が不可欠だ。成功と〝人を導く力〟――すなわち、あなたが先導しなければやらなかったであろうことをみなにやってもらう力は密接に関わっている。

これまでの章で解説してきた成功の法則を使えば、この〝人を導く力〟を効果的に養えるはずだ。そこで本章では、会社や家庭、重役室や社交クラブをはじめとした実際の場面でこの力を発揮し、周りの人たちに自分のやりたいことに協力してもらうための特別なルール――以下に示すリーダーシップを発揮するための4つのルールをマスターしてもらいたい。

1. 影響を与えたいと思う相手の気持ちになってみる
2. 問題に人間的に対処する方法を考える
3. 前向きに考え、進歩を信じ、改革を推し進める
4. 自分と対話する時間をとり、最高の思考力を養う

これらのルールを実践すれば、結果がついてくる。日常的な場面にルールを適用することで、「リーダーシップ」というある種ばくぜんとした言葉の本当の意味が見えてくるはずだ。

では中身を詳しく解説しよう。

ルールその1　影響を与えたいと思う相手の気持ちになってみる

このルールは、友人や同僚、部下や顧客に自分の望み通りの行動をとってもらうにあたって、魔法のような力を発揮する。2つの実例を通してその効果を見てみよう。

大手広告代理店でコピーライター兼ディレクターとして働いていたテッドは、子供靴メーカーから依頼された宣伝キャンペーンの一環として、テレビコマーシャルの作成を担当することになった。だが、実際にキャンペーンがはじまってから1カ月がたった頃、この宣伝が店舗での売り上げにほとんど（あるいはまったく）貢献していないことが判明。失敗の原因としてテレビコマーシャルがやり玉にあがった。なぜなら、多くの都市ではテレビコマーシャル以外の宣伝は一切していなか

ったからである。

そこで調査をしてみると、全視聴者のうちの4％がこのコマーシャルを「これまでの見たなかでも最高だ」と評価している一方で、残りの96％が「興味がない」、あるいは「不愉快だ」と感じていることがあきらかになった。

「音楽が変。日付が変わるまで演奏したあとのニューオリンズのバンドみたい」「うちの子どもたちはたいていのコマーシャルは喜んで見るけど、この靴のCMが流れるとトイレに立ったり、冷蔵庫に食べものを探しにいったりする」「ずいぶん上から目線のCMだと思う」「かっこつけてるように見える」などの意見が数多く寄せられたのだ。

また、すべての意見を集計して分析してみると、さらに興味深い事実がわかった。このCMを気に入った4％の人たちは、収入や学歴、教養や関心分野といった点で、非常にテッドとよく似ていたのである。残りの96％は、あきらかに社会的・経済的に異なるグループに属していた。

つまり、テッドが多額の費用をかけてつくったコマーシャルは、自分の興味だけを反映したものだったのだ。彼は、それを見る多くの人が靴を買うときのことではなく、もし自分が靴を買うとしたら、と想定してしまった。結果、できあがったCMは、大多数の視聴者の心には届かない、たんなる自己満足に終わったのである。

彼が普通の人の視点から、「世の中の親たちは、どんなCMを見たら、子どもに靴を買ってあげたくなるだろうか？」「子どもたちはどんなCMを見たら、パパやママに『この靴が欲しい』と言いに行くだろうか？」と考えていれば、結果は大きく違ったものになったはずだ。

ジョーンがバイヤーとして成功できなかったわけ

高学歴で才色兼備の24歳のジョーンは、大学を卒業してすぐ、廉価な商品を扱う百貨店に就職し、服飾品のバイヤーのアシスタントになった。将来を嘱望されていて、就職の際の推薦書には「ジョーンには向上心と才能と熱意があります。間違いなく大成功するでしょう」と書かれていたほどだった。

だが、結論から言えば〝大成功〟することはなかった。彼女はたった8カ月で仕事を辞め、業界を去ることになったのである。

私は彼女の上司であるバイヤーと親しかったので、何があったのか聞いてみた。するとこんな答えが返ってきた。

「ジョーンは頭の切れる子で、すばらしい素質を持っていた。でも、1つ大きな欠点があったんだ」

「欠点？　いったいどんな？」

「ああ、彼女は自分の好みにこだわって、一般受けしないような商品ばかりを買ったんだよ。形、色、素材、値段――すべてを店に来てくれるお客さんの目線ではなく、自分目線で選んでいた。ぼくが『その商品はうちの店にはあわないかもしれないよ』とアドバイスしても、『そんなことありません。みんな好きだと思いますよ。だって私がいいと思うんですから。きっとすぐに売れていくはずです』と言ってゆずらない。彼女は裕福な家庭で育ったので、自然と質の良いものを買い求めるようになった。値段にはこだわらずにね。そのせいで、あまり収入の多くない人たちの目線になることができなかった。だから彼女の買い付ける服はうちの店にはあわなかったんだ」

ここでのポイントを一言で言えば、「相手を思い通りに動かすには、その人の目線になってものごとを見るべし」ということになる。相手の気持ちになることで、どうすればうまく心を動かせるかが見えてくる。実際、セールスパーソンとして大成功している友人は、売り込みをする前に、見込み客がどう反応するかをシミュレーションするのに多くの時間を費やしていると言っていた。同じく、聞き手の気持ちをわかっている話し手は、より興味深い、心に響くセールストークができる。部下の気持ちがわかっている上司は、より効果的で受け入れてもらいやすい指示が出せる。

ある会社の与信調査部門を統括する若手幹部が、この、「相手の目線でものごとを見る」というテクニックの効果について、次のように語っていた。

この店（中規模の衣料品店）に与信調査部長補佐として赴任してきた私は、ローンの回収業務を一手に任されることになりました。ただ、それまでに使われていた督促状には本当にがっかりしました。とても高圧的な強い言葉が並んでいて、まるで脅しのような文面だったんです。もし自分にこんな手紙が送られてきたら、腹が立って『絶対に金なんか払うもんか』と思うような代物です。そこで私は、期限の過ぎた請求書を払う気になってもらえるような文章に書き換えました。するとちゃんと効果がありました。支払いが滞っているお客さんの立場にたって考えたことで、過去最高の額を回収することができたんです。

逆に、一般的な有権者の目に自分がどう映っているかを自覚できないために、選挙に負ける政治家は多い。ある国政選挙の候補者は、能力や資質という点では対立候補と遜色なかったにもかかわらず、たったひとつの理由によって大差で敗れることになった。彼はスピーチの際に、ごく一部の人しか理解できないような難しい言葉を使ったのである。

一方、対立候補は、有権者の興味・関心をちゃんと考慮して、農家の人や工場の労働者が普段から使っているようなわかりやすい言葉で話していた。テレビに出演したときにも、学者のような聞き手を想定するのではなく、一般大衆に向けて語りかけていた。

「もし自分が相手の立場だったらどう思うだろうか？」という問いをつねに心のなかに置いておこう。そうすれば、何をするにも成功の確率があがる。

自分が影響を与えたい相手の気持ちを考えるというのは、どんな状況でも効果を発揮するすぐれた方法だ。数年前、ある小さな電子機器メーカーが、〝絶対に飛ばないヒューズ〟を開発した。そして、1つ6・25ドルで売ることにし、宣伝を広告代理店に依頼した。

代理店の担当者はがぜんやる気になり、「この商品は間違いなく売れる！　初年度で1000万個はいくはずだ」と言って、テレビ、ラジオ、新聞などあらゆるメディアを使って国中で大々的な宣伝を打つプランをたてた。

「ヒューズは一般向けでもなければ、ロマンがある商品でもない。そもそも普通の消費者は、ヒューズなど安ければ安いほどいいと思っている。だから広告は一部の雑誌に絞って、高所得者層をターゲットにしてみてはどうか」という声もあったが、彼はそれを無視して、大規模なキャンペーンを強行した。結果、6週間後には「期待したような効果がなかった」という理由で、メーカーから契約を解除されるはめになった。

この失敗の原因は、担当者がこの高価なヒューズを、高給取りである自分の視点からしか見ておらず、普通の所得水準の人の視点が欠けていたことにある。もし彼が一般的な消費者の立場にたって考えることができていれば、高所得者層をターゲットにするという意見に耳を貸し、顧客を失うこともなかっただろう。

自分が影響を与えたいと思う相手の気持ちを理解するための具体的な方法を表13－1に示したので参考にしてほしい。

また、以下に「相手の気持ちになって考える」ための法則をまとめておく。ぜひ実践しよう。

1．相手の置かれた状況に思いを巡らせ、相手の立場になって考える。関心事項、収入、知的レベルなど、すべてがあなた自身とは大きく違う可能性があることを忘れないように。
2．「もし自分が相手の立場だったら、それにどうリアクションするだろう？」と考えてみる。
3．そのうえで、もし自分だったら心を動かされると思うことをやってみよう。

ルールその2　問題に人間的に対処する方法を考える

一言に「リーダーシップをとる」と言っても、いくつか異なるやり方がある。1つは、独裁をす

表13－1　相手の気持ちを理解するには

シチュエーション	最高の結果を出すために考えるべきこと
1　誰かに仕事の手順を説明をするとき	その仕事をはじめてやる人でも理解できるような言い方をしているか？
2　広告のコピーを書くとき	自分が典型的な見込み客だったとして、この広告を見てどう思うか？
3　電話に出るとき	もし自分が電話をかけた側だったとして、この声のトーンやしゃべり方で対応されたら、どんな印象を受けるか？
4　贈り物をするとき	これは自分が欲しいものなのか、それとも相手が欲しがるものなのか？（しばしばこの２つは大きく違う）
5　誰かに指示を出すとき	自分が指示を受ける側だったとして、やる気が出るような言い方をしているか？
6　子どもをしつけるとき	もし自分が、年端のいかない、人生経験もない、感情面でも未熟な子どもだったとして、この言い方にどう反応するだろうか？
7　身だしなみを整えるとき	もし誰かが自分と同じ格好をしていたとして、優れた人物だという印象を受けるだろうか？
8　スピーチの準備をするとき	聞き手の性質や関心事項からして、この言葉をどう受け取るだろうか？
9　誰かをもてなすとき	もし自分が招待客だったとしたら、どのような食事、音楽、余興があったらうれしいだろうか？

ることだ。独裁的なリーダーは周りの人たちに何も相談することなく、すべてを独断で決める。このようなタイプのリーダーが部下の言い分を聞こうとしないのは、おそらく心の底で、部下の意見のほうが正しくて自分のメンツをつぶされるという事態になるのを恐れているからだろう。

だが、独裁は長くは続かない。部下たちは最初はうわべだけの忠誠心を見せるかもしれないが、すぐに騒ぎはじめる。そして優秀な者は去り、残った者たちは力を合わせて〝暴君〟に対抗しようとする。結果、組織はまともに機能しなくなり、独裁的なリーダーは自分よりもさらに上の立場の人間に顔向けができなくなる。

2つ目のアプローチは、感情を交えず、粛々と、ルールブックに則ったコントロールをするというものだ。すべてをあらかじめ定めた通りに処理するこのタイプのリーダーは、ルールや規則、計画というものが、一般的なケースに対処するうえでの指針にすぎないことを理解しておらず、人をまるで機械のように扱う。そうした扱いこそ、人間がもっとも嫌がるものだというのにだ。こうした、冷淡で非人間的な効率化のエキスパートは、リーダーにふさわしくない。なぜなら、機械扱いされた人間は、その能力のごく一部しか発揮しようとしないからだ。

リーダーとして大成するのは、第3の方法である、いわゆる〝人間的な〟アプローチをとる人だ。

数年前、私は、ある大手アルミニウムメーカーで技術開発部門の幹部を務めていたジョン――まさにこの〝人間的なアプローチ〟をマスターし、その恩恵を十分に活かしている人物――と仕事をともにしたことがある。彼は普段のささいな行動を通じて部下に対してつねに「あなたは1人の人間だ。私はあなたを尊重するし、あなたを助けるためにできるかぎりのことをするためにここにいる」というメッセージを発していた。

地方出身の新入社員が部署にきたときには、ジョンはいつも、個人的に時間を割いて家探しを手伝った。

また、秘書と2人の女性社員と協力して、部下1人1人のためにバースデーパーティーをオフィスでひらいた。毎回30分は時間をとられることになるが、それは「コスト」ではなく、部下たちの気持ちをつかみ、成果をあげるための「投資」だった。

部下がある少数派の宗教を信仰しているとわかれば、その宗教独自の祝日に従って仕事ができるよう、スケジュールを調整することを約束した。

部下やその家族が体調を崩したときには、それをちゃんと覚えておいて気にかけていたし、プライベートで何かいいことがあれば、いつもお祝いの言葉を贈った。

だが、ジョンの〝人間的な〟アプローチがもっともよく表れていたのは、部下を解雇するときだ。前任者が雇った社員で、仕事に対する適性や関心が欠けているために解雇せざるをえなくなった者がいたのだが、ここでのジョンの対応は本当に見事だった。従来のように、本人を呼びつけてくびを宣告し、15日か30日以内にオフィスを去るよう申し伝えるというやり方をするかわりに、彼は普通ならまずありえないようなことを2つやった。

まず、自分の適正や関心を活かせるような職場を見つけることの大切さを本人に諭したうえで、信頼できる就職コンサルタントを紹介した。そして次にやったことは、完全に職務の範囲を超えていたと言えるだろう。ジョンはその〝元〟社員の能力を必要としている他社との面接をセッティングし、次の就職を世話してあげたのだ。おかげでその元社員は、解雇を告げられてからわずか18日後に他社で幸先のいい再スタートをきることができた。
この話を聞いて感心した私は、どうしてそんなことをするのかジョン本人に尋ねた。するとこんな答えが返ってきた。

ぼくには座右の銘にしている古い格言があるんだ。「自分に従う者たちは、自分が守るべき存在でもある」っていう。彼はうちの仕事には向かない人だったから、そもそも雇うべきじゃなかった。でも雇ったからには、なんとかしてあげる必要がある。せめて転職の手伝いでもしてあげなければね。
人を雇い入れるのは誰でもできる。でもリーダーの資質が問われるのは、解雇するときだ。彼の再就職を手伝ったことで、部下たちはみんな安心して働けるようになった。ぼくがここにいるかぎり、いきなり路頭に迷わせるようなことはしないことを、行動で示したからさ。

ジョンの人間味あふれるリーダーシップは、間違いなく効果をあげていた。部下たちは誰ひとりとしてジョンの陰口を言わず、絶対的な信頼を寄せ、彼のために力を尽くす。ジョンは部下たちに「自分たちの立場は守られている」という安心感を与えてあげたがゆえに、自分の立場を盤石にすることができたのだ。

15年ほど前から親しく付き合っているボブ・Wという男は、現在50代後半で、これまで苦労の多い人生を送ってきた。学歴も貯蓄もなく、1931年に職を失った。だが、彼は立ち止まることなくすぐに動き出し、自分の家のガレージを使って家具づくりの店をはじめた。そしてたゆまぬ努力によって事業は拡大。現在では300人の従業員を抱える流行の家具メーカーに成長した。いまではボブは億万長者であり、お金や物の面で心配する必要はなくなった。しかも、友人にも恵まれ、心も満たされている——精神的な意味でも億万長者なのだ。

ボブはすばらしい性格の持ち主だが、なかでもほかの人を助けたいという気持ちの強さが際立っている。人情家で、人を大切に扱って、喜ばせるプロなのだ。

ある日、私はボブと「人の間違いを正すこと」について話をした。すると彼は、まさにお手本とも言えるようなやり方を教えてくれた。

ぼくのことをお人好しとか弱虫とか言う人はきっとどこにもいないだろう。会社を経営している以上、ときには問題にきっちり対処しなきゃいけない場面も出てくるからね。でも、そのやり方が大事なんだ。社員の過ちやミスを指摘する場合は、気持ちを傷つけたり恥をかかせたりして萎縮させないよう、細心の注意を払う必要がある。具体的には4つのステップを踏むんだ。

まずは、部屋に呼んで2人きりの状況をつくる。

次に、仕事ぶりのいいところを褒める。

それから、その時点で改めるべき点を1つ指摘して、具体的な改善法を見つける手助けをする。

最後に、いいところをもう一度褒める。

この4つのステップはすごく効くよ。この方法で諭すとみんな感謝してくれるんだ。むしろ気分が良くなるらしい。ぼくの部屋を去る頃には、「自分は優秀な社員だし、これからさらに上を目指せる」っていう前向きな気持ちになってくれる。

ぼくはこれまでずっと、〝人〟に賭けてきた。人を大切にすればするほど、自分にも良いことが起きる。はじめから見返りを求めてやっているわけじゃないけど、世の中そういうふうにできているのさ。

ひとつ例を挙げよう。いまから5、6年前のことだが、ジムという製造部門の社員が酒に酔ったまま出勤してきた。そして工場をめちゃくちゃにしたんだ。塗料が5ガロン〔約19リットル〕も入った容器を持ち出して、そこらじゅうにぶちまけたらしい。ほかの社員がそれをとりあげて、工場長が彼を外に連れ出した。

ぼくが駆けつけたときには、ジムは工場の前に座り込んでぐったりしていた。そこで彼を助け起こして、車に乗せ、家まで送っていった。奥さんはひどく取り乱していたよ。大丈夫だから、気にしなくていいと言って落ち着かせようとしたんだが、「大丈夫じゃないわよ！　社長のミスターWは、仕事中に酔っ払うような社員を許さないわ。ジムはくびになる……どうしたらいいっていうの？」と返ってきた。ジムはくびにはならないよと言うと、「あなたにどうしてわかるのよ⁉」って。だから、ぼくがミスターWだからさと答えた。

それを聞いた奥さんは気を失いそうになった。ぼくは工場でジムを助けるために全力でバックアップするから、あなたはできるかぎり彼を家で介抱して、明日の朝、仕事に来られるようにしてほしいと頼んだ。

それから工場に戻り、ジムの部署に行って同僚たちに話をした。「今日はいやなものを見てしまったかもしれないが、なかったことにしてあげてほしい。ジムは明日には出社するから親切にしてあげてくれ。これまで長いあいだよく働いてくれた人だから、もう一度チャンスをあげるべきだと思うんだ」

そして、職場に復帰したジムは二度とお酒の問題を起こさなかった。ほどなくしてぼくはこの一件のことを忘れた。でも彼はそうではなかった。いまから2年前に、労働組合の本部から、この地域の労働条件の交渉のために、組合員たちがやってきた。彼らはめちゃくちゃで、ありえないような要求をした。すると、内気でおとなしかったはずのジムが動き出した。工場中をまわって、同僚たちに「ミスターWは俺たちをいつもフェアな条件で働かせてくれている。部外者にとやかく言われるようなことは何もないはずだ」と言ってくれたんだ。

そして組合員は去った。ジムのおかげで、ぼくたちはいつものように友人のような関係で労働条件を話し合うことができたのさ。

さて、ここまで読んできて、良いリーダーには人間的なアプローチが必要なのがわかっただろう。

それを実践するうえで、やるべきことは2つある。まずは**人がらみの難しい問題に直面したら、いつも「これを人間的に解決するにはどうしたらいいのか？」と自分に問いかけてみる**ことだ。

部下同士のあいだで意見が割れたり、社員が問題を起こしてしまったときは、時間をとってじっくり考えてみる。

ボブのやり方を思い出そう。誰かの間違いを正すときには、皮肉を言ったりあざ笑ったりしてはならない。相手をおとしめたり、「身の程を思い知らせてやる」というような態度ではいけない。つねに「人間らしく人と接するにはどうしたらいいか」を考えよう。そうすれば必ずいい手だてが見つかる――すぐに見つかる場合もあれば、時間がかかる場合もあるだろう。それでも、必ずだ。

人間的なアプローチを活用するための2つ目の方法は、**自分が〝人間第一〟を旨としていることを行動で示す**ことだ。部下のプライベートにも関心を持とう。分け隔てなく、全員を大切に扱おう。そして自分自身、人生を楽しむことが一番大切だということを思い出そう。あなたがその人に興味を示せば示すほど、その人はあなたのために働いてくれる。その働きが、あなたをより大きな成功へと導くのだ。

自分の部下たちの働きぶりをこまめに上司に報告しよう（これはアメリカの伝統でもある）。それを見た部下たちは、あなたを慕ってくれるはずだ。このとき、自分が上司から軽んじられるのではないかと心配する必要はない。謙虚に部下たちのおかげだと言える人間のほうが、功績を自画自賛しなければプライドを保てないような人間よりもよほど頼もしく見えるはずだ。いきすぎない謙虚さはおおいにプラスになる。

ことあるごとに部下を褒める。協力してくれることに感謝する。求めた以上の働きをしてくれたことを評価する。称賛は、あなたが人に与えられる最大の報酬であり、しかもコストは一切かからない。選挙では、名もなき人の投じる1票が有力な候補者を打ち倒す光景がよく見られる。会社の出世競争でも部下たちが一気に自分を持ち上げてくれる可能性は十分ある。

ぜひ、普段から人を褒めておこう。

人を正しいやり方で、人間的に扱うのだ。

ルールその3　前向きに考え、進歩を信じ、改革を推し進める

人を評すうえで最高の褒め言葉は、「彼はつねに前を向いていて、この仕事にふさわしい」というものだ。

どんな分野でも、出世をするのは、進歩を信じ、改革を推し進める者だ。本物のリーダーになれる人材は、つねに不足している。事なかれ主義でひたすらに現状維持を唱える者のほうが、改善の余地を見つけ、より優れた仕事をしようとする者よりもはるかに数が多いからだ。あなたはぜひ、前向きな姿勢を身につけ、一握りのエリートを目指そう。

そのためにとくに注意すべきは以下の2つだ。

1. つねに改善の余地がないか考えること。
2. つねに高い水準でものごとを見ること。

数カ月前、私はある中堅企業の社長から、大きな決断をするので力を貸してほしいと頼まれた。彼は、この会社を興してから、これまで営業部門を自ら率いてきたのだが、現在7人いる部下のセールスパーソンのなかから、営業部長の適任者を選ぶ時期に来ているのだという。そして、経験も営業成績もほぼ同じ3人まで候補を絞った。

私の仕事は、それぞれの候補者と1日現場をともにして、誰がもっともリーダーにふさわしいかを報告することだった。本人たちには、マーケティング・プログラムを視察するために1日だけコンサルタントが同行すると告げ、本当の理由は伏せておいた。

すると3人のうち2人は、似たような反応を見せた――〝何かを変える〟ためにやってきたであろう私の同行を、あきらかに嫌がったのだ。彼らはこれまでのやり方を変えたがらない、現状維持主義者だった。担当地域の決め方から、報酬制度、セールスに使う資料など、営業の仕事のどんな点について質問しても、「このままで問題ありません」と答え、いまのやり方を変えられない、変えるべきではない理由をとうとうと述べる。要するに「とにかくほうっておいてくれ」ということなのだろう。片方にいたっては、私を宿泊先のホテルに送り届けたときに「あなたがどうしてわざわざ私に1日ついてきたのかはわかりませんが、社長にはいまのままで問題ないと伝えておいてください。くれぐれも何かを変えようとなんてなさらないように」と言ったほどだ。

だが、3人目は違った。愛社精神があり、その業績に誇りを持っていたが、それでも現状に甘んずることなく、改革を求めていた。そのため彼は一日中、新規案件の獲得や顧客へのよりよいサービスの提供、無駄な時間の削減、社員のモチベーションアップのための報酬制度の導入をはじめとした、自分を含め、会社全体がさらなる成果を出すためのアイディアを、私に話しつづけた。くわえて以前から温めていたというオリジナルの広告キャンペーンの構想まで語ってくれた。別れ際の言葉は「今日は、自分の考えを聞いてくれてありがとうございました。営業部はいまでもいいチームですが、私はもっとよくできると思ってるんです」というものだった。

言うまでもなく、私は3人目を推薦したし、社長も考えは同じだった。必要なのは、規模の拡大と効率化を追求し、新商品や新しいプロセスを開発し、よく学び、会社を発展させてくれる後継者だからだ。

進歩を信じ、改革を推し進めよう。そうすれば、あなたもリーダーになれる！

私は幼い頃、リーダーの考え方の違いによって、それに従う者たちのパフォーマンスが大きく変わるのを目の当たりにしたことがある。

私の通っていた田舎の小学校には8学年で40名しか生徒がおらず、先生は1人だけ。全員が、レンガづくりの1つの部屋にぎゅうぎゅう詰めだった。新しい先生がやってくるといつも大変な騒ぎになった。7年生や8年生の大きな男の子たちが中心になって、やりたい放題をはじめるからだ。

ある年は完全に学級崩壊状態になった。毎日何度となくいたずらがしかけられ、紙飛行機が飛びかい、つばの飛ばしあいが勃発。さらに、先生を半日も校舎の外に締め出したり、逆に教室のなかに何時間も閉じ込めたり。高学年の男の子たちがしめしあわせて飼い犬を学校に連れてきたこともあった。

ただ、一応言っておくと、みな、不良というわけではなかったのだ。盗みや暴力をはたらいたり、誰かをわざと傷つけるということはなかった。ただの田舎のわんぱくな子どもであり、持てあましたエネルギーを何か面白いことをして発散したいと思っていただけだった。

さて、ひどい目にあった件《くだん》の先生は、それでもなんとか学年の終わりまでやりとげ、次の9月に新任の先生がやってくることになった。

そしてこの先生が、子どもたちから見違えるようなパフォーマンスを引き出したのだ。みなのプライドを刺激して、お互いに尊敬の念を持てるようにし、ものごとを自分で判断させた。生徒にはそれぞれ、黒板をきれいにしたり、自分よりも下の学年の子のテストを採点したりといった役割が割り振られた。この新しい先生は、数カ月前までは間違った形で使われていたエネルギーを、「人格形成」を主眼に据えたやり方によって、正しい方向に向けたのだった。

1年前はまるで悪魔だった子どもたちが、天使のようになる。その違いを生んだのはリーダーである先生だ。ひいき目なしに言って、あの1年間の学級崩壊は子どもたちのせいではなかった。なぜならどちらの年も手綱を握っていたのは先生だったからだ。

最初の先生は、心の底では子どもたちの成長を気にかけていなかった。なんの目標も設定してあげなかったし、励ますこともしなかった。それどころか自分の気持ちすらコントロールできなかった。先生自身教えるのが好きではなく、そのせいで生徒も学びたくないと思ってしまった。

だが、2人目の先生には高くて前向きな目標があった。子どもたちのことが好きで、おおいに成長してほしいと思っていて、それぞれを個人として認めていた。また、自ら何をするにも正しく振る舞って手本を示していたので、子どもたちにもしっかりとした態度をとらせることができた。
どちらの場合も、生徒は先生の振る舞いにあうように、自分たちの態度を変えたのである。

大人の集団でも、これと同じようなことはつねに起きている。第二次世界大戦中、軍の幹部たちは、隊長が「ふぬけで、やる気がなく、なめられている」部隊は、総じて士気が低いことを把握していた。逆に、一流の部隊を率いているのは、軍紀を公正かつ適切に実行する意識の高い隊長だ。隊員たちは、意識の低い隊長を尊敬もしなければ、ついていこうとも思わない。

大学も同じで、学生は教授の振る舞いを見て行動を変える。ある教授のもとでは、授業をサボり、友だちのレポートを丸写しし、なるべく勉強せずに単位をとろうとする。だが、別の教授のもとでは、同じ学生が、その科目について深く知ろうと、自ら進んで勉強に打ち込む。

ビジネスの現場でも、部下は上司に倣った行動をとりがちだ。適当なグループを1つ選んで、その癖や習慣、会社に対する態度、倫理観や良心などをよく観察してみよう。そして、その上司の振る舞いと照らし合わせてみる。きっと驚くほどの共通点が見つかるはずだ。

業績が低迷し、下降線をたどっていた企業が、人数的に見れば全体のごく一部でしかない経営陣の交代によって息を吹き返す姿は、毎年のように見られる。企業（そして大学、教会、サークル、組合をはじめとしたありとあらゆる組織）は、ボトムアップではなく、トップダウンで生まれ変わる。上の考え方が変われば、下の考え方も自然と変わるのだ。

ぜひ覚えておいてほしいが、もしあなたが何かのグループのリーダーになったとしたら、そのメンバーたちは自然とあなたの設定した基準にあわせて行動しはじめる。それが一番顕著なのは最初の数週間だ。メンバーたちは、息をひそめてあなたが出すサインを読み取り、何を求めているかを探ろうとする。あなたの一挙手一投足を観察しつつ、「この人はどれくらい〝できる〟人なんだろう？　私たちにどれくらい仕事をさせたがっているのか？　何をすれば喜ぶんだろう？　こんなことやあんなことをしたら、いったいどう反応するのか？」と考えている。

そしていったん〝基準〟を把握したら、それに沿った行動をはじめる。

だから、自分の振る舞いに自覚的になるべきだ。古くから伝わる以下のことわざを心に刻んでおこう。

もし自分と同じような人間ばかりだったとしたら、
ここはどんな世界になるだろうか？

それから、「世界」を「会社」に言い換えてみる。

もし自分と同じような人間ばかりだったとしたら、
ここはどんな会社になるだろうか？

もちろんここを「サークル」「コミュニティ」「学校」「教会」と読みかえてもいい。自分についてきてくれる人たちの模範となるような考え方、話し方、行動の仕方、生き方をしよう。そうすれば、彼らも自然と同じように振る舞うようになる。

長い目で見れば、部下は上司の生き写しになる。よって、部下に高い成果を出してもらいたければ、自分がコピーする価値のある存在にならなければならない。

まとめとして、進歩的な考えができているかどうかのチェックリストを表13－2に示す。

ルールその4　自分と対話する時間をとり、最高の思考力を養う

普通、リーダーというと、ものすごく忙しい人を思い浮かべるだろうし、事実その通りではある。リーダーたちは必ず、何らかのものごとのまっただ中にいるからだ。だが同時に、彼らがひとりでじっくりと考えを巡らせる時間を長くとっていることも見逃してはならない。

たとえば宗教の偉大な指導者の生涯について調べてみると、みな、かなりの時間をひとりで過ごしているのがわかる。モーセは頻繁かつ長期間にわたってひとりになることが多かったし、イエスも、ブッダも、孔子も、モハメッドも、ガンジーもそうだ。歴史に残る傑出した宗教家たちは、例外なく、日々の雑事から離れ、孤独のなかで過ごす時間を多くとっている。

政治の世界でも、（良くも悪くも）歴史に名を残すようなリーダーは、孤独のなかで深い洞察を得た。フランクリン・D・ルーズベルトがポリオの発作から立ち直るまでの長い期間をひとりで過

表13－2　進歩的な考えができているかどうかのチェックリスト

A．仕事について

1．自分の仕事を「どうしたらもっとうまくいくか」という視点で見ている。
2．ことあるごとに、自分の会社や同僚、つくっている商品を褒めている。
3．３カ月あるいは半年前と比べて、自分の出す成果の量や質に求める基準が高くなっている。
4．部下や同僚など、一緒に働く人たちに良い模範を示せている。

B．家族について

1．３カ月あるいは半年前と比べて、自分の家族は幸せになっている。
2．家族の生活水準を上げるための計画に沿って行動している。
3．家族が家の外で、いろいろと有意義な活動をしている。
4．自ら前向きな姿を示すことで、子どもたちの積極性を伸ばす手助けをしている。

C．自分自身について

1．３カ月あるいは半年前と比べて、自分はより価値のある人間になったと自信を持って言える。
2．自分の価値を高めるための、系統だった自己啓発プログラムを実行している。
3．すくなくとも５年後を見据えた目標を持っている。
4．自分の所属しているすべての組織やグループの発展に貢献している。

D．コミュニティについて

1．過去半年間で、コミュニティ（近所や教会、学校など）の発展に間違いなく寄与したと言えることを実行した。
2．コミュニティで進行中の価値あるプロジェクトに対して、反対したり文句を言ったりするのではなく、その手助けができている。
3．これまでにコミュニティの改善のために、自ら手を挙げ、率先して何かをしたことがある。
4．近所の人やコミュニティの仲間について誰かに話すとき、悪いところではなく、良い面に触れている。

ごさなかったとしたら、はたしてそのたぐいまれなるリーダーシップを発揮できたかどうか。ハリー・トルーマンは、少年時代だけでなく大人になってからも、ミズーリの農場で多くの時間をひとりで過ごしている。

ヒトラーが刑務所で何カ月も孤独な時間を過ごしていなければ、あれほどの権力を掌握することはなかったかもしれない。なぜならそのときに、のちに国中を席巻し、ドイツ人を熱狂の渦に巻き込む邪悪な世界征服計画を説いた、『我が闘争』の執筆を開始したからだ。

レーニン、スターリン、マルクスなどをはじめとする、外交の手練れであった共産党の指導者たちは、刑務所のなかで誰にも邪魔されることなく、どのような作戦をとるべきかについて思いを巡らせた。

一流の大学では、教授が考える時間を確保するために、講義は週に5時間までと決められている。

優秀な経営者たちは、いつもアシスタントや秘書がそばにいるうえに、電話対応や報告書の確認に追われているが、それでも、1週間、1カ月と時間の使い方をつぶさに観察してみると、彼らがその忙しい日々のなか、驚くべきほど長く、誰にも邪魔されずに沈思黙考する時間を確保していることがわかる。

つまり、いかなる分野であれ、成功する人は自分自身と向き合う時間をとっているのだ。リーダーたちはひとりの時間に、散らかった問題の断片をまとめ、とりうる解決策を考え、計画を練る――いわゆる〝超思考〟をおこなっている。

一方、大多数の人が独創的なリーダーシップを発揮することができないのは、なんでもかんでも他人に相談するばかりで、ほかならぬ自分自身に問いかける時間をとらないからだ。おそらくあなたの知り合いにもいるだろう――孤独を極端に嫌い、いつも人に囲まれていたがる。オフィスにひとりでいるのが耐えられないので、すぐに人に会いに行く。夜もひとりで過ごすことはめったにない。寝ている時間以外は、つねに誰かと話していなければという強迫観念に駆られている。いつも世話話やゴシップばかりを延々と繰り広げている――そんな人が。

そうした人は、どうしてもひとりでいなければならなくなると、寂しくならないような手段を探す。テレビを見たり、新聞を読んだり、ラジオを聞いたり、誰かに電話したりすることで、何も考えずに済むようにする。「テレビ様、新聞様、お願いします。私の心の隙間を埋めてください。何かを考えなきゃいけないのが怖いんです」とでも言わんばかりに。

ひとりでいられない人は、自分の頭で考えることを拒否し、頭のなかを黒く塗りつぶしている。心のどこかで、自分自身の考えというものを恐れているからだ。こういう人は時が経つにつれ、ますます浅はかになっていく。何も考えずに行動することが多く、確固たる目的も、信念もない。不幸にも、自分の頭のなかにすばらしい力が眠っていることに気づけないのだ。

だからあなたはひとりでいることに耐えられない人間になってはいけない。成功するリーダーはその脅威的なエネルギーを、孤独から引き出しているのだ。きっとあなたにもできる。

では、具体的にはどうすればいいのだろうか。

以前、とある専門家養成プログラムの一環として、私は13人の研修生に、2週間にわたって毎日

1時間ずつひとりでものごとを考える時間をとってもらうことにした。雑音になるものをすべて排除したうえで、心に浮かんできたことに思いを巡らせるよう指示した。

すると2週間後、全員が、この演習がとても有意義で役に立つものだった言ってくれた。たとえばある研修生は、他社の重役と険悪な関係になりかけていたところを、この〝あえて孤独な時間をつくる〟演習のおかげで、問題の原因がどこにあるかはっきりとわかり、解決法が見つかったという。ほかにも、転職、夫婦関係、家の購入、子どもの大学選びなど、さまざまな問題が解決したとの報告が相次いだ。

自分自身について、長所や短所を含め、これまでよりもずっと理解が深まったと、研修生たちは興奮したように語ったのだ。

さらに彼らは、もうひとつとてつもなく重要なことに気づいた。それは、**〝あえてつくった孤独〟のなかで見いだした判断や観察に、一切の外れがないという不思議な事実**だ。頭のなかの霧が晴れたとき、自然と正しい選択肢が浮かびあがってくることを彼らは知ったのだ。

孤独な時間にはそれほどの価値がある。

最近のことだが、私の同僚の1人が、このごろ直面していたやっかいな問題について、たった1日でそれまでとはまったく逆の意見を主張しはじめたことがあった。この問題はとても根が深いものだったので、どうしてそんなにあっさりと考えを切り替えられたのか不思議に思って聞いてみると、こんな答えが返ってきた。

「そうね。最初はどうしたらいいのかぜんぜんわからなかった。だから、今日は朝の3時半に起きて、コーヒーを飲みながらソファに座って7時までじっくり考えたの。そうしたら、すべてがはっきり見えてきて、とにかくこれまで言ってきたことはまったく逆だったってわかったのよ」

そしてのちに、彼女の新しい意見は完全に正解だったことがわかった。

だからあなたもぜひ、毎日最低でも30分はひとりになる時間をとってほしい。

それにはおそらく、まだほかの人が起きていない早朝や、あるいは逆に夜遅くがいいかもしれない。とにかく心がフレッシュで、かつ邪魔が入らない時間を選ぶこと。

そして、時間を確保したら、2つのタイプの思考――〝方向性を決めた思考〟と、〝自由連想〟――をしてみよう。前者の〝方向性を決めた思考〟では、いま自分が直面している大きな問題を見直してみる。ひとりで静かに考えることで、問題を客観的に見ることができ、おのずから正しい答えが見つかるはずだ。

後者の〝自由連想〟をするときは、ただ心のおもむくままに考えを広げていけばいい。そうすることで、潜在意識がメモリー・バンクから記憶を引き出し、考える材料が意識の上に浮かびあがってくる。自由連想は自己評価をするのにとても有効だ。「どうやったら仕事をもっとうまく進められるか？　次はどうすればいいのか？」といった根本的な問題に目を向けるのに役に立つ。

リーダーの一番重要な仕事は考えることであり、リーダーシップを発揮するためのもっとも大切な準備も考えることである。これを忘れないようにしよう。毎日、意図的にひとりで考える時間をとって、成功の道を見つけよう。

本章のまとめ――有能なリーダーになるための4つの法則

1. 影響を与えたいと思う相手の気持ちになる。相手の視点からものごとを見ることができれば、自分の望むように動いてもらうのも簡単だ。何かアクションを起こす前に「もし自分が相手の立場だったら、これについてどう思うだろうか?」と考えてみよう。

2. "人間的"なアプローチで人を扱おう。「人間的な対応とは何だろう?」とつねに自問自答しながら、何をするときも相手を尊重していることを示すようにする。自分だったらこうされたらうれしいだろうと思うような扱いをしてあげよう。そうすれば最後には恩返しをしてくれる。

3. 前向きに考え、進歩を信じ、改革を推し進めよう。何をするときも、そこに改善の余地がないかを考える。何事にも高い水準を求めよう。時が経つにつれ、部下たちは上司の生き写しになっていくものだ。だから、自らコピーする価値のある存在にならなければならない。「家庭でも、職場でも、地域のコミュニティでも、つねに進歩的な立場に立つ」ことを胸に誓おう。

4. 自分と対話する時間をとり、最高の思考力を養おう。あえて孤独になることには大きな見返りがある。そうすることで創造力を解放し、プライベートや仕事上の問題の解決策を練ろう。毎日、ひとりで考える時間を確保して、偉大なリーダーたちのように「自分との対話」を実践しよう。

人生の重要な場面で「大きく考える魔法」を使うには

HOW TO USE THE MAGIC OF THINKING BIG IN LIFE'S MOST CRUCIAL SITUATIONS

大きく考えることには魔法のような力がある。だが、人はそれをつい忘れて、苦しい状況に立たされると思考が縮こまってしまい、自ら負けを呼び込んでしまうことがある。

以下に、思考のスケールが小さくなりがちなときに、大きく考えつづけるためのコツをいくつか紹介しよう。

カードか何かに書き写して持ち運び、いざというときに見られるようにしておくといい。

A．器の小さい人たちが足をひっぱろうとしてくるとき

世の中には、あなたが負けたり、不幸になったり、叩かれたりするのを喜ぶ人たちがたしかにいる。だが、以下の3つを覚えておけば、そうした人たちに傷つけられずにすむ。

1．彼らは相手にしないのが一番だ。小物を相手にむきになると、自分の器も小さくなる。どん

と構えよう。

2．目立てば的にされるのは世の常だ。自分が大きくなった証だと思おう。

3．中傷してくる人は精神的に病んでいるのを忘れないこと。大きな心で、かわいそうな人たちだと思っておけばいい。

了見の狭い、器の小さな人たちの中傷に負けないよう、大きく考えよう。

B．「自分にはその資格がない」と弱気になったとき

自分は弱い、力不足だ、二流だと思えば、実際その通りになってしまうのを忘れないように。

以下のことを念頭に置いて、自分を安売りしたくなる気持ちを戒めてほしい。

1．重要人物だと見られるよう、身だしなみを整える。そうすれば考え方も大物のそれになってくる。見た目の印象は、自分の内面にも大きな影響を与えることを肝に銘じる。

2．得意なことに集中する。「自分を自分に売り込むコマーシャル」をつくり、それを活用する。自分の長所を自覚し、自らをふるい立たせる方法を身につけておくこと。

3．他人に対してうがった見方をしない。相手も同じ人間だ。何を恐れることがあるだろう？

大きく考えて、自分の本当の良さを知ろう。

C. 口論や口げんかになりそうなとき

以下の方法で、言い返したくなる気持ちをうまく抑えよう。

1. 「冷静に見て、これは言い争うほど重要なことなのか」と考えてみる。
2. 口論をしても得るものはないが、失うものは必ずあるということを思い出す。

誰かと口論や口げんかをして仲が悪くなったり、対立したりすることは、目標を達成するうえでなんの役にも立たない。大きく考えて、無駄な争いを回避しよう。

D. 失敗したと思ったとき

困難や挫折に一度も遭遇することなく、大きな成功を収めることは不可能だ。ただ、反省して、同じ過ちを避けることはできる。思考のスケールが大きい人は、何かに失敗したとき、次のように反応する。

1. 失敗を教訓としてとらえる。原因を分析して、そこから学び、前に進むために活かす。すべての失敗から何かを得ることだ。
2. 根気と進取の気性を組み合わせよう。うまくいかないときはひたすらに1つのやり方で粘るのではなく、一歩下がって新しいアプローチを試してみる。

失敗が本当の負けになってしまうかどうかはとらえ方ひとつだ。ものごとについて大きく考えよう。

E．夫婦関係がうまくいかなくなりはじめたとき

「相手が冷たいから仕返しをしてやろう」といった、ネガティブでみみっちい考え方をすると、恋心は冷め、愛が壊れてしまう。夫婦関係がうまくいっていないと思ったら、以下のことを試してみよう。

1．最愛の人にすべての注意を向けよう。細かいことにかまっている暇はない。
2．機会を見つけては、相手に何か特別なことをしてあげよう。

大きく考えて、夫婦円満の鍵を見つけよう。

F．仕事のうえで、進歩が止まりつつあると感じたとき

あなたがどの業界でどんな仕事をしていようと、ステータスをあげ、収入をアップさせたければ、アウトプットの質と量を高めればいい。そのためには、以下のことに気をつけよう。

「いまよりもっといい仕事ができる」と思うことだ。最高を目指そう。改善の余地はいたると

ころにあるし、世の中のありとあらゆるものに、まだまだ上があるのだから。「もっといい仕事ができる」という気持ちになることで、創造力のスイッチが入り、具体的な改善法が見えてくる。

ものごとを大きく考えて、まずはサービスを第一に考えること。そうすれば、お金はあとからついてくる。

最後に、本書の締めくくりとして、古代ローマの劇作家、プブリリウス・シルスの言葉をあなたに贈る。


賢者は心の主人となり、愚者は心の下僕となる。

■著者紹介

デイヴィッド・J・シュワルツ（David J. Schwartz, Ph.D.）

1927年アメリカ生まれ。ネブラスカ大学で学士号を取得、オハイオ州立大学で修士号と博士号を取得後、ジョージア州立大学教授として教鞭を執る。その一方で、自身のコンサルティング会社Creative Educational Services, Inc.を設立するなど、モチベーション、リーダーシップ開発分野の第一人者として活躍した。

■訳者紹介

井上大剛（いのうえ・ひろたか）

翻訳者。訳書に『初心にかえる入門書』（パンローリング）、『WILDERNESS AND RISK 荒ぶる自然と人間をめぐる10のエピソード』（山と渓谷社）、『インダストリーX.0』（日経BP）など。

2023年６月３日 初版第１刷発行

フェニックスシリーズ⑭⑦

完《かん》訳《やく》版《ばん》　大《おお》きく考《かんが》える魔《ま》法《ほう》

——人生を成功に導く実践ガイド

著　者　デイヴィッド・Ｊ・シュワルツ
訳　者　井上大剛
発行者　後藤康徳
発行所　パンローリング株式会社
〒160-0023　東京都新宿区西新宿 7-9-18　6階
TEL 03-5386-7391　FAX 03-5386-7393
http://www.panrolling.com/
E-mail　info@panrolling.com
装　丁　パンローリング装丁室
印刷・製本　株式会社シナノ

ISBN978-4-7759-4286-4